Ich koche ...

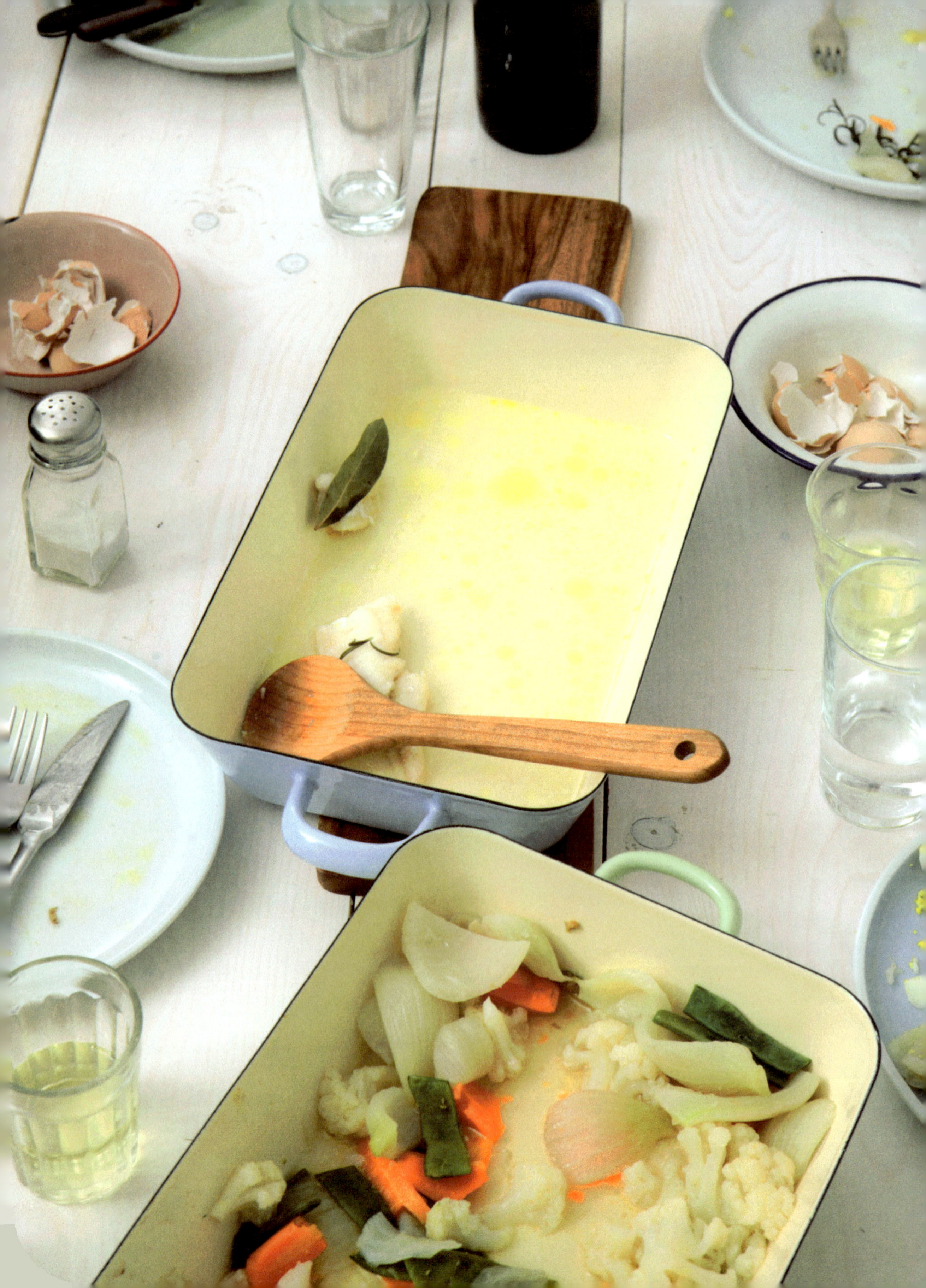

Ich koche ...

Text: Sebastian Dickhaut
Fotos: Coco Lang

Wissen Sie, was ...?

Dies ist ein Buch über Küchenschätze: persönliche Sammlungen von Rezepten, gespeist aus den Mittagessen nach der Schule und den ersten selbstgekochten Nudeln, aus den Entdeckungen in Restaurants und auf Reisen, bereichert durch Ideen von Freunden oder aus Büchern. Wertsachen also. Die kann man in den Tresor legen oder damit arbeiten. Ich bin fürs Arbeiten. Und ich habe dazu erst einmal meinen Schatz gehoben – weit über 130 Lieblingsrezepte von Kleinkram bis Festessen, von Österreich bis Japan, von den Basics bis zu den »Best of«. Wobei ich erst beim Graben und Polieren gemerkt habe, wie wertvoll so ein Küchenschatz sein kann. Darum stifte ich meinen jetzt. Für alle, die an ihrem Schatz arbeiten, und für alle, die gute Herdeflüsterer werden wollen (mehr dazu auf Seite 8).

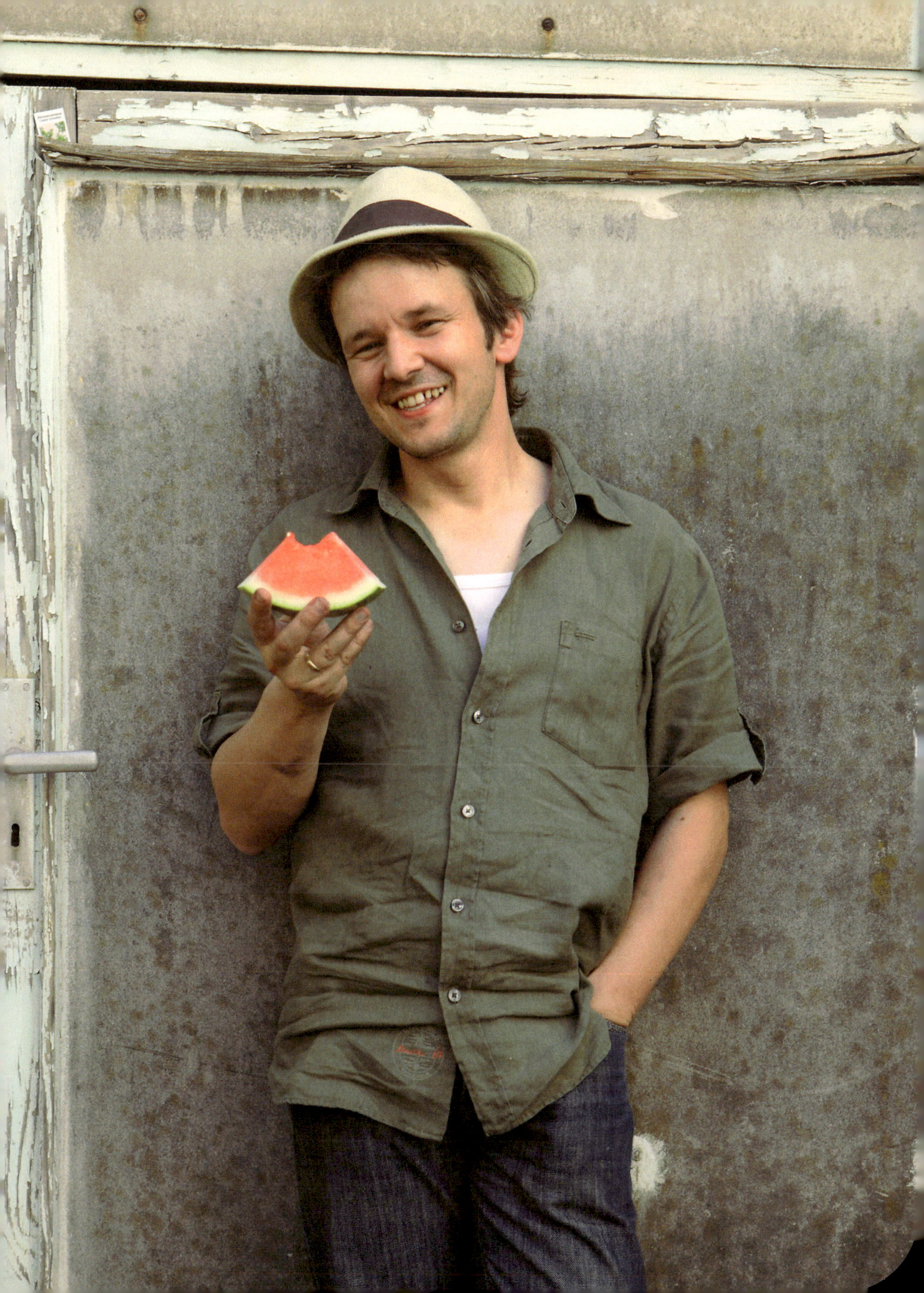

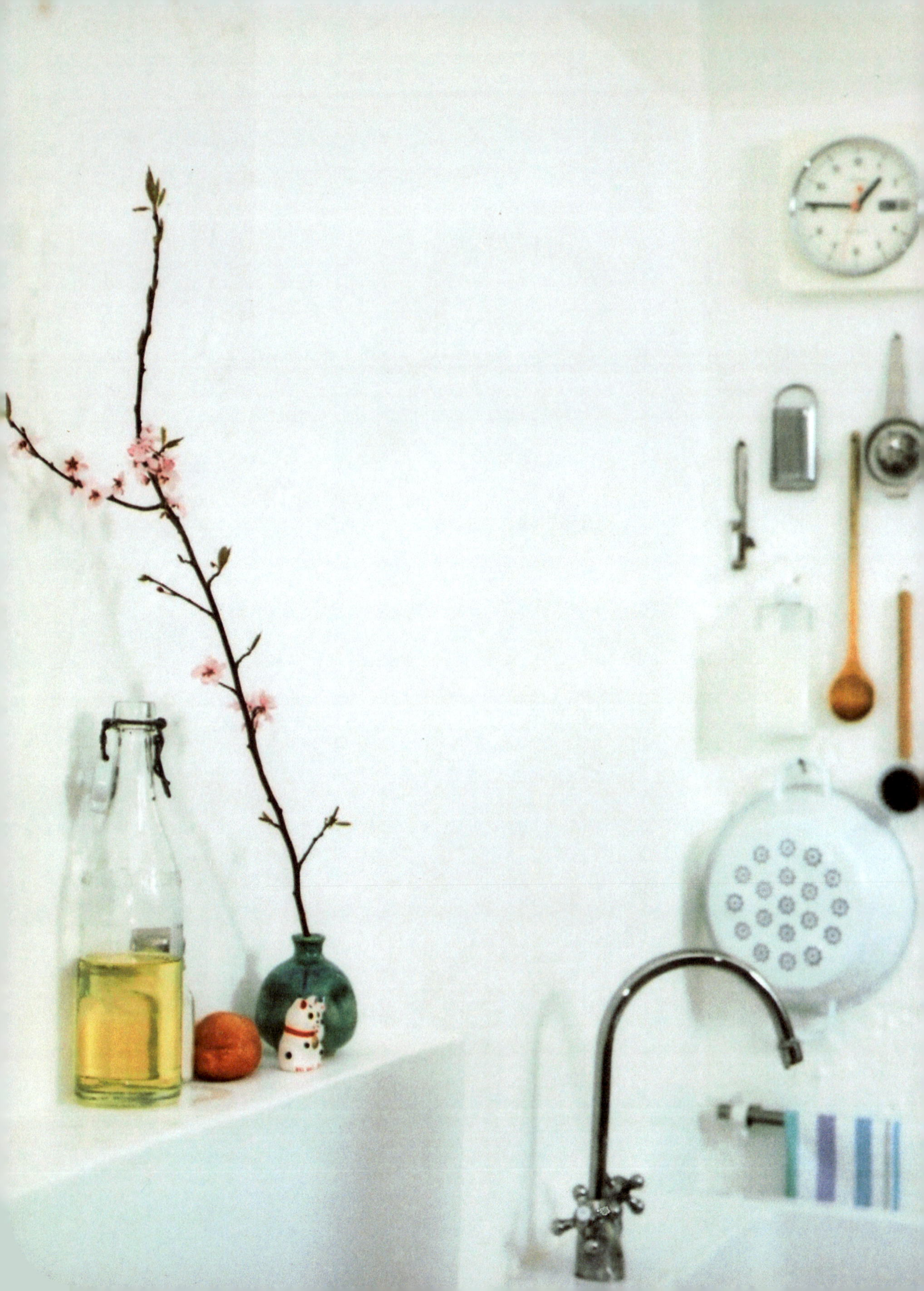

Inhalt

Herdeflüsterer werden 8

Ich koche ... Kleinkram 12

Mittagessen 38

für viele 68

im Freien 92

mit Kindern 112

was Süßes 132

auf Vorrat 162

nichts 180

Ich mag ... Brot 14

»Mahlzeit!« 40

Ofenkochen 70

barfuß kochen 94

alles probieren 114

Quark 134

Gläschen 164

Essengehen 182

Ich sag' ... Dankeschön 200

Register 202

Impressum 208

HERDEFLÜSTERER WERDEN

Ein Herdeflüsterer ist jemand, der in jeder Küche ein gutes Essen herbeizaubern kann. So steht es am Anfang von »Wie koch' ich …?« geschrieben, dem Vorgänger dieses Buchs (mehr dazu auf Seite 201). Dort geht es um die Basics in der Küche – von Eier kochen bis Schmarrn machen – und was ich Tolles anstellen kann, wenn ich das »Wie« und »Warum« eines Rezepts verstanden habe. Nun sind wir beim nächsten Schritt auf dem Weg zum Herdeflüsterer: Küchenschatz anlegen, Kochstil entwickeln, Rezepte erfinden. Dabei helfen einem diese zehn Merksätze, die ich mir für die »Wie-koch'-ich-Lesereise« aufgeschrieben hatte:

Nehmt Eure Hände. Nur so bekommt Ihr ein Gefühl fürs Kochen – fürs Maß, die Menge und für die Qualität. Meidet Maschinen, entwickelt lieber Eure ganz eigenen Techniken. Arbeitet so direkt, wie es geht.

Nehmt Euch Zeit. Schnelles Zwiebelschneiden lernt man langsam. Ein 4-Minuten-Ei braucht 4 Minuten Aufmerksamkeit. Dagegen schenkt mir ein sanft vor sich hin schmorendes Enten-Confit Zeit.

Reduziert. Aufs Gute. Vertraut weniger auf Fertigprodukte und mehr auf Eure Fertigkeiten. Im Zweifel bin ich für wenige Zutaten, aber für mehr Konzentration auf die Zubereitung. Und: weniger Schnickschnack, mehr Geschmack.

Kauft gerne. Um Gutes zu haben. Nicht um Geld zu sparen. Kaufen ist die Vorfreude aufs Kochen. Redet mit Eurem Händler darüber. Er ist nur einmal ums Eck.

Reagiert auf alles. Auf das, was Saison, Region und Händler hergeben. Was Ihr in Eurer Küche habt. Auf Euren Appetit und den Eurer Gäste. Kauft, kocht und esst neugierig, aufmerksam und offen.

Schmeckt, wie es nur geht. Mit Nase, Mund und Augen. Vor, beim und nach dem Kochen. So bekommt Ihr selbst ein feines Gespür für Geschmack – und braucht keine Sterne, Preise und Warentests, die sagen, was gut ist.

Kocht, um zu essen. Nicht um abzunehmen, gesund zu werden, etwas zu sparen und jemanden zu beeindrucken. Sondern weil Ihr Hunger, Appetit und einfach Lust drauf habt.

Esst, wenn Ihr esst. Räumt den Tisch frei, legt die Zeitschrift weg, schaltet den Fernseher aus. Schaut auf Euer Essen. Und esst es dann. Aber nehmt es bitte nicht zu wichtig.

Genießt alles. Den Tisch. Die Leute. Die Getränke. Das Geschirr. Die Gespräche. Das Gelächter. Das Licht. Euren Erfolg: ein gutes Essen.

Seid einfach nah dran. Beim Kaufen. Beim Kochen. Beim Essen. Beim Genießen. Dann versteht Ihr Euch auch mit Eurem Herd. Selbst wenn Ihr nur flüstert.

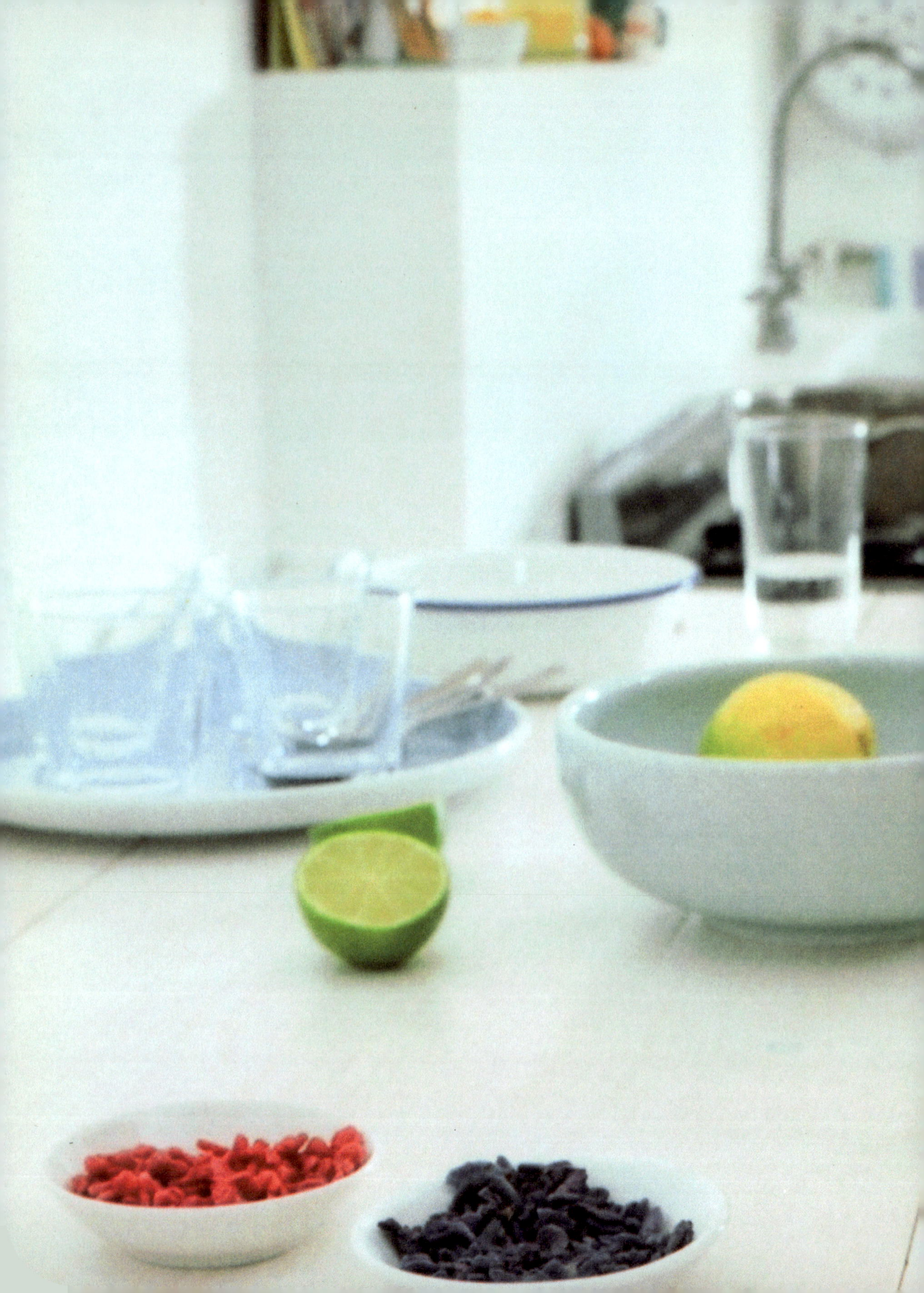

AN DEN HERD, BITTE.

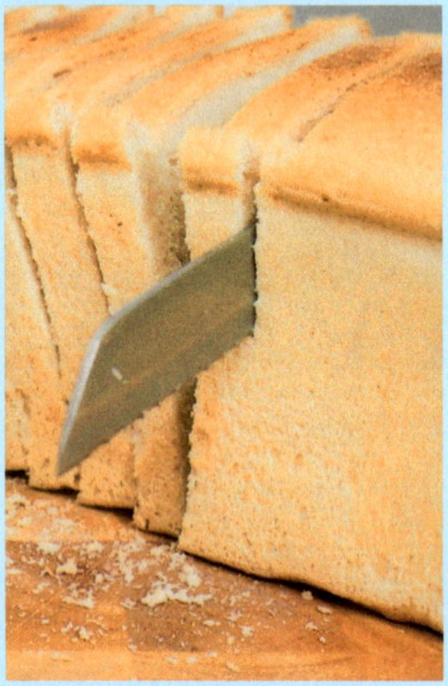
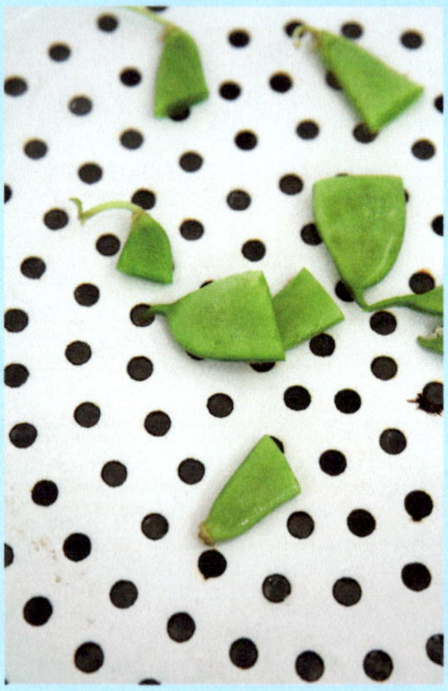
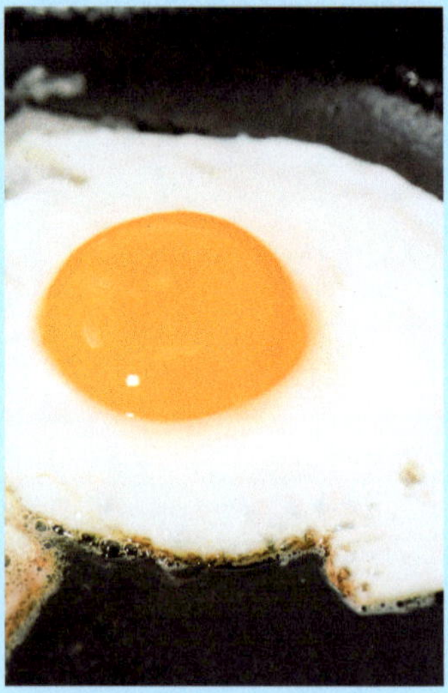

KLEINKRAM

Brotzeit und Abendbrot, Suppen und Salate, Empanadas und Pig Candy: Kleine Sachen sind was Feines, weil sie aus einem Essen keine große Sache machen. Zugleich steckt in ihnen oft schon alles, was eine gute Küche ausmacht. Weswegen sich in gerösteten Reiskuchen in Teesud sehr viel Japan entdecken lässt und im feinen Eierbrot einiges von meiner Art zu kochen – das Ei und das Brot, der Ofen und der Grill. Und Kleinigkeiten sind auch gut am Start eines großen Essens: Sie zeigen, wo die Reise hingeht. Wie dieses Kapitel am Anfang dieses Buchs.

Ich mag ...
BROT

Das Essen hier bei uns in Deutschland fand ich immer schon toll. Ganz besonders das Brot. Wenn ich morgens ein Butterbrot habe, braucht wegen mir keiner mehr Brötchen holen. Und an Österreich mag ich neben vielen anderen Dingen, dass dort im Lokal immer frisches Graubrot mit auf dem Tisch steht. Am allerliebsten mag ich aber Abendbrot.

Richtig gemerkt habe ich das erst in Sydney. In den drei Jahren während wir dort lebten, fehlte uns gutes Brot wie nichts anderes beim Essen, bei allen sonstigen kulinarischen Freuden. Es gab da zwar einen deutschen Bäcker, und bei den anderen Backstuben wurde »sourdough bread« gerade schick, aber so ein schön saftig-schweres Roggensauer wie man es bei uns in jeder Stadt kaufen kann, das gab es in Sydney nicht.

Westlich in den Blue Mountains und im Norden über die Mündung des Hawkesbury-Rivers hinaus, da konnten zwei Bäcker so ein Brot machen. Wenn wir das einmal im Haus hatten, war das Abendbrot ein Fest: Mehr als Butter, Käse (Wurst ist auch so eine Sache in Australien) und Gewürzgurken brauchte es da nicht. Und das Größte war dann immer ein Eierbrot.

Das kann ich jetzt wieder jeden Tag genießen und finde es echt klasse – dass es bei uns so viele gute Bäcker (ja, wirklich) mit so vielen guten Broten von Fladen- bis Vollkornbrot gibt, dass wir uns nie zweimal das gleiche hintereinander holen. Und dass ich da wieder alles drauftun kann, was ich sonst noch mag: Süßrahmbutter und Quark, Holundergelee und Waldhonig, Rohmilchkäse und Teewurst. Ich esse wirklich gern hier bei uns.

Was ich nicht mag:

Vollkorntoast (wenn schon, dann rein weißes); Billigbrötchen mit Springkruste und Luftlöchern; Brote mit Backmischungsaroma und Fantasienamen; immer nur ein Weißbrot zum Essen dazu.

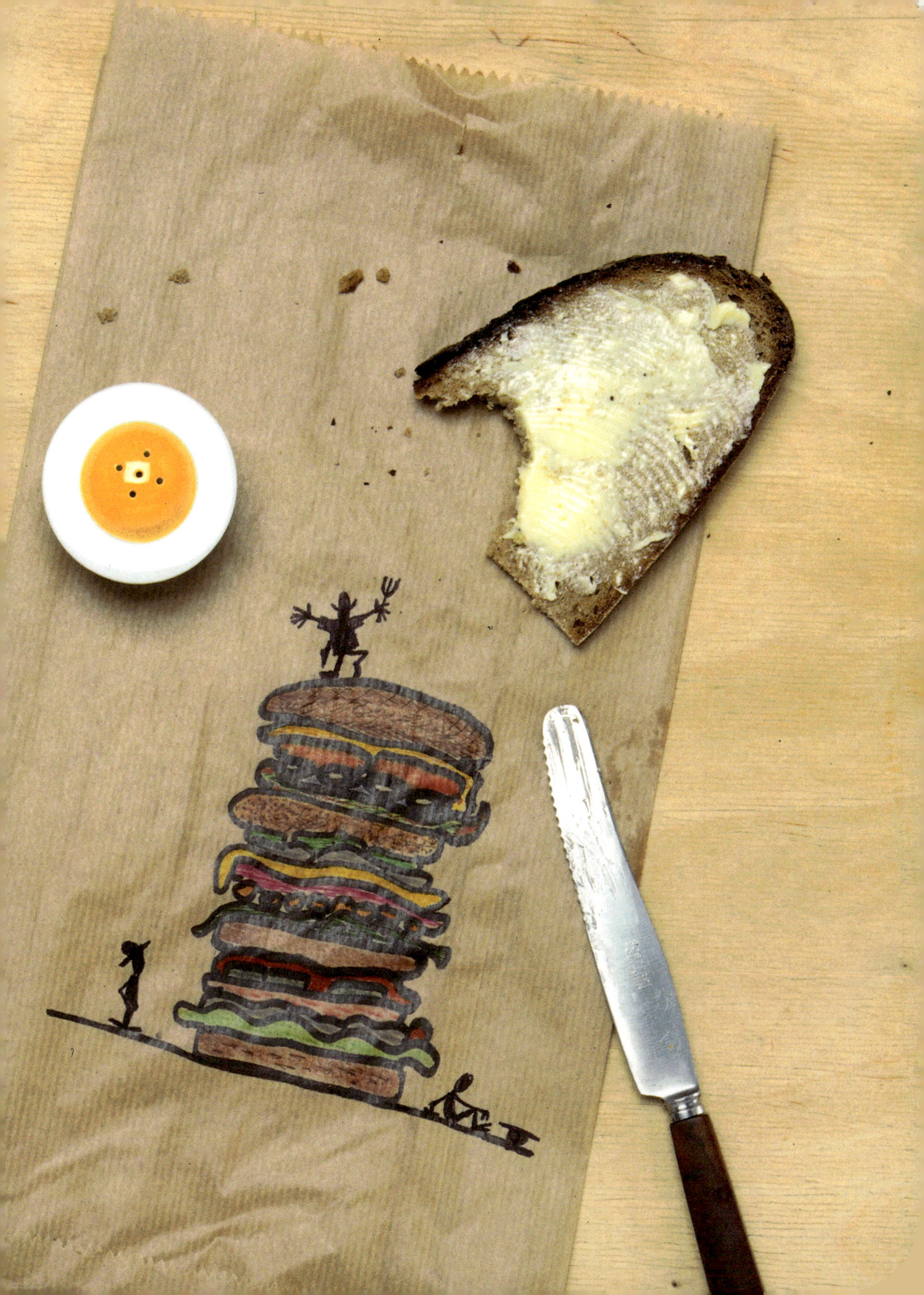

Ich mache ...
FEINES EIERBROT

Manche wissen es: Ich koche gern mit Eiern, vom Frühstück bis zum Nachtisch. Besonders mag ich sie auf abendlichem Brot in schönen Scheiben – mit Butter drunter, Salz und Pfeffer drüber. Und manchmal fange ich auch an, damit zu spielen, dann kommt so was wie das hier raus: das illustrierte Eierbrot mit buntem Senf und Käse.

Die Zutaten finden sich rund um jeden guten Abendbrottisch: 6 frische Eier, 1 Bund Schnittlauch, 2 EL mittelscharfer Senf, 2 EL Ketchup, 100 g Parmesan, 8 EL Öl, 4 Scheiben knuspriges Brot, Butter zum Bestreichen.

1. Erst einmal die Eier kochen. Sie werden in einem kleinen Topf mit lauwarmem Wasser bedeckt, und das wird fix zum Kochen gebracht. Von da an sind es noch 8 Minuten, bis die Eier »gar« und fest sind – auf diese Art platzen sie garantiert nicht.

2. Derweil wird »grüner und roter Senf« gemischt: Den Schnittlauch waschen, trockenschütteln und auf dem Brett die Spitzen 5 cm lang abschneiden, neben die übrigen Halme legen. Dann alle Schnittlauchhalme in ganz feine Röllchen schneiden. Werden sie nicht so fein, lieber noch mal drüberhacken. Die Röllchen mit 1 EL Senf mischen, den übrigen Senf mit dem Ketchup verrühren. Den Parmesan fein reiben.

3. Die hart gekochten Eier abgießen und nur kurz, aber gründlich unter eiskaltem Wasser abschrecken – sie sollen noch heiß sein. 2 Eier pellen und halbieren. Die Eigelbe rausholen und mit einer Gabel zerdrücken, dann mit dem Parmesan vermengen. Nun mit dem Schneebesen langsam das Öl nach und nach darunterrühren, sodass eine leicht flüssige Paste entsteht.

4. Brotscheiben mit Butter bestreichen, wie man's gewohnt ist. Übrige Eier pellen und mit restlichem Eiweiß in Scheiben schneiden, auf den Butterbroten verteilen. Fertig wäre das simple Eierbrot. Aber heute wird's ja feiner: Käsemasse auf die Eier streichen und die Brote für 1–2 Minuten unter den Grill schieben, bis die Masse leicht bräunt. Grünen und roten Senf über den Broten verteilen und diese gleich genießen – warm sind sie am besten.

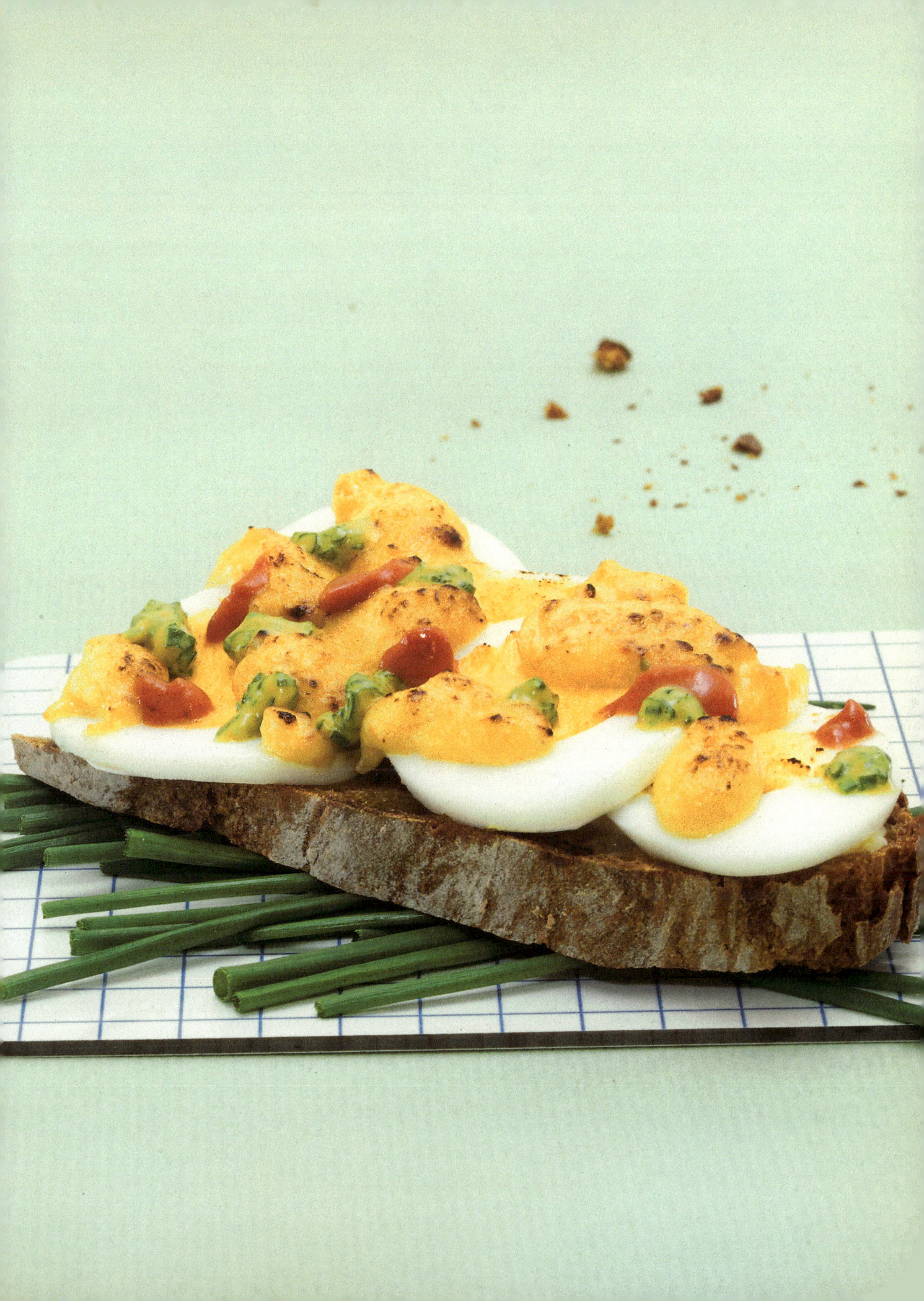

Ich koche ... Kleinkram

EIER IM TÖPFCHEN

Hier kommen die rohen Eier aus der Schale, um dann gleich wieder ins Töpfchen zu wandern – gemeinsam mit Käse, Pilzen, Dill und Sahne, mit denen sie sich im Ofen zu einem kleinen Imbiss verbünden.

Zutaten für 4 Portionen
1 EL Butter • 4 Egerlinge (braune Champignons) • 50 g Appenzeller oder Raclettekäse • Salz • weißer Pfeffer • 4 Stängel Dill • 4 EL Sahne • 4 Eier

Zubereitungszeit: 25 Minuten
(+ 12–15 Minuten Garen)

› Backofen auf 200 °C (Umluft 180 °C) vorheizen. Vier Auflaufförmchen oder Kaffeetassen (je knapp 200 ml Inhalt) mit Butter ausstreichen. Eine flache Schale in den Ofen (Mitte) stellen, in der später alle Förmchen oder Tassen Platz haben. Schale mit so viel heißem Wasser füllen, dass die Förmchen oder Tassen zu drei Vierteln darin stehen werden.

› Die Pilze mit Küchenpapier abreiben und die Stiele rausdrehen. Pilzkappen in dünne Scheiben schneiden. Den Käse, falls nötig, entrinden und passend zu den Pilzen in dünne Stücke schneiden. Beides vermischen und in den Förmchen oder Tassen verteilen. Mit wenig Salz bestreuen und mit Pfeffer übermahlen.

› Dill waschen, trockenschütteln und die Spitzen fein hacken. Sahne in einer Schüssel mit dem Schneebesen nicht ganz steif schlagen. (Keine Sorge, das geht mit der Hand schneller, als man denkt und das Handrührgerät zusammengebaut hat.) Dill unterziehen, salzen.

› Die Eier aus der Schale auf die Pilz-Käse-Mischung gleiten lassen, die Dillsahne daraufgeben. Förmchen oder Tassen ins heiße Wasserbad im Ofen stellen. Alles 12–15 Minuten garen, bis die Sahne leicht gebräunt und das Eiweiß fest, das Eigelb aber noch flüssig ist. Schmeckt toll mit geröstetem Toast zum Stippen.

EIERBROTKUCHEN MIT SALBEI

Dieser Brotkuchen ist eine Tortilla für Schnellentschlossene, weil man dafür – anders als beim spanischen Vorbild – nur Weißbrot braucht statt der üblichen gekochten Kartoffeln. Helles Sauerteigbrot geht aber auch sehr gut, solange es noch richtig frisch ist und die Rinde abgeschnitten wird. So oder so: Da das mit dem Brot viel Zeit spart, können wir es uns leisten, mit dem Eierguss ein bisschen länger zu experimentieren, der das Ganze zu einer recht eleganten kleinen Mahlzeit macht.

Zutaten für 4 Portionen
8 Salbeiblätter • 300 ml Milch • 100 g frisch geriebener Käse (z. B. Gouda oder Emmentaler) • Salz • weißer Pfeffer • frisch gemahlene Muskatnuss • 2 Scheiben Weißbrot (vom Vortag) • 4 Eier • Butter für die Form

Zubereitungszeit: 30 Minuten
(+ 25–30 Minuten Backen)

› Den Salbei kurz abspülen, trockentupfen und in Streifen schneiden. Die Milch erhitzen, aber nicht aufkochen, dann den Topf vom Herd ziehen. Den Käse einrühren, bis er geschmolzen ist. Den Salbei dazugeben, die Käsemilch mit Salz, Pfeffer und Muskat kräftig würzen und abkühlen lassen. Das Weißbrot entrinden und würfeln.

› Den Backofen auf 150 °C (Umluft 130 °C) vorheizen. Eier trennen und das Eigelb in die Käsemilch rühren. Das Eiweiß aufheben. Die Weißbrotwürfel unter die Käsemilch rühren und 5 Minuten quellen lassen.

› Jetzt aus dem Eiweiß mit 1 Prise Salz (gibt mehr Halt) einen nicht ganz steifen Eischnee schlagen. Weil der Schnee schnell wieder flüssig wird, machen wir das direkt vorm Unterziehen. Und dafür wiederum wird zuerst ein Drittel des Eischnees unter die Brot-

Eierbrot trifft Eierkuchen und wird zu einem feinen Auflauf: Eierbrotkuchen mit Salbei.

masse gerührt. So bleibt sie dann geschmeidig genug, damit wir nun den restlichen Schnee behutsam mit einem Kochlöffel locker unterheben können. Die Masse sollte am Ende noch luftig sein, lieber bleiben ein paar kleine Eiweißreste darin zurück, als dass sie platt gerührt wird.

› Nun eine flache Form für Pies oder Biskuitböden oder eine ofenfeste Pfanne oder Reine (jeweils etwa 28 cm Ø oder 20 x 30 cm) gründlich mit Butter ausstreichen. Masse hineinfüllen und sanft glatt streichen. Das Ganze in den Ofen (Mitte) schieben und darin 25–30 Minuten backen, bis der pikante Kuchen goldbraun und schön aufgegangen ist.

› Den Eierbrotkuchen noch ein paar Minuten in der Form, Pfanne oder Reine auskühlen lassen, dann entweder herausholen oder direkt darin in Kuchenstücke schneiden, die heiß oder zimmerwarm gegessen werden. Dazu schmecken Gurkensalat und eine nicht zu kräftige Tomatensauce sehr gut.

TIPPs
Auf die gleiche Weise können auch kleine Küchlein zubereitet werden. In diesem Fall wird die Masse auf acht flache Förmchen (je etwa 100 ml Inhalt) verteilt, auch ein Muffinblech ist gut dafür. Im heißen Ofen (Mitte) 20–25 Minuten backen.
Wer mag, kann auch noch etwas rohe Schinken- oder Salamiwürfel unter die Masse mischen (2–3 EL).

Ich mache ...
CLUBSANDWICH

Mit ihm verbindet mich eine Hassliebe. Als Koch hat mich dieser Klassiker der Hotelbarkarte immer ins Schwitzen gebracht, weil ich mir die Zutaten in der Großküche zusammensuchen musste. Als Gast könnte ich ihn dauernd essen – wenn er von einem guten Koch ist.

Kalte Scheiben geräucherte Putenbrust und gekochtes Ei mit Ketchup zwischen zwei Toasts – das ist Clubsandwich für Faule. Ehrgeizige Köche brauchen pro Stück: 1 kleines Blatt Romanasalat, 1 EL Mayonnaise, 1 Hähnchenbrustfilet (ohne Haut), Salz, Pfeffer, 1 EL Öl, 2 Scheiben Frühstücksspeck (Bacon), 1 Ei, 3 Scheiben Toast, 1 Scheibe Tomate, 4 Holzspießchen und 1 Handvoll Kartoffelchips nur mit Salz oder auch noch Paprika dran.

1. Zuerst die Grundlage: Dazu wird das gewaschene und wieder abgetrocknete Salatblatt in feine Streifen geschnitten und mit der Mayonnaise vermischen. Nun die Hähnchenbrust salzen, pfeffern und bei mittlerer Hitze im Öl rundum anbraten, dann bei kleiner Hitze unter Wenden in 4–5 Minuten fertig braten. Zwischen zwei Tellern warm halten.

2. Nun kommt der Speck in die heiße Pfanne und das Ei daneben – wenn es dabei brutzelt, ist das recht, denn eine Kruste ist hier erwünscht. Und sogar noch mehr: Ist das Spiegelei auf der unteren Seite leicht gebräunt, wird es gewendet und noch 1 knappe Minute gebraten, damit das Eigelb fast fest wird und so später im Sandwich nicht zerläuft. »Eggs over easy« sagt man in den Sandwich-Clubs dazu. Speck und Ei zum Huhn geben und warm halten. Die Toastscheiben in der heißen Pfanne auf einer Seite bräunen.

3. Jetzt geht's ans Bauen. Dazu wird auf die »rohe« Seite einer Toastscheibe die Hälfte der Salat-Mayo gestrichen. Darauf die schräg in Scheiben geschnittene Hähnchenbrust und die Tomatenscheibe legen. Zweite Scheibe Toast mit übriger Mayo bestreichen und aufs Huhn legen, darauf kommen Ei, Speck und der dritte Toast, geröstete Seite nach oben. Nun die Holzspießchen in der Mitte jeder Toastkante, mit etwas Abstand zum Rand, ins Sandwich stecken und es zweimal diagonal durchschneiden. Die Dreiecke nun so auf einen großen Teller legen, dass sie ihr schönes Inneres zeigen können, und Chips in der Mitte aufhäufen – that's a real Clubsandwich!

Das Clubsandwich ist so was wie der große Braten in der kleinen Küche. Wer es richtig machen will, hat schon was zu tun.

Wenn es dann aber fertig ist, wird das ein gelungenes Fest, auf das man sich freuen kann. Willkommen im Big-Sandwich-Club.

Ich koche ... Kleinkram

MIGAS

Wer sagt, dass das nach Tapas klingt, hat recht. »Migas« steht für bestes, frisches Knabberzeug, das wunderbar auf die Bartheke passt – ob es da nun spanischen Sherry gibt oder klassische Cocktails, die auch mal was anderes als Brezeln und Nüsse wollen.

Zutaten für 4 Portionen
200 g möglichst helles Sauerteigbrot (ohne Rinde) • 1 TL rosenscharfes Paprikapulver • 1 TL Salz • 1 Knoblauchzehe • reichlich gutes Olivenöl zum Rösten • 1/2 TL Anissamen • 1 Bund Schnittlauch • 100 g luftgetrockneter Schinken (in Scheiben, z. B. spanischer Serrano)

Zubereitungszeit: 15 Minuten

› Das Brot in Scheiben schneiden und würfeln. Die Brotwürfel werden mit Paprika und Salz vermischt. Die Knoblauchzehe schälen und halbieren.

› Die größte Pfanne im Haus einen Fingerbreit mit dem Öl füllen, und das samt Knoblauch und Anis sanft erhitzen, ohne dass die Dinge darin bräunen. Nun die Hitze auf mittlere Stufe stellen und das Brot ins Öl schütten. Die Würfel ohne Rühren 1 knappe Minute rösten. Und dann unter Rühren in weiteren 1–2 Minuten rundum anrösten. Nun zum Abkühlen aus dem Öl auf ein Blech heben.

› Schnittlauch waschen, trockenschütteln und in 1 cm lange Röllchen schneiden. Den Schinken, wenn nötig, von der Schwarte befreien und die Scheiben in 1 cm große Stücke schneiden (das geht am besten, wenn sie gut gekühlt sind). Beides mit dem abgekühlten Brot locker vermischen und auf die Theke damit. Salute!

TATAR

Ich war schon als Kind ein merkwürdiger Esser – oder wie soll man jemanden nennen, der rohes Rinderhack mit Kapern und Sardellen als Lieblingsessen hatte? Wobei ich da schon heikel bin, vor allem beim Fleisch. Das hacke ich heute kurz vor der Zubereitung mit dem Messer selbst, so wie man's früher gemacht hat (daher: »Hackfleisch«). Hier das Rezept nach meiner Mutter – die ihr Hack kauft. Mehr dazu am Rezeptende.

Zutaten für 4 Portionen
500 g sehr zartes und ganz mageres Rindfleisch (vom guten Metzger kann es aus der Huft sein, sonst vom Filet) • 1 TL Kapern (am besten die in Salz eingelegten, sonst die in Lake) • 2 Sardellenfilets • 2 Schalotten • 2 Eigelbe • 1 EL Öl • Salz • Pfeffer • 8 Scheiben Toastbrot • Butter zum Bestreichen

Zubereitungszeit: 20 Minuten

› Das Rindfleisch 1 Stunde vor der Zubereitung aus dem Kühlschrank nehmen. Das größte Schneidbrett und die beiden größten Messer im Haus bereitlegen. Die Kapern und Sardellen mit einem Messer sehr fein bis musig hacken. Die Schalotten schälen und in feine Würfel schneiden.

› Das Rindfleisch in ganz dünne Scheiben schneiden und diese grob hacken. Eine Hälfte beiseitelegen. In jede Hand eines der beiden großen Messer nehmen. Diese wandern nun langsam nebeneinander übers Brett hin und her, wobei das Fleisch im Stakkato fein gehackt wird. Dabei das Fleisch immer mal wieder zusammenschieben und die Messer in eine andere Richtung drehen.

› Das übrige Fleisch genauso fein hacken und alles mit Kapern, Sardellen und Schalotten in eine große Schüssel füllen. Eigelb, Öl und je einen Schwung Salz und Pfeffer ans Tatar geben und mit zwei Gabeln gerade so lange behutsam vermengen, dass alles gründlich verteilt ist, das Fleisch aber locker bleibt.

› Jetzt das Brot toasten und so warm wie möglich zu Butter und Tatar auf den Tisch stellen, wo sich jeder selbst sein Brot dick damit beschmiert. Mir schmeckt Tatar auf warmem Toast nämlich am besten, auch wenn andere ungeröstetes, dunkles Brot empfehlen.

TIPP

Das noch: Natürlich kann ich das Fleisch, statt es mit Messern zu hacken, durch einen Fleischwolf drehen, wenn ich einen habe. Aber dann wird es erstens nicht so locker, und zweitens hat man in der Zeit, in der das Gerät zusammengebaut, auseinandergenommen und sauber gemacht wird, alles längst gehackt. Eher würde ich es mir von meinem Vertrauensmetzger so frisch wie möglich »wolfen« lassen. Hauptsache ist, es steht nach dem Anmachen nicht mehr so lange rum, weil Tatar schnell braun und zäh wird.

BRIE-BRÖTCHEN

Käsetoast normannisch – Baguettebrötchen werden mit einem Ragout aus Lauch, Äpfeln und Cidre gefüllt und überbacken mit dem besten Brie, den wir kriegen.

Zutaten für 4 Portionen
1 kleine Stange Lauch (etwa 200 g) • 4 Zweige frischer oder 1/2 TL getrockneter Thymian • 1 fester, aromatischer Apfel (z. B. Cox Orange) • 2 EL Butter • Salz • frisch gemahlene Muskatnuss • 4 EL möglichst trockener Cidre • 2 kleine Baguettebrötchen • 200 g reifer Brie (am besten aus Rohmilch)

Zubereitungszeit: 30 Minuten
(+ 8 Minuten Backen)

› Lauch putzen, längs halbieren, gut waschen und quer in 1 cm breite Streifen schneiden. Frischen Thymian waschen, trockenschütteln und die Blättchen von den Zweigen streifen. Apfel waschen, achteln, entkernen und quer in dünne Scheiben schneiden.

› Die Butter mit dem Thymian in einem weiten Topf aufschäumen lassen und den Lauch darin 1 Minute unter Rühren dünsten. Mit Salz und Muskat würzen, den Apfel kurz mitdünsten und mit Cidre ablöschen. Das Ganze noch 1 Minute dünsten, bis alle Flüssigkeit verdampft ist.

› Den Backofen auf 200 °C (Umluft 180 °C) vorheizen. Die Brötchen quer halbieren und aushöhlen, das Ragout darin verteilen. Vom Brie die Rinde entfernen, den Käse in Scheiben schneiden und auf die Brötchen legen. Die Brötchen in eine flache Schale geben und im Ofen (Mitte) knapp 8 Minuten backen, bis der Brie schön zerlaufen ist (er soll aber nicht bräunen!). Gleich servieren – mit reichlich Servietten (man kann nur mit Fingern essen) und einem Glas Cidre dazu.

Ich mache ...
PIG CANDY

Als ich zum ersten Mal von dieser süßen Schweinerei gehört habe, dachte ich an miese Fusionsküche. Tatsächlich ist das aber ein BBQ-Klassiker aus den Südstaaten, bei dem sich Bacon, Zucker und Gewürz zu hauchdünnen, salzig-süß-scharfen Bonbons verbinden, die toll zu Salat, Grillkartoffeln oder Maiskolben passen.

Und weil für dieses Rezept nach Südstaaten-Art lange im geschlossenen BBQ-Grill gegart statt heftig gebrutzelt wird, funktioniert es auch im Ofen. An Zutaten braucht es nicht viel. Für 4 Leute reichen 200 g Frühstücksspeck (auch Bacon genannt), 100 g grober, brauner Rohrzucker (im Notfall kann es auch brauner Zucker aus Zuckerrüben sein) und jeweils 1/4 TL Cayennepfeffer und gemahlener Ingwer.

1. Als allererstes den Backofen auf 175 °C vorheizen (bei Umluft 150 °C nehmen), denn der Rest ist schnell gemacht: Den Speck auf einem Backblech gerade so dicht auslegen, dass er sich noch nicht überlappt. Auf der mittleren Schiene in den Ofen schieben und 20 Minuten braten lassen.

2. Derweil den Zucker mit Cayennepfeffer und Ingwer mischen. Das Blech aus dem Ofen nehmen und den Speck gleichmäßig mit der Zuckermischung bestreuen. Wieder in den Ofen schieben und weitere 20 Minuten braten, bis der Zucker fast zerlaufen und leicht gebräunt ist.

3. Nun den Ofen auf 250 °C hochdrehen (Umluft 225 °C) und den Speck noch gute weitere 5 Minuten braten, bis der Zucker geschmolzen und schön gebräunt ist. Pig Candy aus dem Backofen nehmen und mit einem Pfannenwender gleich vom Blech lösen – vorsicht, der Zucker ist heiß.

Das Ganze nun entweder gleich knabbern oder auch etwas abkühlen lassen (ganz kalt ist es nicht mehr ganz so lecker). Pig Candy kann aber auch in einer luftdicht verschlossenen Box für 1–2 Tage aufbewahrt werden, dann kommt es allerdings noch mal für 5 Minuten in den 175 °C heißen Ofen und ist wieder fast wie frisch gemacht.

PRAWN FRITTES ROT-WEISS

Eine Prise Backpulver macht den Teig um die frittierten Garnelen luftig-knusprig, Fischsauce und Currypaste geben ihm Aroma. Dazu passt: süßscharfe Sauce und Limettenmayonnaise.

Zutaten für 4 Portionen
20 rohe Tiefseegarnelen (in der Schale) • 6 EL Mehl • 1 EL Speisestärke • 1/2 TL Backpulver • 1 EL asiatische Fischsauce (ersatzweise Sojasauce) • 1 TL rote Thai-Currypaste (ersatzweise scharfes Currypulver) • 50 g Mayonnaise • Saft von 1 Limette • 2 EL Meerrettich (aus dem Glas) • 2 EL Zucker • 100 ml süßscharfe Chilisauce • 1 1/2 kg Frittierfett • Salz

Zubereitungszeit: 1 Stunde

› Zuerst die Garnelen putzen. Ist der Kopf noch dran, wird er mit einem Dreh entfernt. Nun die Garnelen zwischen die Hände nehmen und von der Bauchseite her die Schale mit den Daumen zum Rücken hin ablösen. Die kleinen »Flossen« am Schwanzende bleiben dran. Die Garnelen am Rücken längs leicht einschneiden und vom dunklen Darmstrang befreien. Kurz unter kaltem Wasser abspülen und gut trockentupfen.

› Das Mehl mit Stärke und Backpulver mischen und fein sieben. Fischsauce mit Currypaste und 100 ml Wasser verrühren und mit der Mehlmischung zum glatten, nicht zu dickflüssigen Teig vermischen (sonst noch Wasser zugeben). 15 Minuten quellen lassen. Derweil Mayonnaise mit Limettensaft, Meerrettich und Zucker verrühren. Dies wie die Chilisauce in Schälchen füllen.

› Das Frittierfett in der Fritteuse, im Wok oder im weiten Topf auf 175 °C erhitzen – wenn an einem eingetauchten Holzkochlöffelstiel sofort kleine Bläschen aufschäumen, stimmt die Hitze. Garnelen salzen, nach und nach an den Flossen packen, einzeln in den Teig tauchen, gut abtropfen lassen und so viele davon ins heiße Fett geben, bis die Oberfläche bedeckt ist. In 1–2 Minuten goldgelb ausbacken. Prawn Frittes aus dem Fett fischen, kurz auf Küchenpapier abtropfen lassen und mit den Saucen servieren – ganz stilecht wäre das in einer asiatischen Zeitungstüte oder in einer Chinatown Take-away-Box.

Der Engländer hat seine Fish'n' Chips, der Deutsche seine Pommes rot-weiß und der Japaner seine Tempura – und wir haben hier eine ordentliche Portion frittierte Garnelen (Prawn Frittes) mit Chilisauce (rot) und Zitrusmayo (weiß).

Ich koche ... Kleinkram

KÄSEKRAPFEN

Schneller und simpler lassen sich Krapfen kaum machen. Und auch wenn sie würzig sind, passt Konfitüre gut dazu – wenn sie ebenfalls Würze hat wie das Zwiebel-Confit von Seite 176. Diese Kombination ist perfekt zum Knabbern bei Wein oder Bier.

Zutaten für 4–6 Portionen
100 g Mehl • 2 Msp. Backpulver • 1 Msp. Cayennepfeffer • 250 g grob geriebener, würziger Schnittkäse (z. B. Greyerzer oder Appenzeller) • 100 g frisch geriebener Parmesan • 2 Eier • 1 1/2 kg Frittierfett

Zubereitungszeit: 30 Minuten

› Das Mehl mit Backpulver sowie dem Cayennepfeffer vermischen und sieben, dann mit beiden geriebenen Käsesorten vermengen. Die Eier glatt rühren und mit der Käsemischung verkneten. Die Masse 15 Minuten in der Küche ruhen lassen.

› Inzwischen das Frittierfett in der Fritteuse, im Wok oder im weiten Topf auf 175 °C erhitzen. Wenn an einem hineingehaltenen Holzkochlöffelstiel sofort kleine Bläschen aufschäumen, ist es heiß genug. Aus der Masse mit dem Teelöffel kleine Bällchen formen und diese nach und nach ins heiße Fett geben, bis die Oberfläche gerade bedeckt ist.

› Käsekrapfen in 1–2 Minuten goldbraun frittieren, dann auf Küchenpapier nur kurz abtropfen lassen und servieren. Sie schmecken heiß und kalt, sollten aber nicht länger als 2 Stunden aufs Essen warten.

TIPP
Nicht nur Zwiebel-Confit (siehe oben), sondern auch eingelegte Preiselbeeren oder Ketchupsenf (vom Eierbrot auf Seite 16) passen dazu.

SOJALOLLIES MIT MISO

Ich mag Japan und finde seine Küche großartig. Wie dort sehr wenige, sehr gute Zutaten immer wieder zu Gerichten mit einmaligem Geschmack verbunden werden, das ist sensationell. Und es braucht oft langes Training am Objekt, bis man das so hinbekommt. Weswegen ich hier gar nicht erst mit Sushi anfangen will, die macht sich dort sowieso kaum jemand für sich selbst. Aber was wird in Japan eigentlich zu Hause gekocht? Tofu zum Beispiel, den man dort täglich ganz frisch im Geschäft kaufen kann wie bei uns Brot. Wird er mit seiner würzigen Schwester kombiniert, der ebenfalls aus Sojabohnen hergestellten Misopaste, verwandelt er sich in eine Delikatesse – zur Misosuppe etwa oder zu folgendem Snack aus Japans Hausküche, der Vorspeise wie Dessert sein kann. Die Zutaten gibt es zwar nicht alle im Supermarkt am Eck, aber doch in jedem besseren Asia- oder Bio-Laden.

Zutaten für 8 Stück
50 g dunkle Misopaste (sehr würzig, rein aus Sojabohnen, Hatcha-Miso genannt) • 2 1/2 EL brauner Zucker • 3 EL Sake (japanischer Reiswein, trockener Sherry wäre ein Ersatz) • 1/2 Bio-Orange • 50 g helle Misopaste (süß-würzig, aus Sojabohnen und Reis, Shiro-Miso genannt) • etwa 300 g möglichst frischer, fester Tofu (Menge je nach Packung, am besten aus dem Bio-Laden) • 8 Holzspatel (im Bild zu sehen sind kleine Holzeislöffel aus der Bio-Eistruhe, sonst in der Apotheke fragen oder je 2 Holzspieße nehmen) • 2 EL Öl • Sesamsamen, Wasabi (japanischer, grüner Meerrettich; aus der Tube) und Senf fürs Finish

Zubereitungszeit: 30 Minuten

› Als erstes machen wir »rotes Miso«. Dazu wird die dunkle Misopaste mit je 2 EL Zucker und Sake sowie 1 EL Wasser im kleinen Töpfchen bei mittlerer Hitze 2–3 Minuten unter Rühren zu einer dickflüssigen Paste verkocht.

Kleine Verführer für alle, die immer noch Angst vor Tofu haben: gebratene Sojalollies mit salzig-süßer Misopaste.

› Fürs Orangen-Miso die Orange heiß waschen und die Schale fein abreiben, Saft auspressen. Beides mit der hellen Misopaste sowie übrigem Zucker und Sake im Töpfchen vermischen. Bei Mittelhitze unter Rühren in 2–3 Minuten zur dicken Paste verkochen.

› Tofu aus der Verpackung nehmen, abtropfen lassen und mit Küchenpapier trockentupfen. Den Block längs halbieren, dann quer in 8 gleich große Rechtecke teilen. Die Holzspatel jeweils in eine schmale Seiten stecken – sieht das wie selbstgemachtes Mini-Eis am Stiel aus, ist es richtig. (Holzspieße: Je zwei Spieße in 1 cm Abstand zueinander in die Tofustücke stecken.)

› Eine große, beschichtete Pfanne auf mittlerer Stufe erhitzen, das Öl hineingeben (es sollte den Boden gerade mal bedecken) und heiß werden lassen. Die Sojalollies darin auf einer Seite in 1–2 Minuten goldbraun braten, wenden und die zweite Seite ebenso bräunen. Nun auch die Schmalseiten kurz anbraten (die mit dem Stiel natürlich nicht).

› Noch in der Pfanne die beiden Pasten schön dick auf die Lollies streichen und nach Wunsch mit ein paar aufgestreuten Sesamsamen (auf das Orangen-Miso) oder einem kleinen Tupfer Wasabi oder Senf (auf das rote Miso) verzieren. Dann die Sojalollies gleich servieren, denn heiß schmecken sie am besten.

TIPP
Wer mag, schiebt die Lollies vor dem Verzieren noch 1 Minute unter den Grill, um die Pasten zu erwärmen. Ich mag aber den Kontrast von heiß und kalt lieber. Außerdem kann beim Grillen das Holz ankokeln.

Ich mache ...
EMPANADAS

Dies ist die Feiertagsversion der berühmten spanischen Teigtaschen, für deren Geschmack vor allem aromatischer und fester Speck in der Füllung wichtig ist. Der Teig ist schnell geknetet, bedarf dann aber etwas Zuwendung, bis aus ihm auf originelle Weise Taschen entstehen. Zum Dank wird er in der Pfanne schön blättrig und knusprig.

Für den Teig braucht es 100 g Butter, 1 Ei, 350 g Mehl und 1 TL braunen Zucker, 1/2 TL Salz. Für die Füllung: 300 g grüne Bohnen, 2 Knoblauchzehen, 100 g Räucherspeck, 400 g Schafkäse, 2 EL Öl, 150 g Tomaten in Stücken (aus der Dose), 1 TL Rosmarinnadeln, Salz, schwarzen Pfeffer, 1 Prise Zucker. Außerdem: Mehl zum Ausrollen, etwa 100 g Butterschmalz.

1. Für den Teig die Butter schmelzen und abkühlen lassen. Das Ei mit der Hälfte der Butter und 1/8 l Wasser verquirlen und mit Mehl, Zucker und Salz glatt verkneten. Abgedeckt 10 Minuten ruhen lassen. Dann den Teig auf einer bemehlten Fläche dünn zu einem Rechteck von 30 x 40 cm ausrollen. Dieses mit der übrigen flüssigen Butter bestreichen und von der Längsseite her möglichst fest aufrollen. Die Rolle in Folie wickeln und etwa 2 Stunden kühlen, damit sie sich gut schneiden lässt.

2. Dann für die Füllung die Bohnen waschen, putzen und fein schneiden. Knoblauch schälen und hacken, Speck würfeln. Schafkäse grob zerbröseln. Nun Bohnen samt Knoblauch und Speck im Öl anbraten, die Tomaten und den Rosmarin zugeben. Mit Salz, Pfeffer und Zucker würzen. Bei mittlerer Hitze 15 Minuten dünsten, abkühlen lassen. Mit Käse mischen.

3. Die Teigrolle in 3–4 cm dicke Scheiben schneiden. Die Scheiben auf der bemehlten Fläche zu Kreisen ausrollen (15 cm Ø). Die Ränder mit Wasser befeuchten. Je 2 EL Füllung auf jede Kreishälfte geben, die andere darüberklappen und die Ränder mit einer Gabel fest andrücken.

4. So viel Butterschmalz in einer Pfanne erhitzen, dass es 2 cm hoch darin steht. Die Empanadas darin auf jeder Seite 2–3 Minuten braten, bis sie goldgelb und knusprig sind. Auf Küchenpapier abtropfen lassen.

Ein extra Händchen braucht es für diese spanischen Teigtaschen nicht, dafür aber eine Portion Geduld und Muße. Denn der

Teig wird erst ausgerollt, dann wieder eingerollt, in Scheiben geschnitten – und wieder ausgerollt. Doch der Lohn dafür ist groß.

Ich mache ...
KRÄUTERHÖRNCHEN

Gekaufter Blätterteig ist oft eine Enttäuschung, Blätterteig selbst zu machen eine Heidenarbeit. Hier kommt eine Alternative, die dazu einen würzigen Clou hat: Kräuterbutter statt normaler Butter darin.

Für 8 Kräutertaschen braucht es für den Teig: 150 g Magerquark, 150 g Mehl, 1/2 TL Salz und 150 g kalte Kräuterbutter (gekauft oder selbst gemacht, normale Butter geht natürlich auch). Für die Füllung: 250 g tiefgekühlten Blattspinat (oder 500 g frischen), 50 g Kräuterbutter, Salz und Pfeffer, je 1 Bund glatte Petersilie, Basilikum, Dill und Schnittlauch, 100 g Magerquark, 100 g frisch geriebenen Parmesan. Und dann noch 2 Eigelbe und 1 EL Mohnsamen fürs Finish.

1. Erst kommt der Teig dran. Dazu den Quark abtropfen lassen und das Mehl mit Salz mischen. Die Kräuterbutter in Stücke schneiden und schnell mit dem Mehl zu Krümeln vermengen, die mit dem Quark fix zum glatten Teig geknetet werden, wobei ihn zu langes Arbeiten später bröckelig macht. Halbieren, zu Kugeln formen und diese flach drücken, damit später besser ausgerollt werden kann. In Folie wickeln und 2 Stunden kühlen.

2. Für die Füllung den aufgetauten Spinat sehr gut ausdrücken. (Frischen Spinat waschen und putzen, in reichlich Salzwasser einmal aufwallen lassen und im Sieb eiskalt abbrausen. Sehr gut ausdrücken und grob hacken.) Den Spinat in der Butter 2 Minuten dünsten, kräftig salzen und pfeffern, dann abkühlen lassen. Die Kräuter waschen und trockenschütteln. Petersilien-, Basilikumblättchen und Dillspitzen abzupfen, mit dem Schnittlauch grob hacken. Das alles mit Spinat, Quark und Parmesan vermischen.

3. Nun den Backofen auf 180 °C (Umluft 160 °C) vorheizen. Teigkugeln zwischen Klarsichtfolie jeweils zu dünnen Kreisen (30 cm Ø) ausrollen und diese vierteln. Das Eigelb verschlagen und die Ränder der Teigviertel damit bestreichen. Die Füllung darauf verteilen, dabei gut 1 cm Abstand zum Rand lassen. Nun den Teig von der breiten Seite zur Spitze hin aufrollen und zu Hörnchen formen. Die Kräuterhörnchen auf ein Blech mit Backpapier setzen, mit Eigelb bestreichen, mit Mohn bestreuen und im Ofen (Mitte) in 20–25 Minuten golbgelb backen.

Asiatisch gewürztes Schweinehack mit Garnelen, gehüllt in Wan-Tan-Blätter, im Korb gedämpft: Wan Tan Dim Sum.

WAN TAN DIM SUM

Zutaten für 4–6 Portionen
etwa 20 tiefgekühlte Wan-Tan-Blätter (Asia-Laden)
• 150 g Schweinefilet • 100 g gepulte, rohe Garnelen
• 2 Frühlingszwiebeln • 1 Möhre • 2 TL süßscharfe Chilisauce • 1 TL Speisestärke • 1 TL gemahlener Ingwer • Salz • 3–4 Chinakohlblätter • Soja- und süßscharfe Chilisauce zum Dippen

Zubereitungszeit: 45 Minuten

› Teigblätter auftauen lassen. Das Schweinefilet und die Garnelen fein hacken. Frühlingszwiebeln waschen, putzen und in Röllchen schneiden. Möhre schälen und grob raspeln. Fleisch, Garnelen und Gemüse mit Chilisauce, Stärke und Ingwer mischen, salzen.

› Die Teigblätter mit Wasser bepinseln. Je 2 TL Füllung in die Mitte setzen, Blätter hochziehen und darum formen, sodass nach oben offene Tüten entstehen.

› Wok oder großen Topf 3 cm hoch mit Wasser füllen, aufkochen. Chinakohlblätter waschen, einen Dämpfkorb damit auslegen und die Wan Tans hineingeben. Korb fest verschließen und übers kochende Wasser setzen. Wan Tans in 8–10 Minuten bissfest dämpfen. Mit Soja- und Chilisauce zum Dippen servieren.

Ich koche …
GULASCHSUPPE

Sie ist das eigentliche »gulyas«, denn was wir »Gulasch« nennen, heißt in Ungarn »pörkölt«. Und was wir hier im Lokal als Gulaschsuppe bekommen, stammt oft aus der Dose oder aus Fleischresten. Gut und selbst gekocht, ist sie aber immer noch eine Delikatesse.

Dazu braucht es: 1 kg bestes Rindfleisch (aus der Schulter), 600 g Zwiebeln, 6 Knoblauchzehen, 100 ml Öl, 5 EL edelsüßes Paprikapulver, je 1 EL getrockneten Majoran und Thymian, 2 EL Tomatenmark, 1/4 TL Kümmelsamen, 6 EL Weinessig, 600 g vorwiegend fest kochende Kartoffeln, Salz, 4 EL Mehl, 2 l Rinderbrühe, Pfeffer.

1. Das Fleisch in 1 cm große Würfel schneiden. Die Zwiebeln schälen und fein würfeln, den Knoblauch ebenso. Zwiebeln im Öl bei mittlerer Hitze in etwa 10 Minuten glasig braten. Jeweils die Hälfte des Paprikapulvers und der Kräuter sowie die komplette Tomatenmark- und Kümmelmenge kurz mitrösten, dann mit dem Essig ablöschen und diesen einkochen lassen.

2. Das Fleisch samt der Hälfte des Knoblauchs zugeben und zugedeckt bei sanfter Hitze im eigenen Saft etwa 50 Minuten schmoren lassen. Dabei ab und zu umrühren und, falls nötig, ein paar Spritzer Wasser dazugeben. Inzwischen die Kartoffeln waschen, schälen, in kleine Würfel schneiden und kurz in Wasser legen. Den übrigen Knoblauch mit Salz bestreuen und mit der Messerklinge zerreiben.

3. Ist das Fleisch nun kernig im Biss, die im Topf verbliebene Flüssigkeit offen kräftig einkochen lassen. Paprikapulver-, Knoblauch- sowie Kräuterreste zugeben, alles mit Mehl bestäuben, kurz anschwitzen. Unter Rühren mit Rinderbrühe aufgießen. Die Kartoffeln dazugeben, aufkochen und diese unter öfterem Rühren in der Suppe in 15 Minuten bissfest garen. Suppe kräftig mit Salz und Pfeffer abschmecken und in Tassen servieren.

TIPP
Wer mag, kann am Ende noch 1 EL saure Sahne und extra Paprikapulver hineingeben. Manche kochen die letzten Minuten zusätzlich 1 gewürfelte Paprikaschote mit, was hübsch aussieht, mich aber im Geschmack stört.

GERÖSTETE REISKUCHEN IN TEESUD

Klingt exotisch, aber das sind die Pommes-Mayo Japans: Eastern Comfort Food, das sich dort der Schuljunge wie die Office Lady vom Frühstück bis zum Nachthappen gönnt. Die Küchlein gibt's fertig zum Aufbraten samt Instant-Sud, aber nur selbst gemacht entfalten sie ihr volles Aroma und werden zum »soul food«, das beruhigt und belebt zugleich – anders als Pommes-Mayo. Wichtig ist dabei »Dashi«, die japanische Grundbrühe aus Fisch und Algen, bei uns im guten Asia-Laden zum Anrühren erhältlich.

Zutaten für 4–8 Portionen
350 g Risotto- oder Sushi-Reis • 1 Stück frischer Ingwer (3 cm) • 2 EL Sake (japanischer Reiswein, Ersatz: trockener Sherry) • 5 EL Sojasauce • Salz • 2 TL grüner Tee (z. B. japanischer Sencha) • 400 ml Instant-Dashi (Asia-Laden) • 4 EL Öl • 1 Nori-Blatt (aus getrockneten Algen, zum Sushi-Rollen)

Zubereitungszeit: 50 Minuten

› Reis im Topf mit kaltem Wasser verwirbeln, Wasser ablaufen lassen, neu auffüllen und wieder verwirbeln. Das drei- bis viermal wiederholen, bis das Wasser fast klar abläuft. Reis im Sieb abtropfen lassen. Ingwer schälen, zuerst in dünne Scheiben und dann in feine Streifen schneiden.

› Ingwer mit 1/2 l Wasser aufkochen. Reis samt Sake und 1 EL Sojasauce darin offen 5 Minuten kräftig kochen lassen. Hitze klein schalten, Reis unterm Deckel 5 Minuten köcheln lassen. Vom Herd ziehen, 10 Minuten quellen lassen. Nun in eine weite Schüssel geben, mit 1/2 TL Salz bestreuen, locker unterrühren, leicht abkühlen lassen. Dann mit nassen Händen aus dem Reis 8 flache, runde »Frikadellen« formen (oder 15–20 Küchlein wie im Bild). 400 ml Wasser aufkochen, den Tee damit aufbrühen, nach 3 Minuten abgießen und den Sud mit dem Dashi erhitzen.

› Öl in einer großen, beschichteten Pfanne erhitzen. Frikadellen pro Seite in 3–4 Minuten (Küchlein in 1–2 Minuten) bei mittlerer Hitze knusprig braten. Übrige Sojasauce darübergießen, nochmals 1 Minute auf jeder Seite braten. Je einen Schöpfer Sud in eine Schale füllen, Frikadellen (oder Küchlein) zugeben und etwas Nori-Blatt darüberkrümeln. Löffeln und schlürfen.

Eine Schale zum Wohlfühlen: Geröstete Reiskuchen in einem Sud aus Tee und Dashi, der japanischen Grundbrühe aus Fisch und Algen, – gekrönt mit ein paar Stückchen Nori. Hier in der modernen Snack-Version, klassisch werden 1–2 größere »Frikadellen« pro Portion geformt und gebraten.

Ich mache ...
A SALAD TO J.O.

Ich wollte »The Naked Chef« nicht. Wir lebten in Sydney, als »the sensational TV Cooking Show« zur besten Sendezeit kam. »Alles Casting«, dachte ich, schaute trotzdem rein und war begeistert von der Idee – und vom Chef. Seitdem bin ich im Jamie-Oliver-Fanclub.

Und seitdem hat er viel getan, damit sich das nicht ändert – immer wieder was Neues riskiert und immer wieder noch ein originelles Rezept entdeckt. Trotzdem habe ich keines nachgekocht. Aber nachempfunden – den Salat aus Radieschen samt Grün und rohem Fenchel von jener ersten Show, die mich so beeindruckt hatte. Für meine Version braucht es: 2 Bio-Orangen, 2 rote Zwiebeln, 2 Handvoll Feldsalat, 1 Knoblauchzehe, 4 Thymianzweige, 1 getrocknete Chilischote, 1 TL Sumach (Pulver aus getrockneten, säuerlich schmeckenden Steinfrüchten, gibt's beim Türken), Salz, 1 TL gemahlenen Kreuzkümmel, 1/2 TL braunen Zucker, Saft von 2 Zitronen, 6 EL Olivenöl.

1. Der Clou bei diesem Salat ist die getrocknete Orangenschale. Dafür wird 1 Frucht so dünn geschält, dass so wenig Weißes wie möglich an der Schale hängt. Schalen auf einem Rost 2 Stunden im 50 °C warmen Ofen (Umluft 30 °C) trocknen. Ausschalten und die Schalen darin über Nacht gut durchtrocknen lassen. Nun luftdicht im Schraubglas aufbewahren.

2. Die Zwiebeln halbieren, schälen und in Streifen schneiden. 10 Minuten in eiskaltes Wasser legen, so werden sie mild und knackig. Feldsalat gründlich waschen und putzen, dabei die Blätter der Pflänzchen zusammenlassen. Die übrige Orange schälen und dabei so viel Weißes wie möglich entfernen. Beide Früchte halbieren, das weiße Innere entfernen und das Fruchtfleisch in mundgerechte Stücke schneiden.

3. Den Knoblauch schälen und fein würfeln. Thymian waschen, trockenschütteln und die Blättchen von den Zweigen streifen. Die Chili zerreiben. Dies mit Sumach, Salz, Kreuzkümmel, Zucker und der Orangenschale im Mörser oder im Blitzhacker fein zerkleinern. Den Zitronensaft mit der Würzmischung verrühren, dann das Öl unterschlagen. Feldsalat, Orangen und Zwiebeln damit anmachen und gleich servieren. Dazu schmecken am besten geröstete Streifen vom Fladenbrot.

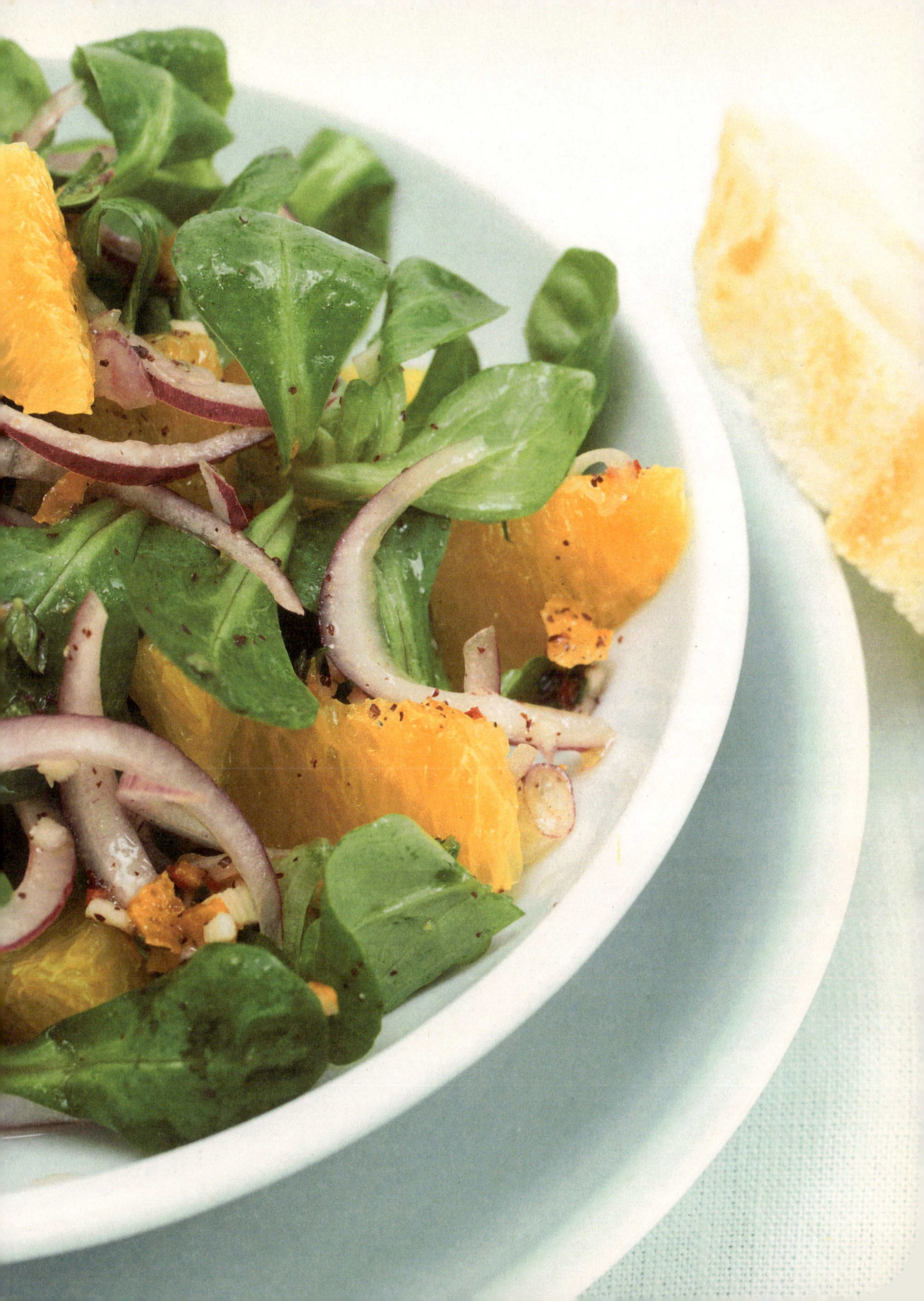

FAST SAM'S WALDORF SALAD

Mit der New Yorkerin Sam verbrachte ich eine wirklich wilde Nacht: Erst zersägten wir meinen Renault auf den Straßen von Frankfurt, dann machten wir in der Gaststätte zur Großmarkthalle weiter, bis die Sonne aus dem Main kam und die Marktstände wie verrückt nach Himbeeren und Borretsch duften ließ. Da ging ein jeder heim in sein Bett, um fit zu sein für den nächsten Spätdienst im Grandhotel, in dem wir damals arbeiteten. Ich weiß nicht, wo Big Mama Sam heute steckt; aber ihre erfrischende Version des berühmten Waldorf Salats habe ich nicht vergessen. Als ich 20 Jahre nach der Frankfurter Zeit zum ersten Mal in New York war, gaben sie mir dort eine sehr schicke Asia-Fusion des Klassikers aus Apfel, Sellerie, Walnuss und Mayonnaise. Und hier ist das Ergebnis von all dem: »fast« Sam's Waldorf Salad.

Zutaten für 4 Portionen
100 g Cashewnusskerne • 100 g Mayonnaise • 5 EL Sahne • Salz • 1 Msp. Cayennepfeffer • 1 Spitzer Worcestersauce • 400 g Staudensellerie • 1 Handvoll kernlose, blaue Weintrauben • 2 süßsäuerliche Äpfel • 2 TL Zitronensaft • 4 Blätter Chinakohl • 2 EL kandierter Ingwer

Zubereitungszeit: 30 Minuten

› Von den Cashewnusskernen 2 EL abnehmen, den Rest im Mörser oder Blitzhacker zu einer feinen Paste zerkleinern. Diese mit der Mayonnaise und der Sahne glatt rühren. Das Dressing mit 1 Prise Salz, Cayennepfeffer sowie Worcestersauce abschmecken.

› Den Staudensellerie waschen und putzen, die jungen Blätter fein hacken und ins Dressing rühren. Selleriestangen in feine Scheiben schneiden. Die Trauben waschen und halbieren. (Wer es ganz fein machen will, zieht vorher mit einem kleinen Küchenmesser noch die Haut ab.) Äpfel waschen und samt Schale achteln, die Achtel von den Kerngehäusen befreien und quer in Scheiben passend zum Sellerie schneiden. Die Äpfel mit dem Zitronensaft vermengen, dann mit Sellerie, Trauben und dem Dressing vermischen. Den Salat 10 Minuten durchziehen lassen.

› Derweil die Chinakohlblätter waschen, trockenschütteln und in Asia-Schalen legen. Die übrigen Cashewnusskerne wie auch den Ingwer grob hacken und beides mischen. Den Salat abschmecken, in die Schalen häufen und mit der Nuss-Ingwer-Mischung bestreuen. Thanks, Sam.

MATJES MANGO

Matjesfilets nach Art der asiatischen Hausfrau. Statt Apfel, Gürkchen und Zwiebelringen kommen Mango, Salatgurke und Frühlingszwiebeln dran, das Sahnedressing ersetzt eine Limetten-Chili-Marinade. Aber der Matjes muss auch echter Matjes bleiben, denn ein anderer eingelegter Hering ist nicht mild und fett genug, um hier mit all den anderen Zutaten die richtige Balance zu halten. Länger als 2 Stunden sollte man das aber auch vom Matjes nicht verlangen, denn dann geraten die starken Aromen von Fisch und Zwiebellauch bald außer Kontrolle. Also: So frisch genießen, wie man es auch in Asien machen würde.

Zutaten für 4 Portionen
2 nicht zu reife Mangos • 1 Salatgurke • 4 Frühlingszwiebeln • 1 Stück frischer Ingwer (3 cm) • 4 Stängel Basilikum (am besten mit möglichst kleinen Blättern) • Saft von 2 Limetten • 4 EL süßscharfe Chilisauce (Asia-Laden) • 2 EL Olivenöl • 8 Matjesfilets • Salz (nach Belieben)

**Zubereitungszeit: 25 Minuten
(+ 15 Minuten Marinieren)**

Matjes können gut mit Obst, und Mangos können gut mit Fisch. Das lässt sich verbinden: Matjes Mango.

› Mangos schälen und das Fruchtfleisch mit einem großen Messer flach am Stein entlang abschneiden. Dann mit einem kleinen Messer den Rest des Fleischs um den Kern herum ablösen. (Fans lutschen nun den Kern noch ab, was man aber am besten mit freiem Oberkörper überm Waschbecken macht, denn Mangoflecken gehen sehr schwer raus.) Das Fruchtfleisch in 1 cm große Würfel schneiden.

› Die Gurke schälen und längs vierteln. Die Kerne mit einem Schnitt vom festen Gurkenfleisch lösen und in einem Sieb mit einem Esslöffel auspressen, den Saft auffangen. Die Gurkenviertel in 1 cm breite Stücke schneiden. Die Frühlingszwiebeln waschen, putzen und in dünne Ringe schneiden. Den Ingwer schälen und auf der Küchenreibe fein reiben. Basilikumblätter von den Stängeln abzupfen.

› Gurkenwasser mit Limettensaft, süßscharfer Sauce und Öl verrühren. Die Marinade mit Mango, Gurke, Frühlingszwiebeln, Ingwer und Basilikum vermengen.

› Die Matjes kurz mit lauwarmem Wasser abspülen, trockentupfen, mit der Salsa vermischen und nach Wunsch noch etwas salzen. 15 Minuten ziehen lassen und dann gleich servieren. Dazu schmecken frittierte Krabbenchips, die im Asia-Laden Krupuk heißen. Gerösteter Toast geht aber auch.

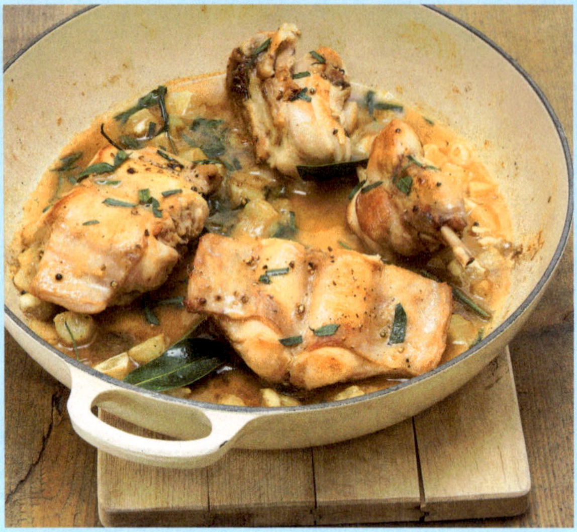

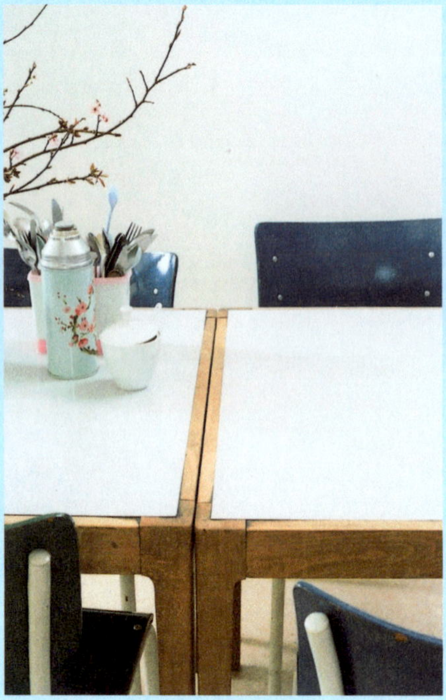

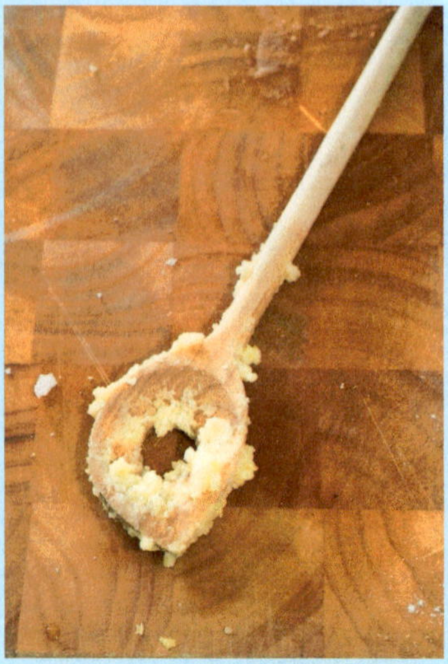

MITTAGESSEN

Abends essen kann jeder – der wahre Luxus heißt: Mittagessen! Denn das heißt Tempo rausnehmen, Aufmerksamkeit üben, sich im Alltag was Gutes tun. Also all das, was uns die Wellness-Coachs verkaufen wollen. Das Schöne am Luxus Mittagessen ist aber, dass ich dafür kein Programm und Training brauche. Ich gehe in die Küche, koche mir was und esse – fertig. Das dauert? Nicht immer. Wenn doch: das ist ja der Luxus (und das unser kleines Geheimnis: Alles in diesem Kapitel schmeckt abends auch gut).

Ich mag ...
»MAHLZEIT!«

Und den »Tagesteller«. Und das »Mittagsmenü«. Und: »Wir empfehlen heute«, wenn es wirklich ernst gemeint ist. Denn all das heißt: Mittagessen. Also für mich die schönste Mahlzeit am Tag, bei der ich beide Teile mag – den Mittag und das Essen.

Der Mittag: eine feste Insel mitten im Tag, auf die ich mich immer wieder zur Erholung, Belohnung und Stärkung zurückziehen darf, um eine Weile einfach nur zuzuschauen. Und um zu essen – ohnehin eine meiner Lieblingsbeschäftigungen, welcher ich mich zu Mittag so richtig hingeben kann wie einst als Kind nach der Schule oder immer wieder im Urlaub. Weswegen Zeitunglesen, Geschäfte machen oder Leute anrufen gar nicht gehen beim Mittagessen.

Ich stehe auf, gehe los und setz' mich an den Esstisch. Schaue, was da auf meinem Teller liegt und schmecke, wie das so ist. Ich achte also darauf, was sie hier so machen. Denn diesen Respekt für ihre Arbeit haben sich Köchin und Koch erst einmal verdient. Aber was ist, wenn ich beim Schauen und Schmecken merke, dass das Essen nichts taugt? Dann gehe ich dort in Zukunft nicht mehr hin und probiere was anderes aus – auch für diese Einsicht lohnt sich das Weglassen von Zeitung, Kalender, Telefon.

Für so einen Mittag auf der Insel braucht es nicht viel. Das funktioniert auch mal für eine halbe Stunde im Imbissladen, wenn ich dabei nichts als Pause mache. »Wenn ich esse, esse ich«, heißt das dann. Die einen nennen das Zen. Ich sage einfach: »Mahlzeit!«

Was ich mittags nicht mag:

Lesen beim Essen (weder als Koch noch als Schreiber); Business Lunch im guten Lokal (weil ich mich dann zwischen Business und Lunch entscheiden muss).

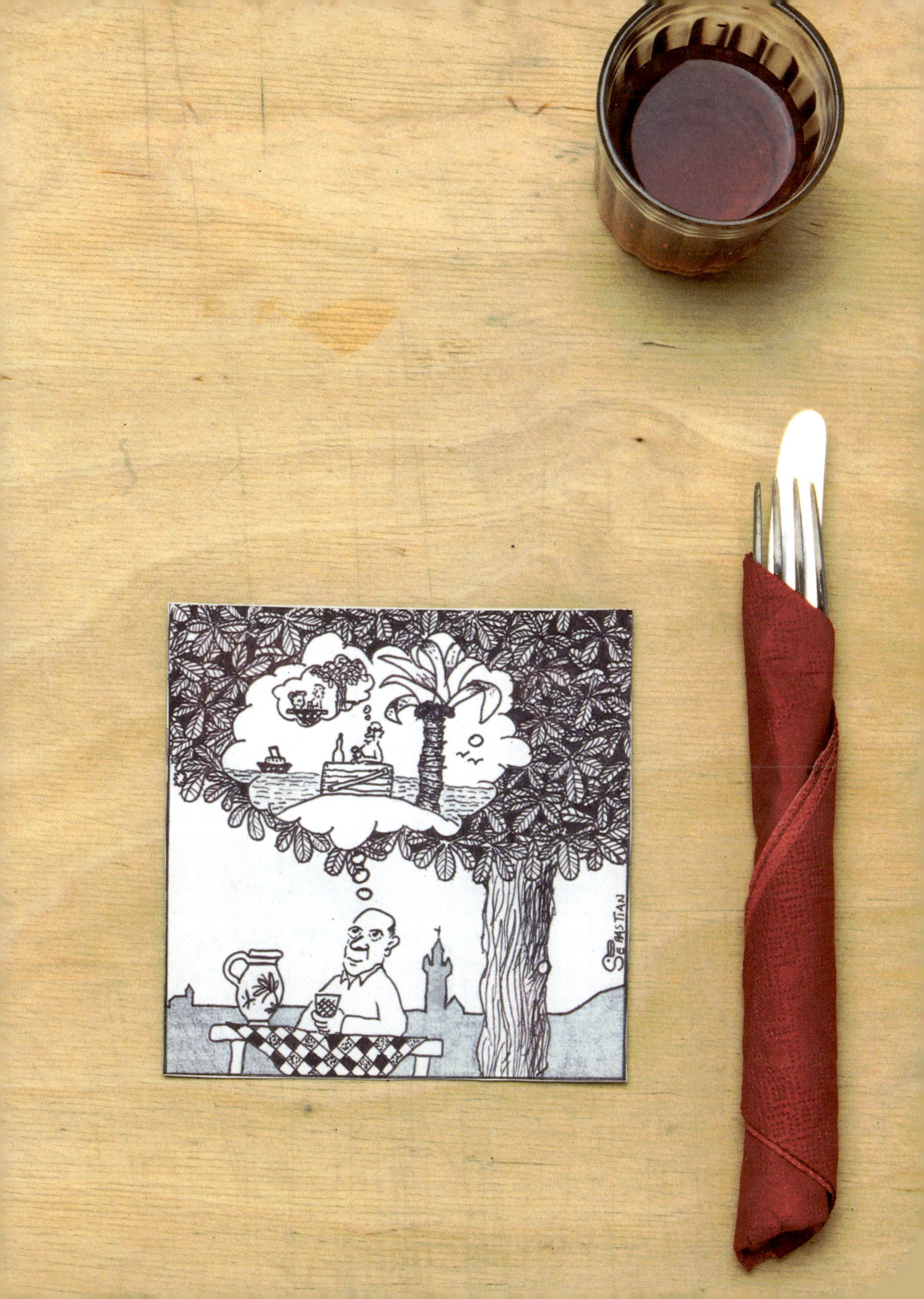
SEBASTIAN

Ich koche ...
KRAUTFLECKERL

Krautkopf und Eiernudeln in kleinen Quadraten, ein bisschen süß, ein wenig salzig, dazu Speck und frischer Topfen – wenn das gut gemacht ist, dann ist's ein Lieblingsmittagessen in Österreich.

Dort gibt es auch die »Fleckerl« dafür zu kaufen, 1–2 cm große Nudelquadrate. Ich nehme für 4–6 Leute als Ersatz 500 g der größten und besten Eiernudeln und mache sie etwas kleiner. Lasagneplatten (die sind ohne Ei) gehen auch, doch gute Eiernudeln sind besser. Außerdem braucht es: 1 kleinen Kopf Weißkohl (etwa 700 g), 1 Zwiebel, 100 g durchwachsenen Räucherspeck mit viel Aroma, 1 EL Öl, 1 TL Zucker, 1/2 TL Kümmelsamen, 1 EL Weißweinessig, Salz, Pfeffer und 150 g festen, mageren Topfen, Quark oder Schichtkäse – Hauptsache er schmeckt frisch und lässt sich fast krümeln. Wer mag: 2 EL Schnittlauchröllchen.

1. Weil wir keine Fleckerl haben, fangen wir damit an: Die Nudeln noch in der Packung sanft zerdrücken, bis sie Fleckerln ähneln, ohne zu Bröseln zu werden. Manche sagen, man könne die Nudeln auch ganz nehmen, aber dann sind es Krautnudeln. Und die schmecken tatsächlich anders.

2. Nun die Außenblätter vom Kohlkopf abziehen und den Kopf vierteln. Mit einem schrägen Schnitt die Viertel vom Strunk samt der groben Blattrippen befreien, Viertel auf diesen Anschnitt setzen. Jetzt werden sie längs in 2 cm breite Streifen geschnitten und dann quer in passende Quadrate. Im Sieb kalt abspülen. Zwiebel schälen und wie den Speck klein würfeln.

3. Im größten Topf das Öl sanft erhitzen. Speck, Zwiebel, Zucker und Kümmel dazu und unterm Deckel 5 Minuten dünsten. Mit Essig ablöschen und das tropfnasse Kraut darin bei mittlerer Hitze andünsten. Nun zugedeckt im eigenen Saft in 20–25 Minuten nicht ganz weich schmoren. Falls nötig, noch ein paar Schluck Wasser zugeben. Mit Salz und Pfeffer würzen.

4. Nudeln in reichlich Salzwasser kurz vor bissfest garen, abgießen, mit dem Kraut vermischen. Noch 2 Minuten unter Rühren fertig garen, kräftig abschmecken, auf tiefe Teller verteilen. Und zum Schluss Topfen, Quark oder Schichtkäse darüber verkrümeln und, wer mag, noch Schnittlauch.

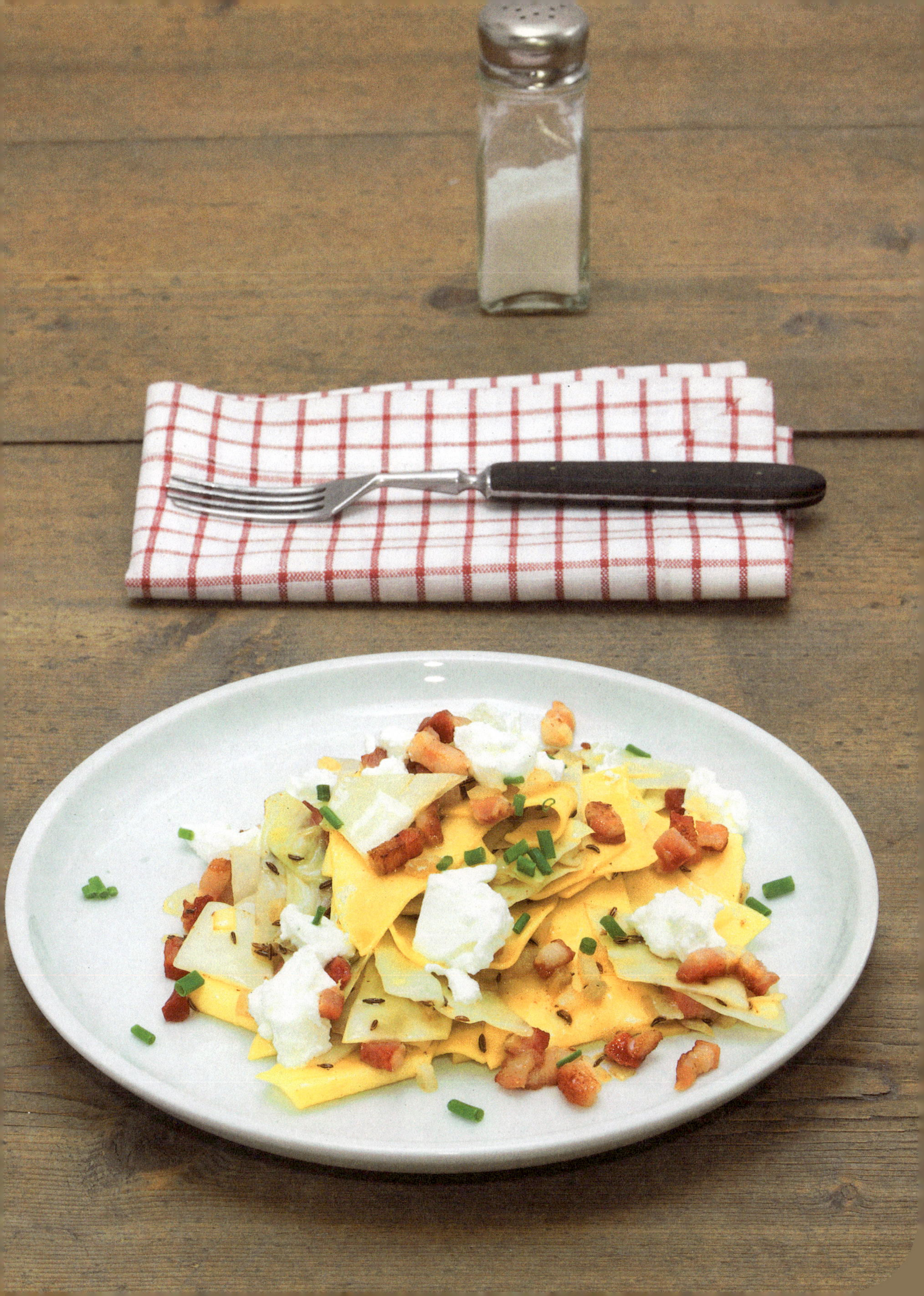

Ich mache ...
KÄSSPATZEN

Oder Kasspatzen, Kässpätzle, Käsknöpfle, Kasnockerl. Aber egal, wie man den Alpenklassiker zwischen Allgäu und Vorarlberg nun nennt: Im Ofen hat er nichts zu suchen! Höchstens zum Warmhalten.

Ist der Käse gut und sind die Spatzen frisch gekocht, verbindet sich hier alles von allein. Für 4 Leute brauchen wir: 5 Eier, 1 TL Salz und je 250 g Weizenmehl und Weizendunst (zwischen Mehl und Grieß, auch doppelgriffiges Mehl, Tipp von Kollege Mario aus Wien). Verwendet man nur Mehl, werden die Spatzen weicher, nur mit Dunst braucht es viel Kraft am sehr stabilen Spätzlehobel. Der Käse: 300 g mit Schmelz und Würze aus gutem Stall. Ich nehme je 100 g Bergkäse, Emmentaler und Romadur oder anderen festen Rotschmierkäse (Mario ist Vorarlberger und nimmt außer Berg- noch »Rass- und Sauerkäse«). Dazu: 50 g Butter. Röstzwiebeln? Die sind mir zu heftig. Apfelmus ist mir lieber. Wirklich, schmeckt toll dazu!

1. Als erstes geht es an den Teig. Hierfür die Eier mit Salz glatt rühren und 15 Minuten beiseitestellen (lässt ihr Gelb leuchten). Mehl und Dunst mit Ei und 1 Schluck Wasser kneten, bis der Teig dicke Blasen bildet, glatt und klebrig-zäh ist. Sonst noch Wasser dazugeben. Mehr als 50 ml sollten es aber nicht sein, wenn wir schön bissfeste Spätzle wollen. Das alles dauert, weswegen man eine kräftige Küchenmaschine oder trainierte Arme braucht.

2. Nun einen großen Topf mit Salzwasser aufkochen. Das Wasser steht dabei knapp 10 cm unterm Rand, so werden die Spätzle weder zu lang noch verkleistert der Hobel im Dampf. Inzwischen den Käse ohne Rinde fein reiben und verschiedene Sorten mischen, die Butter schmelzen. Eine große Schüssel mit heißem Wasser oder im 100 °C heißen Ofen erwärmen.

3. In den Hobel 2 EL Teig geben. Dann ritsch und ratsch, bis der Hobel leer ist, und an der Wasseroberfläche Spätzle wallen. Rausfischen, abgetropft in die gebutterte Schüssel geben, darüber etwas Käse und Butter verteilen. Ritsch, ratsch, Schüssel, Käse, Butter, ritsch, ratsch ... Wer gut ist, macht in kurzer Zeit die Schüssel neben dem Herd voll, Einsteiger dürfen sie in den Ofen stellen. Am Ende noch mal Käse und Butter, dann die Kässpatzen am Tisch mischen, dass sich die Fäden ziehen. Gleich essen! Mit Apfelmus.

SPAGHETTI AGLIONARA

Einmal sollte es zu Hause Spaghetti Carbonara geben, ein Lieblingsessen von allen. Dann fehlten die Eier, also habe ich Spaghetti Aglio e Olio gemacht (auch ein Lieblingsessen), aber mit Speck dazu und Käse zum Schluss. Daraus wurde sofort noch ein Lieblingsessen – und der Name ist jetzt auch klar, oder?

Zutaten für 4 Portionen
4 Knoblauchzehen • 100 g aromatischer, durchwachsener Räucherspeck (in Scheiben) • 1 Zweig Rosmarin • 4 Stängel glatte Petersilie • 80 ml bestes Olivenöl • 50 g Butter • Salz • 500 g Spaghetti • 100 g frisch geriebener Parmesan • Pfeffer

Zubereitungszeit: 30 Minuten

› Die Knoblauchzehen schälen und in hauchdünne Scheiben schneiden. Die Speckscheiben quer in dünne Streifen schneiden. Die Kräuter waschen und sehr gut trockenschütteln. Petersilienblätter von den Stängeln abzupfen.

› Den Knoblauch, Speck und Rosmarinzweig mit dem Öl und der Butter in ein kleines Töpfchen geben und bei kleinster Hitze 15–20 Minuten ziehen lassen, bis der Knoblauch weich, aber noch nicht braun ist. Rosmarin rausfischen, Petersilienblätter dazugeben und warm stellen. Inzwischen im großen Topf reichlich Salzwasser (ideal: 5 l Wasser mit 5 TL Salz) aufkochen.

› Die Spaghetti ins kochende Wasser geben und sofort rühren, bis sie sich gut verteilt haben. Nach Packungsaufschrift bissfest garen, dann in ein Sieb abgießen, das in einer großen Schüssel steht. Die Nudeln abtropfen lassen, Wasser bis auf einen Schluck aus der aufgewärmten Schüssel schütten, und die Nudeln darin mit dem Öl-Butter-Gemisch und dem Parmesan vermengen. Kräftig mit Salz und Pfeffer abschmecken und gleich servieren.

TIPP
Das lässt sich noch ergänzen: in Knoblauchöl geröstete Weißbrotkrümeln drüberstreuen (einst ein Parmesanersatz, heute eine Delikatesse für sich) oder mit frisch gebratenen Pfifferlingen oder Steinpilzen mischen, wenn's was ganz Feines sein soll.

Das Beste von beiden Speisen: Spaghetti Aglionara mit dem Aglio-Olio-Knoblauch und dem Carbonara-Speck.

JIAOZI MIT GARNELEN

Diese chinesischen Nudeltaschen sind in Zutaten wie Zubereitung ungewöhnlich, doch es lohnt sich, sie zu probieren – auch weil man auf diese Weise einen wirklich narrensicheren Nudelteig kennenlernt. Zudem können sie mit der Füllung für Wan Tan Dim Sum (Seite 31) bestückt werden.

Zutaten für 4 Portionen
300 g Vollkornweizenmehl + Mehl zum Arbeiten • Salz • 1/2 Chinakohl (etwa 300 g) • 150 g Shiitake-Pilze • 200 g gegarte, geschälte Garnelen • 1 Knoblauchzehe • 2 EL Fischsauce • 1 EL chinesischer Reiswein oder trockener Sherry • 1 TL gemahlener Ingwer • 4 EL Öl • Sojasauce zum Dippen

Zubereitungszeit: 1 1/2 Stunden

› Die Hälfte des Vollkornmehls mit 1/2 TL Salz und 8 EL kaltem Wasser zum krümeligen Teig verkneten. 350 ml Wasser aufkochen, zum restlichen Mehl gießen und das Ganze 2 Minuten verkneten. Beide Teige etwa 5 Minuten miteinander verkneten, sodass der Endteig schön glatt ist. Zu einer Kugel formen, flach drücken und in Folie wickeln, 30 Minuten ruhen lassen.

› Die Chinakohlhälfte längs halbieren, vom Strunk befreien und quer in feine Streifen schneiden. Diese im Sieb kalt abspülen und abtropfen lassen. Von den Shiitake die Stiele entfernen, Kappen mit Küchenpapier abreiben. Die Garnelen abspülen und trockentupfen, mit den Pilzen grob hacken. Knoblauch schälen und fein würfeln, dann mit Kohl, Pilzen und Garnelen sowie Fischsauce, Reiswein oder Sherry, Salz, Ingwer etwa 2 Minuten kräftig verkneten und abschmecken.

› Teig auf bemehlter Fläche nicht zu dünn ausrollen und mit Hilfe einer Tasse Kreise von 10–12 cm Ø ausstechen. Den übrigen Teig verkneten, ausrollen und weitere Kreise ausstechen. Teigränder mit Wasser bestreichen. Auf die Hälfte jeder Teigscheibe etwa 2 EL Füllung geben, die andere Hälfte darüberschlagen und die Ränder gut andrücken. Nun die Ränder »nach Art einer Ziehharmonika« einfalten (oder mit der Gabel festdrücken). Enden zueinanderbiegen, damit die Teigtaschen aufrecht stehen können. Jiaozi 10 Minuten auf einem Gitter trocknen lassen. Salzwasser aufkochen.

› In einer großen Pfanne mit Deckel oder in einem flachen Topf das Öl erhitzen und die Jiaozi mit dem Teigrand nach oben hineinsetzen. Die Taschen bei mittlerer Hitze 1 Minute anbraten. So viel kochendes Salzwasser dazugießen, dass der Boden ein Fingerbreit damit bedeckt ist. Nun den Deckel daraufsetzen und die Jiaozi 2 Minuten stark kochen lassen.

› Dann Hitze reduzieren und die gefüllten Teigtaschen 8–10 Minuten sanft schmoren lassen, bis die Flüssigkeit ganz aufgesogen ist. Nun die Jiaozi ohne Deckel noch 1–2 Minuten braten, bis ihre Unterseite schön knusprig ist. Mit Sojasauce zum Dippen servieren.

CONGEE

Dieser Reisbrei aus Asien ist für manche Medizin, für andere Religion. Tatsächlich bewirkt die Kombination von lange gekochtem Reis und würzigen Beilagen Wunder für Magen wie Gemüt.

Zutaten für 4 Portionen
100 g Duftreis • 1/2 TL Salz • 1 Stück frischer Ingwer (3 cm) • 4 Hähnchenbrustfilets (mit Haut) • 1 Bund Frühlingszwiebeln • 100 g chinesische Schweinefleischwürstchen (»Lap cheong« gibt es gefroren oder im Vakuumpack im guten Asia-Laden, Ersatz: luftgetrocknete Salami) • 2 Eier • 2 EL Öl • Sojasauce zum Beträufeln • 2 EL Erdnusskerne

Zubereitungszeit: 1 1/4 Stunden (+ Einweichen über Nacht)

Manche finden es fad, ich finde es fantastisch: Congee! Schmeckt mit ganzen oder geschnittenen Würstchen – und auch ohne.

› Den Reis in einem Sieb mehrmals unter fließendem kalten Wasser verwirbeln, bis das Wasser fast klar abläuft. Reis mit 800 ml Wasser und dem Salz in einer Schüssel vermischen und über Nacht einweichen.

› Dann Ingwer schälen und mit 1 l Wasser im großen Topf aufkochen. Die Hähnchenfilets hineinlegen und bei geringer Hitze 15 Minuten simmern lassen, rausnehmen und beiseitestellen. Den Reis samt Einweichwasser in den Topf gießen, aufkochen. Die Hitze auf kleinste Stufe stellen und Reis unter gelegentlichem behutsamen Rühren in 45 Minuten zum suppigen, weichen Brei kochen, der auf der Zunge zergeht.

› Inzwischen Frühlingszwiebeln waschen und putzen, das feste Grün und die weißen Zwiebeln getrennt voneinander in feine Ringe schneiden. Die Hähnchenbrustfilets von der Haut befreien und in Scheiben schneiden.

› In den letzten 15 Minuten die Würstchen aufs Congee legen und erhitzen. Eier in lauwarmem Wasser aufsetzen und nach dem Aufkochen noch 8 Minuten garen. Derweil die weißen Zwiebelringe im Öl unter Rühren bei mittlerer Hitze bräunen und in einem Schälchen mit den rohen, grünen Ringen mischen.

› Die Eier abschrecken, pellen und halbieren. Mit den Hähnchenscheiben auf dem Congee verteilen. Nun die Hitze ausschalten, einen Deckel drauflegen und alles 5 Minuten ziehen lassen. Congee auf Suppenschalen verteilen und am Tisch nach Lust und Laune mit Zwiebelringen, Sojasauce und Nüssen vollenden.

Ich koche ...

LAKSA

Nach Jiaozi und Congee kommen wir zum dritten Fernost-Küchenwunder, das ich in Australien erlebt habe. Die Übersetzung »Curryeintopf« muss so ungenau bleiben wie die Herkunftsbezeichnung – irgendwo im Herzen Südostasiens liegt die Heimat von Laksa.

Wir brauchen für 4 Schlürfer: 750 g rohe, ungeschälte Garnelen (Prawns), 500 g Miesmuscheln, 4 Knoblauchzehen, 2 Schalotten, 2 Stängel Minze, 1 rote Chilischote, 1 Bio-Limette, 2 Hähnchenbrustfilets (ohne Haut und Knochen), Salz, 3 EL Öl, 2 Nelken, 3 cm Zimtstange, 250 g asiatische Weizennudeln, 400 ml Kokosmilch, 3 TL rote Thai-Currypaste und 1 TL gemahlene Kurkuma. Viel Zeug? Dabei ist's nur die simple Aussie-Version.

1. Prawns schälen, am Rücken längs einschneiden, Darm entfernen. Abbrausen und abtropfen lassen, Schalen zur Seite stellen. Muscheln waschen, geöffnete aussortieren. Knoblauch und Schalotten schälen, würfeln. Minze waschen, trockenschütteln und die Blätter hacken, Stängel aufheben. Chili waschen, entstielen, hacken. Limette heiß waschen, Schale fein abreiben.

2. Filets in 1/2 l siedendem Salzwasser 10 Minuten ziehen lassen, herausnehmen und beiseitestellen. Hälfte des Knoblauchs in 1 EL Öl anbraten. Die Muscheln dazugeben und zugedeckt 4 Minuten garen. Geschlossene Muscheln aussortieren. Bei den übrigen (bis auf einige zur Verzierung) das Fleisch aus den Schalen lösen. Muschelsud durch einen Kaffeefilter gießen.

3. In 1 EL Öl Schalotten und Hälfte des übrigen Knoblauchs andünsten. Die Garnelenschalen kurz mitbraten. Mit 1 l Wasser sowie Hühner- und Muschelsud auffüllen. Mit Minzestängeln, Nelken und Zimt etwa 1 Stunde köcheln lassen, dann durchs Sieb gießen. Weizennudeln bissfest garen und kalt abspülen. Von der Kokosmilch 4 EL »Rahm« abnehmen. Darin den übrigen Knoblauch sowie Chili, Limettenschale, Currypaste und Kurkuma 5 Minuten dünsten. Mit Garnelensud und übriger Kokosmilch aufkochen.

4. Hühnerbrust in Streifen schneiden, mit Garnelen, Muscheln, Nudeln und gehackter Minze sanft in der Suppe erhitzen. 2 Minuten ziehen lassen, auf Suppenschalen verteilen und die Suppe mit Stäbchenhilfe schlürfen.

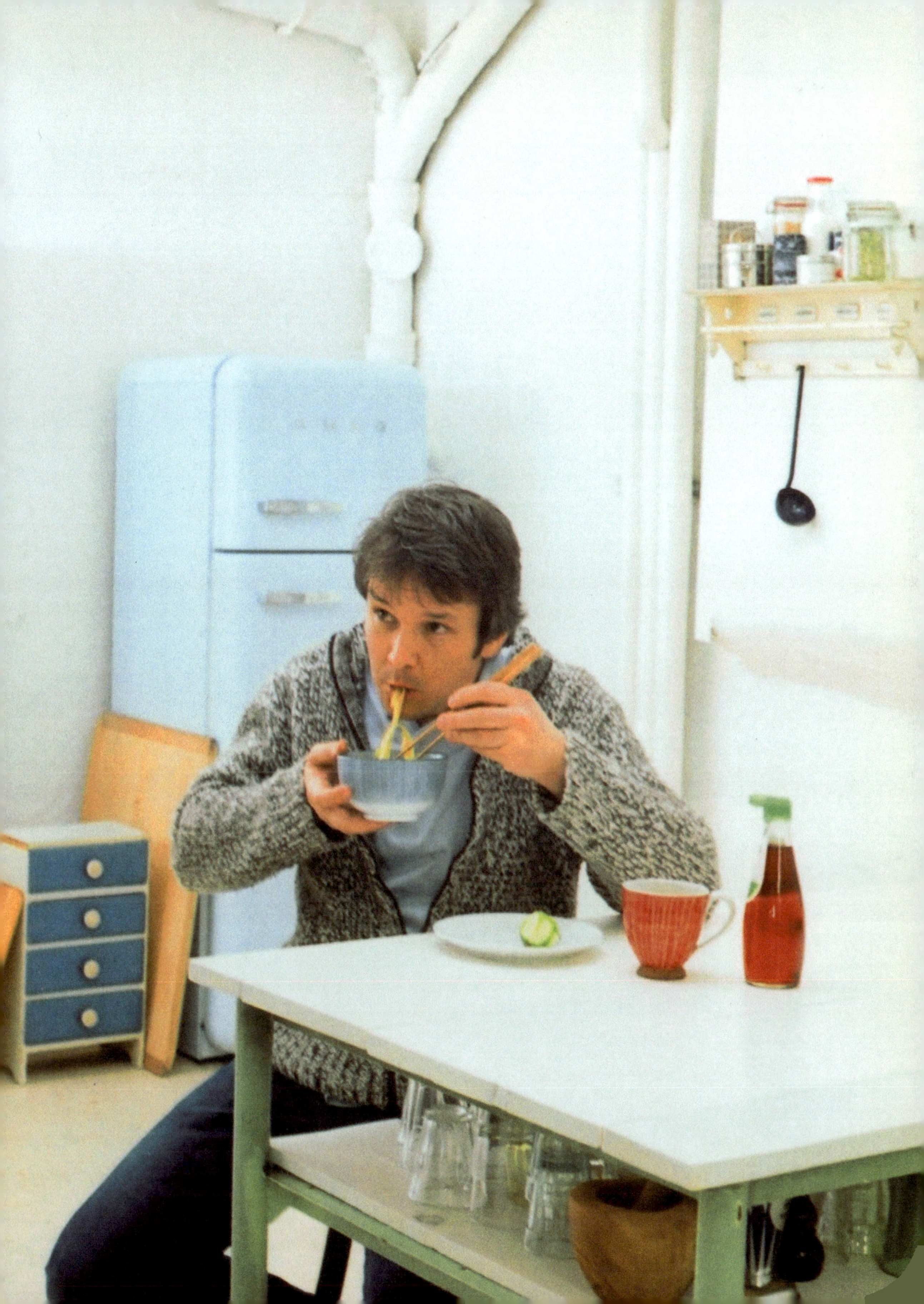

Ich koche ... Mittagessen

WIRSING-LINSEN-CURRY

Gemüsecurry für Einsteiger – mit lauter Zutaten, die man inzwischen selbst in der Kreisstadt ohne Inder bekommen kann, wenn es dort einen türkischen Lebensmittel- und einen Bio-Laden gibt.

Zutaten für 4 Portionen
1 Kopf Wirsing (gut 1 kg) • 120 g rote Linsen • 100 g Sultaninen • 1 weiße Zwiebel • 4 EL Butterschmalz • 1/2 TL Kreuzkümmelsamen • 3 EL Currypulver • 1/2 l Gemüsebrühe • 1 Stück Zimtstange (2–3 cm) • 3 EL Mango Chutney • 150 g Joghurt • Salz • weißer Pfeffer

Zubereitungszeit: 1 Stunde

› Wenn nötig, den Wirsing von sehr festen Außenblättern befreien. Dann den Kopf vierteln und Strunk sowie die groben Blattrippen schräg herausschneiden. Die Viertel längs halbieren und quer in 2 cm breite Streifen schneiden. Kurz mit kaltem Wasser abbrausen und abtropfen lassen. Die Linsen in einem Sieb kalt abbrausen, die Sultaninen ebenso.

› Die Zwiebel schälen, würfeln und in 2 EL Butterschmalz bei kleiner Hitze zugedeckt in 5 Minuten glasig braten. Dann die Zwiebelwürfel bei offenem Deckel und höherer Hitze leicht bräunen. Den Kreuzkümmel kurz mitbraten, dann Curry einrühren und mit der Gemüsebrühe ablöschen. Linsen samt Zimtstange darin 10 Minuten kochen lassen.

› Nun den Wirsing dazugeben und 10–15 Minuten garen, bis die Linsen fast weich sind und der Wirsing gerade noch Biss hat (in Indien schätzt man kein allzu knackiges Gemüse).

› Jetzt Sultaninen, Chutney und Joghurt einrühren, alles noch 1 Minute garen, salzen, pfeffern. Wirsing-Linsen-Curry zugedeckt noch 2 Minuten durchziehen lassen. Die Zimtstange entfernen und das Curry mit frisch gekochtem Basmati-Reis servieren.

TIPP
Sehr gut schmeckt dieses Curry auch mit Grünkohl, den es bei uns erst nach dem ersten Frost gibt, weil er dann milder ist. Grünkohl wird gründlich gewaschen, grob gehackt, kurz in kochendes Salzwasser gegeben und abgeschreckt, bevor er nach 5 Minuten Garzeit zu den Linsen kommt und nach 20 Minuten fertig ist.

FRANKFURTER LINSENSUPPE

Ganz echt nur mit den »echten Frankfurter Würstchen«, bestehend aus nix als Schweinefleisch von der Keule, gewürzt mit Salz und Pfeffer, mild geräuchert im knackigen Naturdarm – so, wie man es nur noch in und um Frankfurt macht. Aber mit feinen Wienern darin (oder einer geräucherten Rindswurst) ist die Welt für viele auch noch in Ordnung. Man ist ja tolerant in Frankfurt. Aber eins geht nicht: Die Würstchen oder Würste schon schneiden, bevor sie überhaupt heiß gemacht werden. Das passiert erst im Teller – ob mit oder ohne Suppe, darüber lässt sich lange streiten.

Zutaten für 4 Portionen
300 g braune Linsen • 1 Bund Suppengrün •
4 Stängel Bohnenkraut • 200 g Speckschwarte und Schinkenreste (beides möglichst am Stück) •
2 Zwiebeln • 150 g durchwachsener Räucherspeck
• 1 EL Öl • 4 Paar echte Frankfurter Würstchen •
Salz • weißer Pfeffer • Essig zum Abschmecken

Zubereitungszeit: 45 Minuten (+ 3 Stunden Einweichen und 30–45 Minuten Garen)

› Die Linsen in einer Schüssel 3 Stunden in reichlich kaltem Wasser einweichen.

› Dann die Linsen im Sieb abtropfen lassen. Suppengrün waschen oder schälen und putzen, in kleine Würfel passend zu den Linsen schneiden. Bohnenkraut waschen und mit Gemüsewürfeln, Linsen, der Speckschwarte mit den Schinkenstücken in 1 l Wasser aufkochen und 30–45 Minuten kochen lassen.

› Die Zwiebeln schälen und würfeln, den Räucherspeck ebenso in Würfel schneiden. Beides im Öl zugedeckt 5 Minuten ausbraten lassen. Dies mit den Würstchen zur Suppe geben, vom Herd nehmen und zugedeckt 10 Minuten ziehen lassen.

› Die Suppe mit Salz und Pfeffer abschmecken. Am Tisch dann mit ein paar Spritzern Essig vollenden und mit Brot dazu löffeln.

TIPP
Bei Linsensuppe wie auch bei allen anderen Gerichten mit Hülsenfrüchten ist es wichtig, dass der Essig erst bei Tisch drankommt. Denn ist er bereits während des Kochens mit im Topf, verhindert die Säure – wie Salz übrigens auch –, dass Linsen & Co. weich werden.

Ich koche ... Mittagessen

BOSTON BAKED BEANS

Was haben dieses und das folgende Rezept gemeinsam? Bei beiden sind die Beilagen die Hauptsache, und das Fleisch ist vor allem Speck, der während der langen Garzeit im Ofen für die Würze sorgt. Weswegen wir jetzt mal vergessen, dass man Baked Beans wie Sauerkraut auch in Dosen bekommen kann – denn deren Inhalt kann es mit den Originalen hier gar nicht aufnehmen. Fast Food ist das also wohl keines, aber Arbeit macht es auch kaum, sobald es im Topf ist. Und das ist es lange.

Zutaten für 4–6 Portionen
500 g getrocknete, weiße Bohnenkerne • 4 Tomaten (aus der Dose) • 50 g Zuckerrübensirup (im US-Original wird die amerikanische Rohrzuckermelasse verwendet) • 100 g brauner Rohrzucker • 1 EL scharfer Senf • 1 Zwiebel • 2 Nelken • 1 Lorbeerblatt • 100 g Speckschwarte (im Stück) • 400 g durchwachsener Räucherspeck (im Stück) • Salz • Cayennepfeffer

Zubereitungszeit: 45 Minuten
(+ Einweichen über Nacht und rund 4 Stunden Garen)

› Die Bohnenkerne über Nacht in reichlich kaltem Wasser einweichen. Am nächsten Tag das Wasser abgießen und die Bohnen in einem Topf knapp mit frischem kalten Wasser bedecken, aufkochen und 30 Minuten bei kleiner Hitze kochen lassen.

› Den Backofen auf 175 °C vorheizen. Die Tomaten vierteln. Sirup, 50 g Zucker und Senf mit den Tomaten verrühren. Die Zwiebel schälen und mit den Nelken das Lorbeerblatt »daraufpinnen« – der Profi sagt dazu »gespickte Zwiebel«.

› Einen schweren, ofenfesten Topf, zu dem ein fest schließender Deckel gehört, am Boden mit der Schwarte belegen. Die Bohnen samt Kochwasser mit der Sirupmischung verrühren und in den Topf füllen, die Zwiebel und den Räucherspeck hineindrücken. Deckel drauf und für 3 Stunden in den Ofen (Mitte, Umluft: 150 °C) damit. Oder wie im Wilden Westen im Eisentopf über Nacht in die Glut vom Lagerfeuer stellen.

Man lasse sich nicht von der Dose täuschen – diese Boston Baked Beans verdienen tatsächlich ihren Namen, denn sie sind nach alter amerikanischer Art lange mit Sirup und Tomaten (daher die Dose) im Ofen gegart. Der Toast dazu sollte dann aber auch von einem echten Kastenweißbrot stammen.

› Den Topfdeckel abnehmen. Sind die Bohnen noch suppig? Perfekt. Ansonsten ein wenig Wasser dazugießen. Mit Salz und Cayennepfeffer abschmecken. Nun den restlichen Zucker auf die Bohnen streuen und noch 30–45 Minuten ohne Deckel garen.

› Dann die Zwiebel und die Speckschwarte wegwerfen, den Räucherspeck in dünne Scheiben schneiden und mit den Bohnen servieren. Dazu schmecken Spiegeleier und im Lagerfeueroriginal dunkles Brot, das in Dosen (natürlich nicht von den Bohnen!) in der Glut gebacken wird. Ein ordentlicher Toast geht aber auch.

CHOUCROUTE GARNI

Ich sag's gleich: Dieses Rezept würde keine Gnade finden vor den Hütern des knackigen Sauerkraut nach Elsässer Art mit seinen speziellen Würsten darin. Und wer das Schwein schmäht oder an eine Diät denkt, sollte das hier erst recht meiden. Wenn man aber mit eher weich gekochtem Sauerkraut und Frankfurter Würstchen groß geworden ist, dann ist das was Feines.

Zutaten für 4–6 Portionen
150 g weißer Speck (in Scheiben) • 700 g frisches Sauerkraut • 10 Wacholderbeeren • 1 Zwiebel • 2 Nelken • 1 Lorbeerblatt • 200 g durchwachsener Räucherspeck (im Stück) • 400 ml trockener Riesling (am besten aus dem Elsass) • 50 g Schweineschmalz • 4 Kasseler-Koteletts (etwa 600 g) • 4 rohe, grobe Bratwürste • 4 echte Frankfurter Würstchen (oder sehr gute Wiener)

**Zubereitungszeit: 30 Minuten
(+ 1 3/4 Stunden Garen)**

› Einen ofenfesten Topf mit gut schließendem Deckel (etwa wie der von den Baked Beans links) am Boden mit der Hälfte des weißen Specks belegen. Das Kraut mit Wacholderbeeren mischen. Zwiebel schälen und mit den Nelken das Lorbeerblatt darauf feststecken.

› Den Backofen auf 150 °C vorheizen. Das Sauerkraut zur Hälfte im Topf verteilen und die Zwiebel sowie den Räucherspeck darauflegen. Das übrige Sauerkraut dazugeben, den Wein und 100 ml Wasser angießen. Das Kraut mit dem restlichen weißen Speck bedecken und diesen mit dem Schmalz bestreichen.

› Den Topf samt Deckel in den Ofen (Mitte, Umluft: 140 °C) schieben und das Kraut 1 Stunde garen. Dann herausnehmen, obere Krautschicht vorsichtig beiseiteschieben, die Kasseler-Koteletts sowie die groben Bratwürste zum Räucherspeck legen und wieder mit Kraut bedecken. Weitere 30 Minuten garen.

› Nun Frankfurter Würstchen aufs Sauerkraut und unter den Deckel legen, noch mal 10 Minuten weitergaren. Dann das Kraut in einer großen Schüssel oder auf einer Platte anrichten, die Zwiebel dabei entfernen. Räucherspeck in Scheiben schneiden und mit Bratwürsten, Frankfurtern und Koteletts auf dem Kraut verteilen. Dazu gibt es ganz klassisch Salzkartoffeln, Kartoffelpüree ist aber auch nicht verboten.

TIPP
Ein Leser hat in meinem Buch »Wie koch' ich ...?« ein Rezept für Sauerkraut vermisst – nur Dosenwärmen war ihm doch zu wenig. Das Rezept oben wird ihm vielleicht zu viel sein, aber eventuell hilft das weiter: 1 Zwiebel schälen, vierteln und in Streifen schneiden. 1 kleinen, säuerlichen Apfel schälen, vierteln, entkernen und in dünne Scheiben schneiden. Beides in 2 EL Butter mit 1 Prise Zucker und 5 zerdrückten Wacholderbeeren ganz langsam zugedeckt 3 Minuten dünsten. Mit 50 ml Weiß- oder Apfelwein ablöschen und 500 g Sauerkraut (aus der Dose) dazugeben. Dies 20 Minuten zugedeckt sanft garen, dann offen bei starker Hitze einkochen lassen. Zum Schluss 2 EL Butter in kleinen Flocken einrühren, das gibt dem Kraut Glanz und Bindung. Gleich servieren.

Ich mache ...
KANINCHEN BISTRO

Jeder Feinschmecker sollte mindestens einmal im Leben zu Mittag ein Kaninchen im Topf haben. Sicher, beim Kaufmann muss man es erst mal ein wenig suchen. Aber dann wird alles ganz einfach.

Keine Angst vor Kaninchen: Diese Zubereitung mit Zitrone, Estragon und Kapern ist nicht schwieriger, als ein Huhn im Topf zu schmoren. Auch über das Zerteilen muss man sich keine Sorgen machen, wenn man seinen Händler gefunden hat – das macht nämlich der. Ideal ist für 4 Esser ein junges Tier von etwa 1,8 kg in acht Teilen: die beiden Hinterläufe und der Rücken jeweils halbiert, dazu die beiden Vorderläufe. Dann braucht es noch: 1 Knoblauchzehe, 1 kleine Zitrone, 4 Stängel Estragon, Salz, weißen Pfeffer, 4 EL Öl, 200 ml trockenen Riesling, 1 Lorbeerblatt, 2 EL Kapern (am besten in grobem Salz, sonst in Lake) und 4 EL Butter.

1. Zuerst die Kaninchenteile waschen und trockentupfen. Knoblauch schälen und in dünne Scheiben schneiden. Die Zitrone so schälen, dass auch die dicke, weiße Schicht entfernt wird, und die Frucht in gut 1 cm große Stücke schneiden. Den Estragon waschen und trockenschütteln, die Blätter abzupfen und grob hacken. Die Stiele beiseitelegen.

2. Fleisch mit Salz und Pfeffer einreiben. In einem möglichst schweren Topf, worin die Kaninchenteile gerade Platz haben, das Öl erhitzen. Darin die Teile bei mittlerer Hitze rundum anbraten. Rückenteile und Vorderläufe herausnehmen, Riesling, Knoblauch, Zitrone, Estragonstiele und das Lorbeerblatt in den Topf geben, den Deckel drauf und alles bei sanfter Hitze 10 Minuten schmurgeln lassen. Nun die restlichen Kaninchenteile wieder dazulegen, alles unter öfterem Wenden noch mal 10 Minuten garen.

3. Jetzt kommen die Kapern dazu. Kaninchen noch 5 Minuten schmoren lassen, der Sud sollte fast eingekocht sein. Das Fleisch herausnehmen und in einer zugedeckten Schüssel warm halten, Estragonstiele und Lorbeerblatt wegwerfen. Die Estragonblätter in den Sud geben und die Butter Löffel für Löffel mit dem Schneebesen schwungvoll einrühren. Kaninchen noch mal kurz darin schwenken, dann à la bistro servieren: mit Baguette zum Aufstippen, dem restlichen Wein in der Flasche und einem grünen Salat.

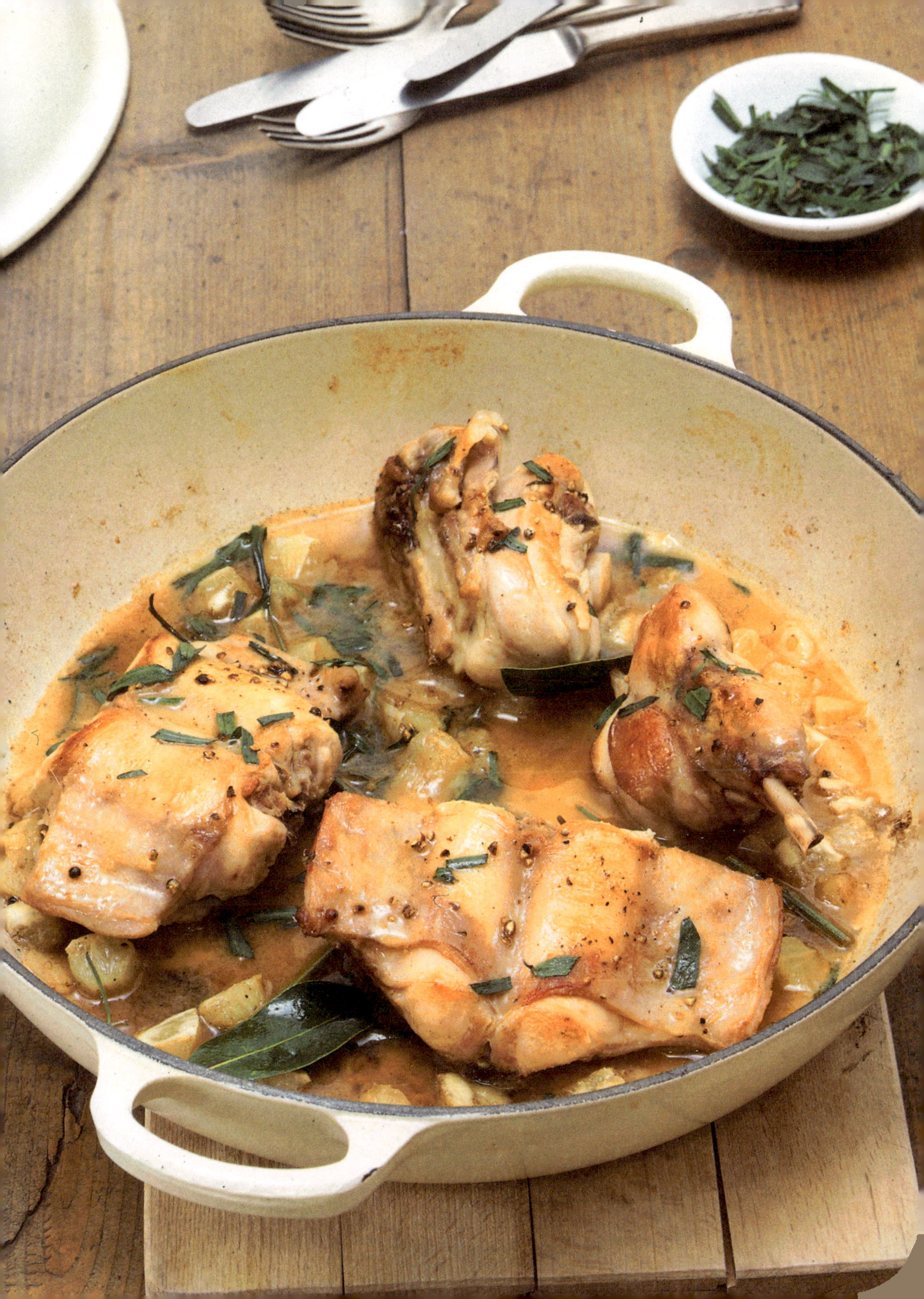

PAPRIKAHENDL

Der klassische Mittagsteller im Wiener Beisl, wozu mir am besten Häuptel-, pardon, Kopfsalat und auch noch Eiernockerl schmecken. Die macht man wie die Spatzen für die Kässpatzen auf Seite 44, allerdings mit 500 g Mehl ohne jeden Dunst und noch 2 Eigelben zu den 5 Eiern dazu.

Zutaten für 4 Portionen
1 nicht zu kleines Brathähnchen (am besten 1,8 kg schwer) • 2 Zwiebeln (gut 100 g) • 1 Knoblauchzehe • 1 rote Paprikaschote • 2 EL Mehl • 3 EL edelsüßes Paprikapulver • Salz • weißer Pfeffer • 2 EL Butter • 2 EL Öl • 200 ml Hühnerbrühe • 1 Stück Speckschwarte (knapp 50 g) • 150 g saure Sahne

Zubereitungszeit: 45 Minuten
(+ 25 Minuten Garen)

› Das Hähnchen halbieren und die Hälften jeweils in Brust und Keule teilen. (Mehr dazu auf den Seiten 58 und 59 zum Thema »Backhendl«.) Man kann natürlich auch die bereits zerteilen Stücke kaufen, wobei an der Brust schon noch Knochen und Haut dran sein sollten. So oder so wird das Fleisch nun ganz kurz gewaschen und dann trockengetupft.

› Die Zwiebeln schälen und würfeln, den Knoblauch ebenso. Die Paprikaschote waschen und putzen, dann in Würfel schneiden. 1 EL Mehl mit 1 EL Paprikapulver mischen.

› Die Hähnchenteile erst mit Salz und Pfeffer, dann mit dem Paprikamehl einreiben. In einem passenden Topf die Butter und das Öl erhitzen und die Teile darin rundum bei mittlerer Hitze anbraten. Herausnehmen und beiseitestellen.

› Im Bratsatz die Zwiebeln zugedeckt etwa 5 Minuten dünsten. Deckel wegnehmen, Knoblauch dazugeben und das Ganze leicht bräunen. Die Paprikaschote kurz mitdünsten, dann das übrige Mehl und das restliche Paprikapulver kurz mitrösten.

› Die Brühe unter Rühren dazugießen und aufkochen lassen. Salzen, pfeffern, Hähnchenkeulen und Speckschwarte dazugeben. Zugedeckt 10 Minuten sanft garen. Bruststücke dazulegen, weitere 15 Minuten garen.

› Hähnchenteile aus der Sauce nehmen, warm stellen. 100 g saure Sahne mit der Sauce verquirlen, einmal aufkochen und durch ein feines Sieb streichen (oder mit dem Mixstab fein pürieren). Das Fleisch wieder hineingeben und servieren – mit der übrigen Sahne.

KÖNIGINPASTETEN MIT RAGOUT FIN

Dies ist ein »Chardonnay-Gericht«: große Geschichte, großer Geschmack, große Begeisterung – und am Ende größere Enttäuschung, weil man schon wieder eine Billigversion unter berühmtem Namen erwischt hat (meine schlimmste: Putengeschnetzeltes mit Parmesan). Der Klassiker ist selbst als »kleiner Snack« im Café kaum noch zu finden. Das Original kann recht aufwändig sein, hier gibt es die etwas simplere Variante.

Zutaten für 4 Portionen
4 Schalotten • 200 g Champignons • 100 ml Weißwein • 1/2 TL Pfefferkörner • 1 Lorbeerblatt • 400 g Kalbshuft oder -nuss • 2 eingelegte Sardellenfilets • 2 EL Butter • Salz • Pfeffer • 100 g gegarte Kalbs- oder Rinderzunge • 3 Eigelbe • 100 g Crème fraîche • je 1 Spritzer Zitronensaft und Worcestersauce • 4 Königinpasteten aus Blätterteig (gibt es beim Konditor, im gut sortierten Lebensmittelladen oder übers Internet)

Zubereitungszeit: 1 1/4 Stunden

Wiederentdeckt und aus der Dose befreit: Königinpasteten mit Ragout fin (mit Zunge darin, wie sich's gehört).

› Schalotten schälen und 3 davon in Ringe schneiden. Die Pilze trocken abreiben, die Stiele herausdrehen. 1/2 l Wasser mit Wein, Pfefferkörnern, Lorbeerblatt, Schalottenringen und Pilzstielen aufkochen. Kalbfleisch darin zugedeckt bei kleiner Hitze 45 Minuten garen, dabei öfters wenden. Fleisch herausnehmen und beiseitestellen, bis es lauwarm ist. Den Sud durch ein feines Sieb gießen und auf 350 ml einkochen.

› Derweil übrige Schalotte fein würfeln, Pilze vierteln und die Sardellen hacken. Schalotte und Sardellen in der Butter 2 Minuten dünsten, dann die Pilze zugeben und 2 Minuten mitdünsten. Mit dem Sud aufgießen, mit Salz und Pfeffer würzen, 5 Minuten kochen lassen.

› Den Backofen auf 150 °C (Umluft 140 °C) vorheizen. Kalbfleisch und die Zunge in 1/2 cm große Würfel schneiden. Dies im Sud erhitzen, aber nicht kochen. Eigelb mit der Crème fraîche verrühren (der Profi nennt das »Legierung«), Topf vom Herd ziehen und die Legierung einrühren. Mit Zitronensaft und Worcestersauce abschmecken. Das Ragout fin leicht erhitzen, aber nicht aufkochen lassen – so wird es herrlich cremig gebunden, ohne dass das Eigelb gerinnt.

› Inzwischen die Königinpasteten 10 Minuten im Ofen (Mitte) erhitzen. Dann mit dem heißen Ragout fin füllen und gleich servieren.

1. Backhendlphase: zerteilen — hier in Brust und Keule.   *2. Phase: panieren mit Mehl, Ei und Semmelbröseln.*

Ich mache ...
EIN BACKHENDL

Das Hendl zum Backen sollte nicht zu groß (ist das Durchschnittshähnchen eh nicht), aber geschmackvoll sein (ist es leider auch nicht). Am besten wäre ein relativ junges Bio- oder Freilandhuhn von 1 1/2 kg. Fürs Drumherum braucht es: Salz, Pfeffer, Zitronensaft, 2 Eier, 1 EL Öl und je 100 g Mehl und Semmelbrösel (je frischer, desto besser). Zum Ausbacken: 1 1/2 kg Fett. Im Original ist das Schweineschmalz (tolle Kruste, viel Aroma, nicht jedermanns Geschmack), Butterschmalz ist eine feine Alternative, aber etwas teurer. Pflanzenfett ist günstig, aber nicht so gut. Fürs Finish: 1 Bund krause Petersilie, 1 Zitrone in Spalten.

1. Erst das Hähnchen zerteilen. Dazu das Huhn mit dem Rücken aufs Brett legen und mit einem großen Messer am Brustbein (der lange, schmale Knochen zwischen den Brüsten) entlang in zwei Hälften teilen. Bei einer Hälfte den Schenkel anheben und mit dem schräg gehaltenen Messer von der Brust trennen. Das Gelenk zwischen Ober- und Unterschenkel erfühlen und durchschneiden (was dort am leichtesten geht). Ebenso die Flügel von der Brust entfernen, die dann quer halbiert wird. Bei der anderen Hälfte das Gleiche machen. Nun die Haut entfernen und etwaige Reste vom Rückgrat von den Hähnchenteilen schneiden.

3. Phase: ausbacken – am besten im Ofen (daher der Name).   *4. Phase: genießen – mit frittierter Petersilie und Zitrone.*

Ein Wiener Schnitzel ist schon eine große Sache, aber ein gut gemachtes Wiener Backhendl – das ist für mich noch größer. Doch nur, wenn seine Teile samt Knochen gebacken werden, damit genug Saft und Aroma unter der Kruste sind. Alles andere sind Hähnchenschnitzel – dann doch lieber das echte Wiener.

2. Jetzt kommt der Ofentrick, denn dieses Hendl wird »im Rohr« ausgebacken. Dazu Ofen auf 190 °C (Umluft: 180 °C) vorheizen, einen weiten Topf oder eine hohe Pfanne mit dem Fett hineinstellen (Mitte) und erhitzen – so bleibt das Fett konstant heiß, raucht nicht die Küche voll und die Panade geht schön auf.

3. Nun geht es ans Panieren. Die Hähnchenteile mit Salz, Pfeffer und Zitronensaft einreiben und beiseitestellen. In einem tiefen Teller die Eier mit dem Öl verrühren, in zwei weitere Mehl und Brösel geben. Hähnchenteilen trockentupfen, in dem Mehl wenden und abklopfen. Durchs Ei ziehen und abtropfen lassen, dann in den Bröseln wenden, ohne sie anzudrücken.

4. Die Hähnchenteile ins heiße Fett legen, das nun drei Fingerhoch im Topf stehen sollte. Auf einer Seite in 5–6 Minuten goldgelb ausbacken, wenden und ebenso lang weiterbacken. Die schmäleren Stücke (vor allem von der Brust) nun rausnehmen, die größeren (speziell die Oberschenkel) noch 2–3 Minuten garen. Zuletzt die Petersilienstängel (gewaschen, sehr gut getrocknet, zu Sträußchen gebunden) noch ganz kurz frittieren, mit Zitronenspalten zum Hendl servieren.

Ich mache ...
EIN FISCHGRÖSTL

Ein »Gröstl« ist ein Schmarrn. Nur dass dafür keine Pfannkuchen zerrissen werden, sondern Knödel aufgebacken, Spätzle aufgebraten oder wie hier Kartoffeln aufgeröstet. Damit daraus nun ein »Gröstl« wird und nicht bloß Bratkartoffeln, muss noch etwas in die Pfanne. Oft sind das Bratenreste. Frischer Fisch ist aber feiner. Alsdann ...

Wir brauchen für 4 Esser: 400 g fest kochende Kartoffeln, 6 Wacholderbeeren, Salz, 1 Möhre, 1 kleines Bund glatte Petersilie, 1 Zwiebel, 300 g Wallerfilet (möglichst mit Haut, Zander wäre ein Ersatz), 2 EL Schweineschmalz (Butterschmalz geht aber auch), Pfeffer, 2 EL Butter sowie 1 Stück frischer Meerrettich (etwa 3 cm). Und: zwei »gut laufende« Pfannen.

1. Am Vortag werden die Kartoffeln gegart. Dazu die Kartoffeln waschen, dann 4 Wacholderbeeren unter einem schweren Topf fast zerdrücken, sodass sie noch ganz bleiben. Kartoffeln und Wacholderbeeren im Topf mit lauwarmem Wasser bedecken, 1 EL Salz dazu und in 20–25 Minuten (je nach Größe) bissfest garen. Noch heiß pellen, über Nacht abkühlen lassen.

2. Am nächsten Tag die Kartoffeln schneiden, und zwar in knapp 1 cm dicke Scheiben. Die Möhre schälen und in dünnere Scheiben schneiden. Die Petersilie waschen, trockenschütteln, von den groben Stängeln befreien und hacken. Die Zwiebel schälen, halbieren und in Streifen schneiden. Das Wallerfilet schräg in 3–4 cm breite Streifen schneiden.

3. Nun das Schmalz in einer Pfanne erhitzen, Kartoffeln und Möhre darin verteilen. 8 Minuten bei mittlerer Hitze bräunen, ohne alles zu wenden. Übrige Wacholderbeeren zerdrücken und darüberstreuen, Kartoffeln unter seltenem Wenden in 5–6 Minuten knusprig braten. Salzen und pfeffern.

4. Inzwischen in der zweiten Pfanne die Zwiebel bei kleiner Hitze langsam in der Butter bräunen und beiseiteschieben. Waller mit Salz und Pfeffer würzen und im Zwiebelfett auf jeder Seite knapp 1 Minute anbraten. Alles mit der Petersilie zu den Kartoffeln geben, nochmals kurz durchbraten. Meerrettich schälen und ganz fein darüberhobeln, servieren.

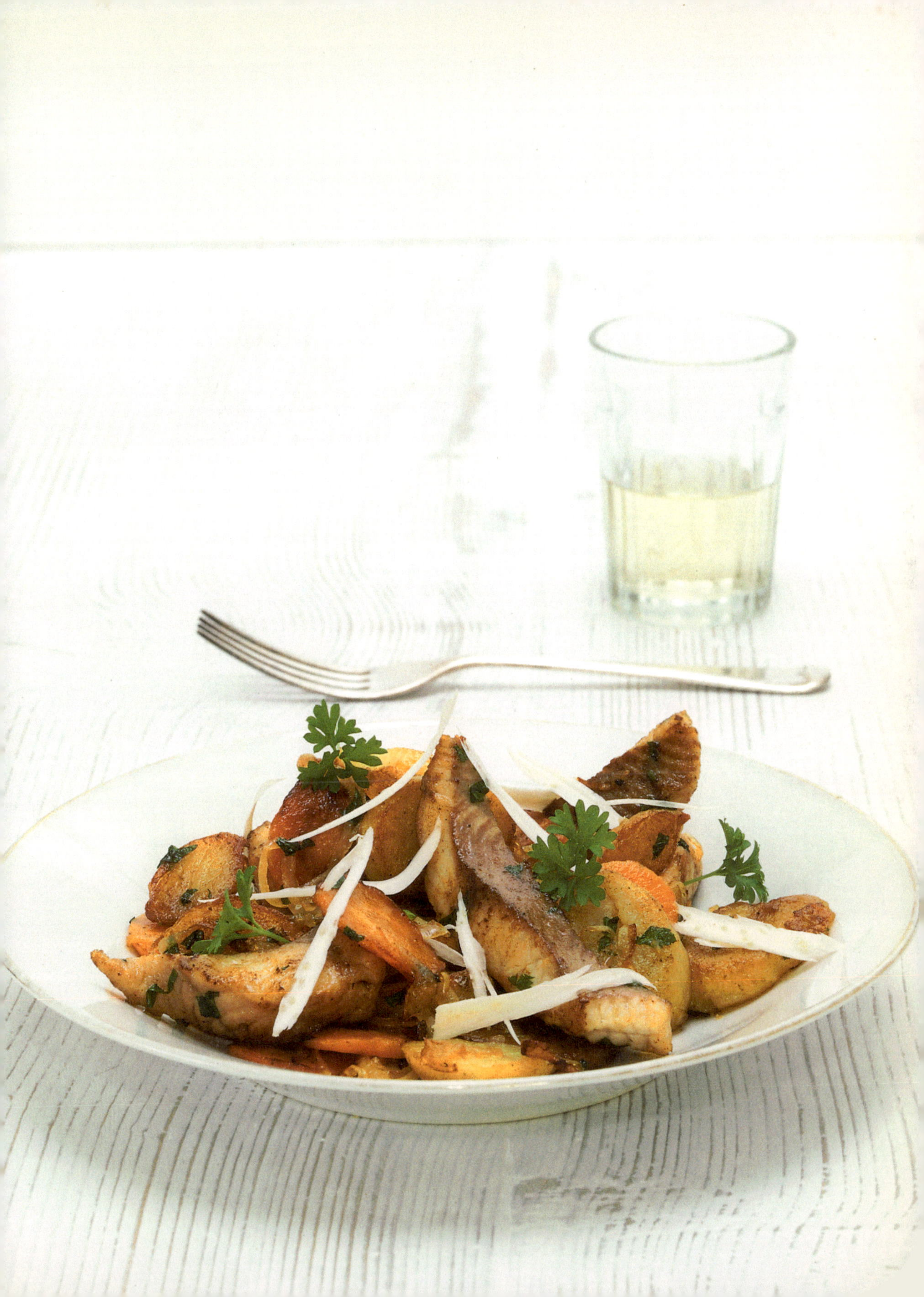

PFEFFERFORELLE

Im Prinzip ähnelt sie der Speckscholle, da sie wie diese im Speckfett gebraten wird. Der Trick mit dem Grieß ist halb aus Zufall, halb aus Erinnerung entstanden: Als ich nach Mehl zum Bestäuben des Fischs suchte, entdeckte ich nur die grobere Variante und erinnerte mich daran, dass meine Schwiegermutter Schnitzel auch schon mal mit Grieß paniert hatte. Was eine Notlösung war, hilft hier wirklich weiter: Die Gefahr des Verbrennens wie des Anklebens der Forelle ist geringer als beim Mehl, dafür gibt's eine schöne Kruste.

Zutaten für 4 Portionen
2 küchenfertige Forellen • Saft von 1/2 Zitrone • Salz • weißer Pfeffer • 300 g Kohlrabi • 300 g Möhren • 2 Bund Schnittlauch • 100 g Räucherspeck (in Scheiben) • 3 EL Öl • 50 g Weichweizengrieß • 1 TL weiße Pfefferkörner • 4 EL Butter

Zubereitungszeit: 45 Minuten

› Die Forellen innen und außen gründlich waschen. Mit Zitronensaft, Salz und Pfeffer einreiben, beiseitestellen. Gemüse schälen, Kohlrabi in dünne Scheiben und Möhren längs in dünne Bänder schneiden, was gut mit der Aufschnittmaschine geht. Beides quer in feine Streifen schneiden. Den Schnittlauch waschen, trockenschütteln, in 2 cm lange Röllchen schneiden.

› Den Speck quer in Streifen schneiden und in einer großen Pfanne im Öl bei kleiner Hitze 2–3 Minuten auslassen. Aus der Pfanne fischen und beiseitestellen. Die Forellen trockentupfen und im Grieß wenden, dann im heißen Speckfett auf jeder Seite 7–8 Minuten braten und im 100 °C heißen Ofen warm stellen.

› Pfanne auswischen, die Pfefferkörner zerdrücken und mit der Butter in der Pfanne aufschäumen lassen. Das Gemüse darin in 3–5 Minuten bissfest braten, Speck und Schnittlauch darin erwärmen, salzen und pfeffern. Die Forellen mit dem Gemüse servieren.

SOJAMAKRELE

Kennen- und schätzengelernt habe ich dieses Gericht, als wir in Japan eine traditionelle Tamari-Brauerei besuchten, wo man eine besonders pure und kräftige Sojasauce monatelang reifen lässt – ideal für dieses Rezept. Was mich irritierte, war der Rat, die Fischstücke zu kochen. Daher habe ich sie beim ersten Versuch nur sanft gar ziehen lassen. Das war nichts. Dann habe ich aber auf die Fischweltmeister gehört und dem fetten Fisch Feuer gegeben. Das wurde gut. Und noch viel besser wird es mit dem schnellen Gurken-Ingwer-Salat dazu.

Zutaten für 4 Portionen
Für den Salat: 2 Gartengurken (300 g) • 1 Stück frischer Ingwer (3 cm) • 2 Frühlingszwiebeln • 4 Stängel Minze • 1 Zitrone • 1/2 TL Sojasauce (Sorte siehe oben bei »Für den Fisch: ...«)
Für den Fisch: 4 küchenfertige Makrelen • 50 g frischer Ingwer • 200 ml Sake (japanischer Reiswein, ersatzweise Sherry) • 4 EL Zucker • 200 ml kräftige, dunkle Sojasauce (am besten die nur aus Sojabohnen gebraute Tamari, gibt's im Bio-Laden)

Zubereitungszeit: 50 Minuten

› Für den Salat die Gurken schälen, längs halbieren und die Kerne mit einem Löffel herausschaben. Die Gurkenhälften schräg in ganz dünne und möglichst lange Scheiben schneiden.

› Den Ingwer schälen und in hauchdünne Plättchen schneiden. Die Frühlingszwiebeln waschen, putzen und die festen Teile schräg in dünne Ringe schneiden. Beides samt den Gurkenscheiben 10 Minuten in kaltes Wasser legen.

› Die Minze waschen, trockenschütteln und die Blättchen von den Stängeln zupfen. Zitrone auspressen und den Saft mit der Sojasauce verrühren.

Kleine Fischkoteletts geschmort in reiner, kräftiger Sojasauce – serviert auf frischen Gurken ist diese Sojamakrele eine Delikatesse.

› Von den Makrelen Kopf und Schwanz abschneiden, den Rumpf jeweils in 4 Stücke teilen und deren Haut zweimal einschneiden, ohne das Fleisch zu verletzen.

› Eine Schale mit eiskaltem Wasser füllen. 1 l Wasser aufkochen, Makrelenstücke jeweils für 10 Sekunden hineinlegen und dann ins eiskaltes Wasser tauchen – das gibt ihnen Festigkeit. Den Ingwer schälen und in feine Scheiben, dann in Stifte schneiden. Die Ingwerstifte etwa 3 Minuten wässern, im Sieb abtropfen lassen.

› Makrelenstücke mit Ingwerstiften, Sake und 200 ml Wasser in einen weiten Topf oder eine Pfanne geben, abdecken und schnell aufkochen. Zucker einrühren, die Fischstücke bei mittlerer Hitze 4 Minuten zugedeckt sanft kochen lassen. Die Sojasauce dazugeben und den Fisch für weitere 2 Minuten kochen.

› Zwischendurch die Gurkenmischung gut abtropfen lassen und mit der Minze vermengen. Dies auf Tellern verteilen, mit dem Zitronen-Soja-Saft beträufeln.

› Zum Schluss die gegarten Makrelenstücke zu dem Salat auf die Teller legen. Dazu schmeckt Reis.

Ich mache ...
KARTOFFELKNÖDEL

Kloß? Oder Knödel? Roh? Oder gekocht? Über den deutschesten Beitrag zur Welt der Beilagen kann man lange streiten. Hier mein liebstes Argument: Knödel aus gekochten Kartoffeln vom Vortag.

Das 1 kg Kartoffeln für 4 Leute sollte geschmackvoll und mehlig sein, was oft zusammenhängt. Gibt's keine mehligen, einfach vorwiegend fest kochende Kartoffeln nehmen (plus 1–2 TL Stärke). Dazu: je 70 g Mehl, Hartweizengrieß und Speisestärke sowie Salz und 1 Ei. Mehr zu Füllungen zum Schluss.

1. Los geht es mit dem Kartoffelkochen, 5 Stunden vor der Zubereitung, besser noch am Tag zuvor. Die Knollen waschen, mit 1 TL Salz in einen Topf geben und mit warmem Wasser bedecken. Aufkochen und Kartoffeln in 20–25 Minuten bissfest garen. Vorsichtig abgießen (mehlige Sorten zerfallen leicht!), kurz abschrecken und pellen. Völlig abkühlen lassen.

2. Das Mehl mit Grieß und Stärke mischen. Kartoffeln auf der groben Reibe behutsam raspeln. Stärkegemisch und 1 TL Salz darüberstreuen und alles locker »verwirbeln«. Durch diese Behutsamkeit werden die Knödel zart. Das Ei untermengen, einen kleinen Probeknödel formen und in leicht siedendem Salzwasser 5 Minuten garen. Zu fest? 1 Eigelb an die Masse. Zu weich? Noch etwas vom Stärkegemisch. Alles gut? Weitermachen.

3. In einem großen Topf reichlich Salzwasser aufkochen. Knödelmasse auf der bemehlten Arbeitsfläche mit bemehlten Händen zur 8 cm dicken Rolle formen. Die Rolle in 4 cm dicke Scheiben schneiden, diese jeweils auf die Handfläche legen und mit 1 TL Füllung (siehe unten) bestücken. Knödelmasse darumformen und mit gewölbten Händen leicht zur Kugel abrollen. Dabei die Hände immer wieder nass machen. Fertige Knödel auf ein feuchtes Blech setzen. Kocht das Wasser, die Knödel hineingeben und bei kleiner Hitze 20 Minuten ziehen lassen. In einer Schüssel – mit umgestürzter Untertasse auf dem Boden – servieren, denn so kleben sie nicht zusammen.

TIPP: Ohne Füllung bleiben die Knödel in der Mitte gerne roh. In Butter geröstete Brotwürfel verhindern das. Oder man brät stattdessen Salamistückchen mit Oregano und gibt an die Knödelmasse 100 g Parmesan.

Herr Bötel aus Böhmen hat mir einst gezeigt, wie man diese Knödel in aller Ruhe und mit zarter Hand macht. Die Füllung mit Salami und der Parmesan in der Kartoffelmasse ist von mir. Und der Ellbogenkick? Muss nicht sein, macht aber Spaß.

MAISKÜCHLEIN

Hier eine hervorragende Beilage, die in größerer Menge durchaus ein vegetarisches Mittagessen für sich sein kann. Dazu würde dann ein Tomaten-Sugo (Seite 88, von der Pizza) oder Kräuterquark passen.

Zutaten für 4 Portionen
1 kleine Dose Maiskörner (etwa 400 g Inhalt) • 2 Eier • Salz • 50 g Mehl • 1 EL Schmand oder saure Sahne • Cayennepfeffer • brauner Zucker • 1 EL Butter • 1 EL Öl

Zubereitungszeit: 20 Minuten

› Den Mais in ein Sieb schütten, dabei die ablaufende Flüssigkeit auffangen. Dann die Maiskörner kurz mit warmem Wasser abspülen. Die Hälfte der Körner mit 2 EL der Flüssigkeit fein pürieren und durch ein Sieb streichen.

› Die Eier trennen. Eigelb mit 1 Prise Salz verrühren und beiseitestellen (das intensiviert die gelbe Farbe). Inzwischen das Eiweiß mit 1 Prise Salz zu steifem Schnee schlagen.

› Das Eigelb mit dem pürierten Mais, dem Mehl und Schmand oder saurer Sahne verrühren. Diese Masse mit Salz, Cayennepfeffer und etwas Zucker würzen. Nun Eischnee und restliche Maiskörner behutsam unter die Masse heben, damit sie schön locker wird.

› In einer beschichteten Pfanne auf mittlerer Stufe die Butter und das Öl erhitzen. Mit einem Esslöffel von der Masse kleine Häufchen ins Fett setzen, diese mit dem Löffelrücken leicht glatt streichen und dann 1–2 Minuten braten, bis die Unterseite goldbraun ist. Die Maisküchlein wenden und in 1–2 Minuten fertig braten. Am besten gleich servieren – zu Steaks, Braten oder einem Ragout.

GEBACKENE KASKNÖDEL

Ich bin sicher nicht der leidenschaftlichste Verehrer von Bärlauch auf dieser Welt. Im Pesto halte ich ihn oft für überschätzt, besonders wenn er das einzige Kraut darin ist und mit der Maschine püriert wurde, was ihn noch bitterer und unangenehmer als andere Kräuter macht. Da ist mir der Klassiker mit gutem Basilikum und Knoblauch lieber. Doch dieses Rezept hier mag ich gerade wegen des Bärlauchs darin – weil er frisch gehackt und nur kurz gegart wird, was ihm immer bekommt. Und wenn man noch ein paar Blättchen unter den grünen Salat mischt, mit dem sich diese Kasknödel gut vertragen, dann ist es perfekt. Fein schmeckt auch das Zwiebel-Confit von Seite 176 dazu.

Zutaten für 4 Portionen
250 g altbackenes, nicht zu dunkles Bauernbrot • 1/4 l Milch • 2 gegarte, mehlig bis vorwiegend fest kochende Kartoffeln (100 g) • 1 Handvoll Bärlauch (ersatzweise 2 Bund Schnittlauch) • 200 g Bergkäse • 3 EL Mehl • 2 Eier • 1 kg Pflanzenfett zum Frittieren

Zubereitungszeit: 40 Minuten

› Vom Brot die Rinde entfernen und die Krume in kleine Würfel schneiden. Die Milch etwas erhitzen, aber nicht aufkochen, über das Brot gießen und ganz behutsam damit vermengen. Die Masse in der Küche etwa 10 Minuten stehen lassen, bis die Milch so gut wie aufgesogen ist.

› Die Kartoffeln pellen und grob reiben. Den Bärlauch waschen und trockenschütteln, die Stiele abschneiden und ein paar Blätter zur Verzierung beiseitelegen. Das restliche Grün grob hacken. Den Bergkäse grob reiben. Kartoffeln, gehackten Bärlauch und geriebenen Käse mitsamt dem Mehl und den Eiern zur Brotmasse geben. Dies alles behutsam miteinander vermengen, ohne die Masse dabei stark zu kneten. So bleiben die Knödel schön locker.

Kasknödel grad wie von der Hütt'n, dazu einen Salat so bunt wie eine Alm im Frühling – auf geht's zum letzten Mittag, Ihr Leut'!

› Das Pflanzenfett in einem großen Topf auf 175 °C erhitzen. Wenn man den Stiel eines Holzkochlöffels ins Fett taucht und sofort kleine Bläschen hochperlen, ist es heiß genug. Raucht es, muss zum Abkühlen noch etwas kaltes Fett oder Öl dazu.

› Nun aus der Knödelmasse mit einem Teelöffel, der immer wieder mal in Wasser getaucht wird, kleine Portionen formen. Diese mit leicht angefeuchteten Händen zu kleinen Knödeln rollen (siehe auch Seite 64) und auf einen geölten Teller setzen – oder gleich in das heiße Fett geben.

› Die Kasknödel im heißen Fett 1–2 Minuten ausbacken, bis sie goldbraun und knusprig sind. Dabei darauf achten, dass sie nicht am Boden festhängen. Die Knödel herausfischen und kurz auf einem Stück Küchenpapier abtropfen lassen. Schnell servieren.

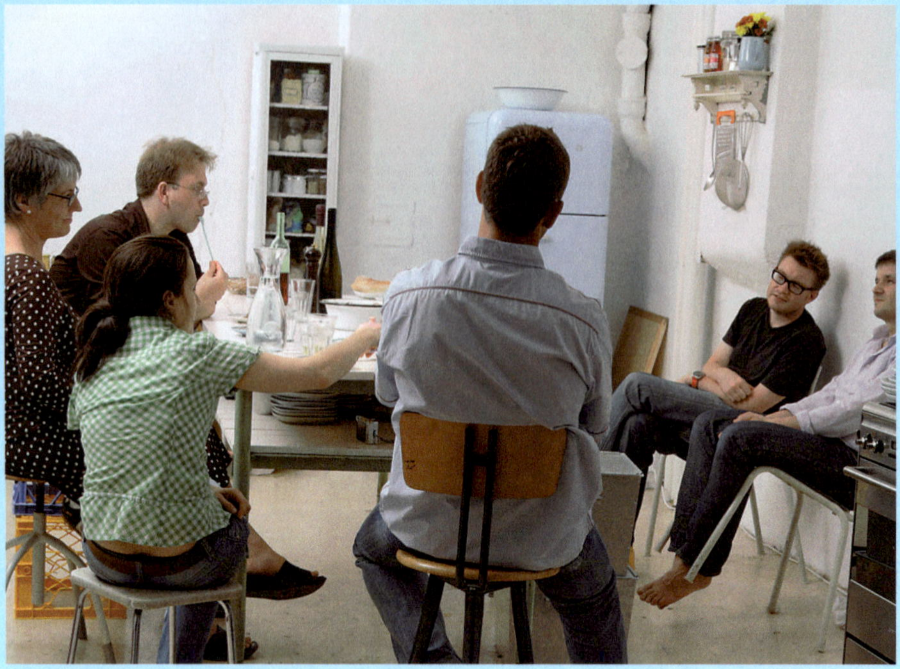

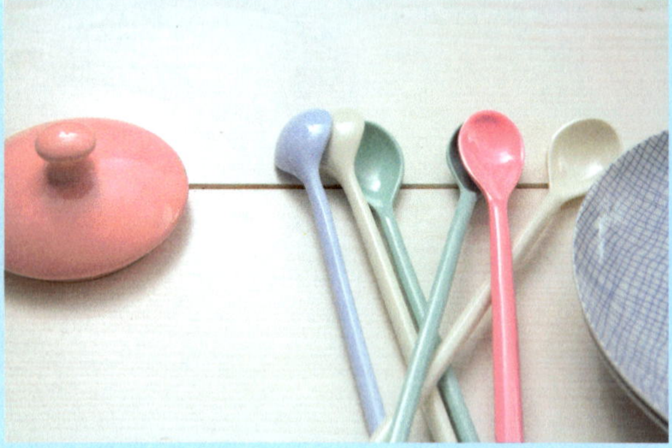

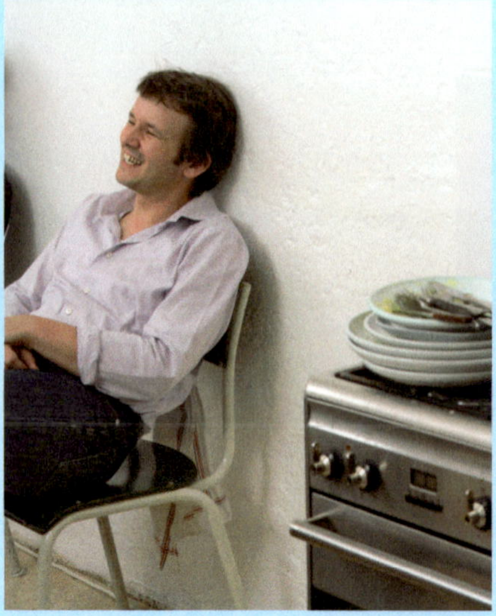

FÜR VIELE

Die Kunst des Profikochens liegt darin, ein Essen für viele auf den Punkt hinzubekommen. Also ein Menü für acht so auf den Tisch zu stellen, dass keiner lange warten muss, es jedem schmeckt und alle gleichzeitig zu essen anfangen können. Auch die Gastgeber. Das lässt sich lernen. Recht schnell sogar, wenn Bistro, Pizzeria oder Almhütte Vorbild sind. Dort wird langsam und sanft (Enten-Confit) oder schnell und heiß (Pizza) gegart, die Beilagen sind oft mit von der Partie (Schweinshendl) oder gut vorbereitet (Grand Aioli). Und der Ofen spielt die Hauptrolle. Alle Tricks im Detail sind in diesem Kapitel zu finden.

Ich mag ...
OFENKOCHEN

Einmal hatte ich zwanzig Leute zu »Grand Aioli« eingeladen, so wie es in der Provence zelebriert wird (mehr dazu auf Seite 78). Ich hatte mir das einfach gedacht: tagsüber wird groß die Sauce gerührt, und abends kommt der warme Rest dazu auf den Tisch.

Woran ich nicht gedacht hatte: Mein Herd, der hatte nur drei Platten. Und die waren mit den Kartoffeln und Eiern zur Aioli schon voll belegt. Wohin also mit den vielen Gemüsen von Bohnen bis Fenchel, und vor allem, wohin mit dem Fisch?

Dann fiel mir der Backofen ein. Wo ich auch Backhendl frittiere, Tomatensauce koche und meinen Grießschmarrn vollende. Denn der Ofen ist der beste Kochtopf, wenn es um Essen für viele geht. Ich kann die Hitze darin genau einstellen, zum Beispiel fürs 80-Grad-Garen (Seite 81). Ich kann darin kochen, dämpfen, schmoren, frittieren, gratinieren und sogar marinieren, zum Beispiel Lachs in Olivenöl (Seite 80). Und ich kann darin Fisch pochieren und Gemüse dünsten, wie es sich zur Aioli gehört.

Was in der Rundumhitze des Ofens gart, schmeckt oft viel purer und wird zarter als im Topf oder in der Pfanne. Legen wir noch eine Hülle drumherum, kann es aromatisch im eigenen Saft schmurgeln – wie das Ragout im Meat Pie (Seite 85). Ohne Hülle gibt es bei großer Hitze eine schöne Kruste – wie bei der Pizza (ab Seite 86). Dazu lässt sich auf einem Ofenblech eine ganze Mahlzeit samt Beilagen und Sauce zubereiten. Und wenn ich das dann noch wie auf einem Tablett mitten auf den Tisch stelle, ist das immer eine schöne Überraschung – der perfekte Auftakt für eine Mahlzeit mit vielen.

Was ich nicht mag:

Sachen, die auf dem Ofenblech schwappen; zu flache Ofenbleche; Öfen, die nicht tun, was ihre Temperaturanzeige sagt; die Idee, dass mit 80-Grad-Garen alles besser wird.

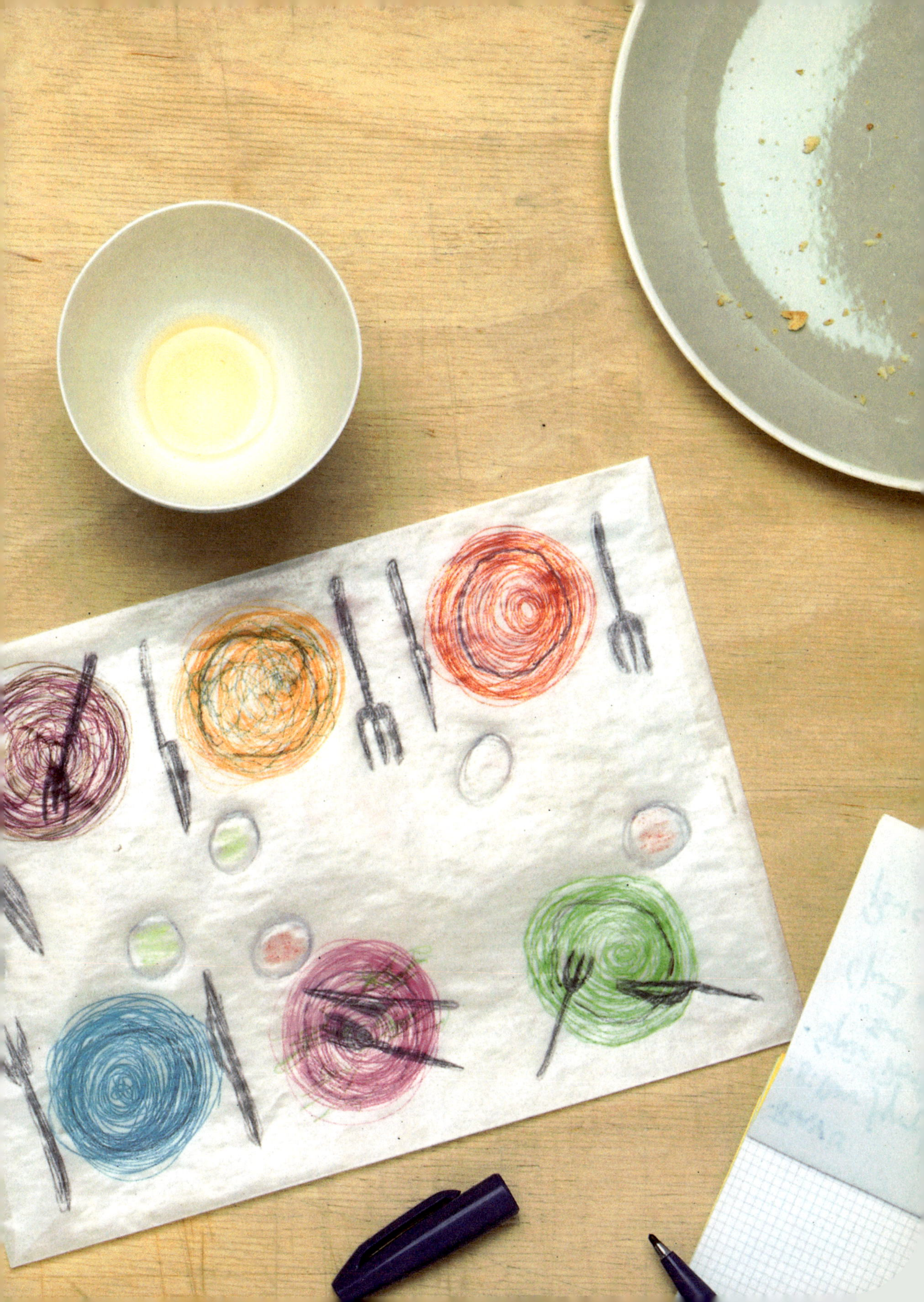

Ich mache ...
EINE HAUSTERRINE

Es ist ein schöner Brauch, ein großes Essen mit einem Stück Terrine (hier ist die Fleischpastete gemeint, nicht die Suppenschüssel) anzufangen – welche man für viel Geld kaufen oder mit ein wenig Zeit auch selbst machen kann. Gute Bistros mit rechnenden Wirten tun letzteres, und wir bieten hier die Gelegenheit, sich selbst ein Markenzeichen für die Küche des Hauses zu setzen: mit der Hausterrine.

Zum einen ist es die rustikale Machart, die diese Terrine zur Hausterrine werden lässt, die eigentlich nur ein feiner Hackbraten ist. Und dann sind da noch die speziellen Zutaten, mit denen sie »nach Art des Hauses« wird. Das mag ich darin (reicht für 8–10 Gäste): je 250 g Schweinebauch, Schweinefleisch aus der Keule und Schweineleber (alles vom Metzger durch den Fleischwolf gedreht), 1 Zwiebel, 1 EL Olivenöl, 1 TL Salz, 1/2 TL frisch gemahlenen weißen Pfeffer, 1/4 TL frisch gemahlene Muskatnuss sowie je 1 kräftige Prise gemahlenen Ingwer, gemahlene Nelken und Zimtpulver, 1 TL gehackte Rosmarinnadeln, 100 ml Weinbrand, 150 g tiefgekühlte Erbsen, 2 hart gekochte Eier, 100 g entsteinte schwarze Oliven, 2 altbackene Brötchen, 100 g Sahne und 200 g durchwachsenen Räucherspeck in Scheiben. Dazu: eine Kastenform, die 1 l fasst, am besten aus Steingut oder einem ähnlichen Material.

1. Der Metzger muss das Fleisch ganz frisch »wolfen«, daher bald nach dem Kauf mit der Zubereitung anfangen. Die Zwiebel schälen und fein würfeln, dann im Öl 5 Minuten sanft glasig dünsten. Salz, Gewürze und Rosmarin einrühren, mit Weinbrand ablöschen und abkühlen lassen. Mit dem Fleisch mischen und im Kühlschrank 4 Stunden ziehen lassen.

2. Derweil die »Garnitur« vorbereiten – so nennt man die Zutaten, die der Terrine Geschmack und Muster geben. Die Erbsen auftauen lassen. Die Eier pellen und nicht zu fein würfeln, Oliven abspülen. Die Brötchen grob zerpflücken, mit der Sahne übergießen und 15 Minuten quellen lassen. Dann die Brötchen etwas ausdrücken und hacken.

3. Alle vorbereiteten Zutaten miteinander mischen. Den Backofen auf 225 °C (Umluft 200 °C) vorheizen und ein tiefes Backblech zwei Fingerhoch mit Wasser füllen. Die Form so mit den Speckscheiben auslegen, dass diese rundum etwa 5 cm über den Formrand lappen. Die Masse hineinfüllen und den Speck darüberklappen, sodass alles bedeckt ist.

4. Nun die Terrine in den Ofen ins Wasserbad stellen. 15 Minuten garen, dann die Hitze auf 175 °C (Umluft 150 °C) zurückschalten und noch mal 45 Minuten garen. Den Ofen ausschalten und die Terrine darin abkühlen lassen. Dann im Kühlschrank zugedeckt mindestens über Nacht, besser noch 1–2 Tage länger durchziehen lassen. Dazu schmecken Cornichons, Senf, Baguette – und ein kräftiger Hauswein.

Ich mache ...
FIXE ENTEN-PATÉ

Huuh, Enten-Paté! Das klingt so fein wie schwierig. Was auf diese hier nicht zutrifft. Sie gelingt auch weniger geschickten Händen, wenn man die richtigen Werkzeuge zur Hand hat: einen Dämpfer und einen Alleszerkleinerer.

Ideal ist ein Bambusdämpfer aus dem Asia-Laden mit 25 cm Ø. Ansonsten geht ein großer, flacher Teller und eine Suppenschale. Mehr dazu gleich, jetzt erst mal die Einkaufsliste für 6–8 Portionen: 2 Entenbrustfilets samt Haut (zusammen etwa 600 g), Salz, 1 Bund Salbei, 1 Bund Thymian, 3 weiße Zwiebeln, 1 Wacholderbeere, 2 EL Senfsamen, 60 g Butter, 100 g Sahne, 2 EL Pflaumenmus, 4 EL Weinbrand und frisch gemahlener weißer Pfeffer.

1. Die Entenbrustfilets rundum kräftig mit Salz einreiben, beiseitestellen. Einen großen Topf oder einen Wok, in den der Dämpfer passt, so hoch mit Wasser füllen, dass zwischen Wasseroberfläche und Dämpferboden zwei Fingerbreit Abstand sind. Wer keinen Dämpfer hat, füllt einen weiten Topf 5 cm hoch mit Wasser, stellt die Suppenschale rein und legt den Teller drauf.

2. Das Wasser zum Sieden bringen. Die Kräuter waschen, trockenschütteln und je 1 Zweig beiseitelegen. Den Rest auf dem Boden des Dämpfers oder auf dem Teller verteilen. Die Entenbrustfilets darauflegen und zugedeckt 20–25 Minuten dämpfen. Die Zwiebeln schälen und würfeln. Wacholderbeere zerdrücken und mit 1 EL Senfsamen 2 Minuten in der trockenen Pfanne anrösten. Die Butter darin schmelzen lassen und darin die Zwiebeln bei kleinster Hitze in 10 Minuten zugedeckt weich schmoren.

3. Gegarte Entenbrust aus dem Dampf nehmen und 15 Minuten ruhen lassen. Den Sud im Topf (und eventuell vom Teller) auf 100 ml einkochen, von 1 gedämpften Salbeistängel die Blätter abzupfen. Die Entenbrust noch warm würfeln und mit Zwiebelmischung, Sud, Salbeiblättern, Sahne, Mus und Weinbrand im Mixer fein pürieren. Mit Salz und Pfeffer abschmecken.

4. Die Paté in eine Form streichen, mit restlichen Senfsamen bestreuen und übrigen Kräutern garnieren. Zugedeckt 3 Stunden oder am besten über Nacht kühl stellen. Schmeckt mit Baguette, Toast oder auch Crackern.

CREMA DI GORGONZOLA

Edelschimmelkäse trifft Kräuterbutter trifft Pesto. Heraus kommt dabei eine norditalienische »Hausterrine mit Käse«, die meine Mutter immer gerne zubereitet, wenn Besuch kommt. Weil's schnell geht, was hermacht und eine gute Geschichte ergibt – dank Mutters Butterdosentrick.

Zutaten für 6 Portionen
1 Bund aromatisches Basilikum (wenn's geht, das mit den kleinen Blättern) • 100 g Pinienkerne • 100 g richtig reifer Gorgonzola (oder ein anderer kräftiger Blauschimmelkäse) • 50 g weiche Butter • 50 g saure Sahne • 1 EL heller Süßwein (z. B. Eiswein, Trockenbeerenauslese, milder Sherry – oder Traubensaft, wenn es kein Alkohol sein soll) • weißer Pfeffer

Zubereitungszeit: 20 Minuten
(+ 4 Stunden Kühlen)

› Das Basilikum nur in dringenden Fällen kurz abspülen (da es fast immer aus dem Glashaus kommt und durch Wasser viel Aroma verliert, schenke ich mir das, wenn nicht gerade Schmutz dran zu sehen ist) und trockenschütteln. Die Blätter abzupfen und grob hacken. Pinienkerne in einer trockenen Pfanne rösten, bis sie leicht gebräunt sind. Dabei immer wieder nachsehen, sie können schnell dunkelbraun werden. Abkühlen lassen.

› 50 g Pinienkerne sehr fein hacken oder im Mörser zerreiben. Den Käse zerbröckeln und mit einem Löffel durch ein feines Sieb in eine Schüssel streichen. Butter, saure Sahne und Wein dazu und das Ganze mit dem Handrührer cremig rühren.

› Nun das Basilikum und die fein zerkleinerten Pinienkerne untermengen und mit Pfeffer würzen. Salz braucht es keines, wenn der Käse kräftig genug ist. Die Masse in den kalt ausgespülten Deckel einer Butterdose streichen und zugedeckt (womit wohl?) 4 Stunden in den Kühlschrank stellen.

› Vor dem Servieren die Crema di Gorgonzola aus dem Deckel lösen (ein Messer oder kurzes Eintauchen in heißes Wasser hilft dabei) und in den übrigen Pinienkernen wenden, diese leicht andrücken. Dazu passt helles Bauernbrot und ein Süßwein.

Pesto mit Grandezza: Butter statt Olivenöl und Gorgonzola statt Parmesan sowie ein Schuss süßer Wein verleihen dieser Paste ordentlich Gewicht. Besonders lecker ist die Crema di Gorgonzola zu kräftigem Brot.

Ich pochiere ...
SCHWEINEFILET GRÜN

Kalter Braten auf die kleine, aber feine Art: Schweinefilets werden in einem Lauchsud pochiert und dann küchenwarm mit einer kalten grünen Sauce aus dem Sud, Brot und Kräutern serviert.

Als Vorspeise oder auch auf dem Buffet reicht das für 6–8 Leute: 2 kleine Stangen Lauch (500 g), 2 Knoblauchzehen, 1 Bio-Zitrone, 1 Lorbeerblatt, Salz, 2 Schweinefilets (je 400 g), 2 Bund glatte Petersilie, 1 Bund Dill, 3 hart gekochte Eier, 100 g Ciabatta-Brot oder Baguette, 1 EL Kapern, 1 EL scharfer Senf, 1/8 l gutes Olivenöl und frisch gemahlener weißer Pfeffer.

1. Den Lauch putzen, dabei von Außenblättern, Wurzeln und dunklem Grün befreien. In Ringe schneiden und im Sieb gut mit Wasser abspülen. Knoblauch schälen und längs halbieren, den Keim in der Mitte entfernen. Zitrone heiß waschen und ein Viertel der Schale dünn abschälen, ohne dass etwas vom Weißen dran hängen bleibt – sonst wird der Sud bitter.

2. Jetzt wird der Sud angesetzt. Dafür Knoblauch, Zitronenschale, Lorbeerblatt und 1 TL Salz für 5 Minuten in 3/4 l Wasser kochen. Die Zitrone halbieren und eine Hälfte auspressen, der Saft kommt mit den Schweinefilets und dem Lauch in den Sud. Die Filets 10 Minuten bei kleiner Hitze pochieren – dabei soll das Wasser nur ganz leicht wallen statt kochen, sonst wird das Fleisch trocken. Topf vom Herd ziehen und die Filets 1 Stunde stehen lassen, bis sie lauwarm sind. Filets aus dem Sud nehmen, diesen durch ein Sieb gießen und auffangen, den Lauch und Knoblauch beiseitestellen. Kräuter waschen und trockenschütteln, die Blättchen zupfen. Die Eier pellen, 1 Ei hacken, 2 Eier in Scheiben schneiden. Das Brot würfeln.

3. Für die Sauce 1/4 l vom Sud abmessen, aufkochen und mit dem Brot mischen. Den Knoblauch dazugeben. Den Saft der anderen Zitronenhälfte dazupressen. Jetzt noch die Kräuter, die Kapern, den Senf, das gehackte Ei und das Öl daruntermengen. Nun die Masse mit dem Mixstab pürieren. Wenn sie zu dick ist, noch etwas vom Sud dazugießen. Mit Salz und Pfeffer würzen. Lauch auf einer Platte verteilen. Die Schweinefilets in Scheiben schneiden und mit den Eierscheiben auf dem Lauch auffächern, die grüne Brotsauce darüberverteilen.

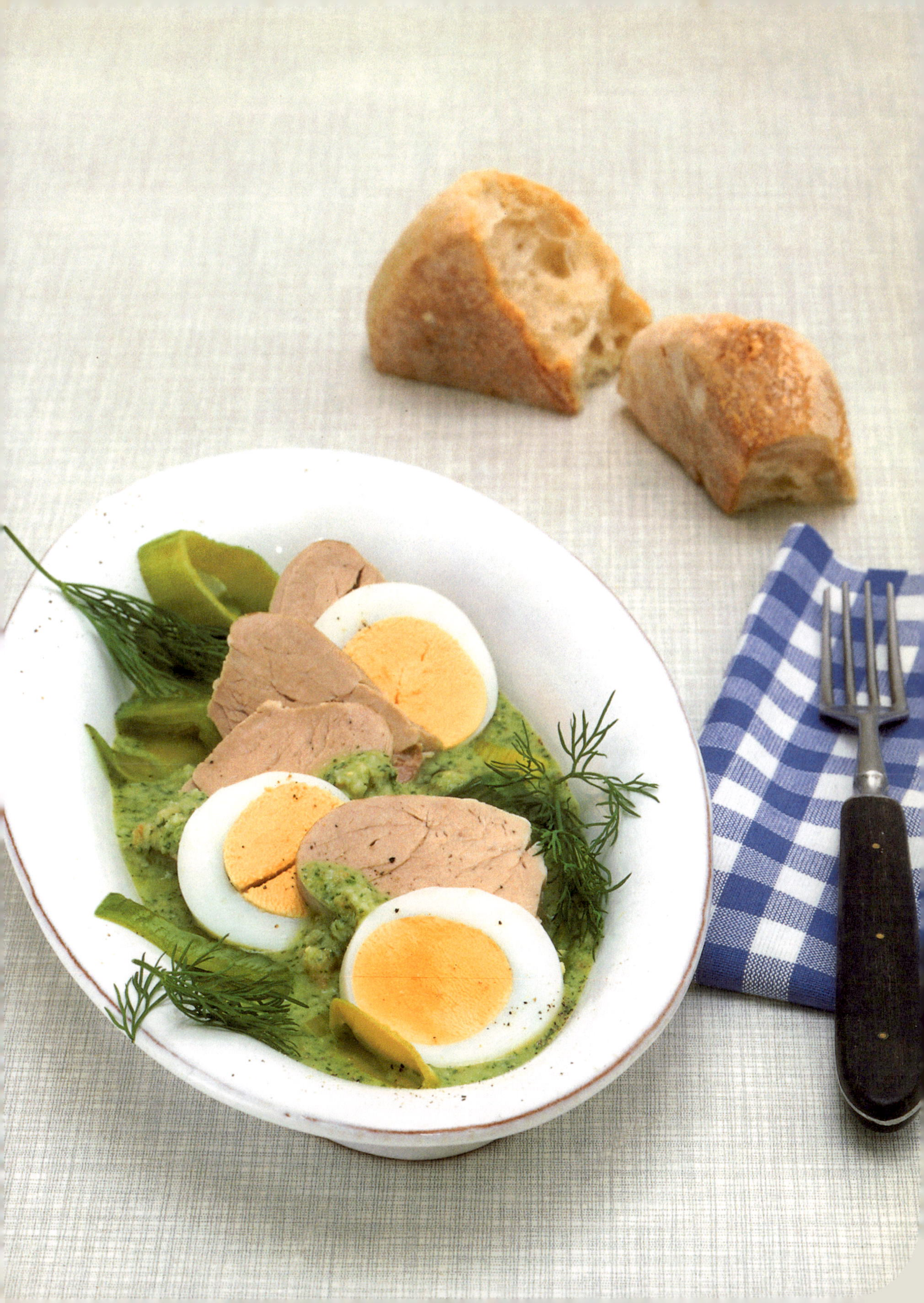

Ich mache ...
LE GRAND AIOLI

Irgendwo hinter Arles. Zwei Stunden sind wir durch die Mittagshitze gefahren, da sehen wir es: ein altes Gasthaus mit dicken, kühlenden Mauern, umlagert von Autos. Drinnen sitzen an großen Tischen die Genießer der Umgebung voller Erwartung auf: le Grand Aioli!

Ein unvergessliches Mittagessen, das ich immer wieder aufleben lasse. Im Mittelpunkt steht dabei die Schüssel voll provenzalischer Knoblauchsauce, zu der es Gemüse, Ei, Kartoffeln und Fisch aus dem Sud gibt. Im Original ist es Stockfisch (gesalzener, getrockneter Kabeljau), der viel Mühe macht und den nicht jeder mag. Drum nehme ich frischen Fisch. Und ich dünste ihn wie das Gemüse im Ofen, denn Grand Aioli macht erst ab 8 Essern Spaß. Und das schaffen die Herdplatten nicht. Für 1 l Aioli brauchen wir: 12 Knoblauchzehen, Salz, 4 Eigelbe, 1 TL Zitronensaft, 1/2 l Olivenöl und 300 ml Pflanzenöl (nur Olive ist zu streng), Cayennepfeffer. Plus je 1,2 kg vorwiegend fest kochende Kartoffeln, Gemüse (grüne Bohnen, Möhren, Fenchel, Blumenkohl) und Seefischfilet, etwa vom Rotbarsch. Und: 10 Eier.

1. Für die Aioli Knoblauch schälen, halbieren, vom Keim befreien, hacken, mit 1 TL Salz bestreuen und mit dem Messer zerreiben. Dies mit Eigelb und Zitronensaft mischen, 15 Minuten beiseitestellen. Dann mit dem Rührgerät rühren und in dünnem Strahl das Olivenöl einlaufen lassen, sodass eine glatte Sauce entsteht. Wird sie zu fest, 1 TL warmes Wasser zugeben. Restliches Öl löffelweise unterrühren. Mit Cayennepfeffer schärfen, kühlen.

2. Kartoffeln waschen und in Salzwasser 20–25 Minuten garen. Gemüse waschen, putzen, in mundgerechte Stücke teilen und in Salzwasser bissfest garen (Bohnen/Möhren 6–8 Minuten, Fenchel/Blumenkohl 4–5 Minuten). Aus dem Sud fischen, auf einem Backblech verteilen. Fisch portionieren und auch auf ein Blech legen. Backofen auf 150 °C (Umluft!) vorheizen.

3. Eier im Topf mit Wasser bedecken, aufkochen, in 8 Minuten hart kochen. Bleche in den Ofen schieben, Gemüsesud aufkochen und jeweils zwei Finger hoch zu Gemüse und Fisch gießen. Mit Alufolie abdecken und 10 Minuten garen. Kartoffeln und Eier abgießen, pellen und warm halten. Gemüse und Fisch auf Platten verteilen, alles zusammen mit der Aioli auftragen. Voilà!

Das Schönste an diesem Essen ist vielleicht, dass es sich so schön vorbereiten lässt – die Aioli, das Gemüse, der Fisch, der Tisch.

Oder nein, noch schöner ist die Freude, wenn am Ende alles zusammenkommt, bis es heißt: rien ne vas plus (nichts geht mehr).

Da schmeckt der Fisch wieder ganz so wie er soll: sanft im Ofen in würzigem Öl gegartes Lachs-Confit mit Chicorée-Salat.

LACHS-CONFIT

Lauwarmes Lachs-Confit ist in Australien »signature dish« – vom Fish-Pub bis zu Sydney's Top-Japaner Tetsuya Wakuda. Bei mir gibt's dazu Chicorée-Salat.

Zutaten für 8 Portionen
4 Bio-Orangen • 1 Bund Dill • 1 Bund Zitronenmelisse (zur Not Basilikum) • etwa 1 l Olivenöl • 8 Lorbeerblätter • 1 TL Anissamen • 2 TL weiße Pfefferkörner • Salz • 4 Stauden Chicorée • 8 gleichmäßige Stücke Lachsfilet (je 150 g) • 1 TL Zucker

Zubereitungszeit: 1 1/4 Stunden

› Den Backofen auf 100 °C vorheizen (Umluft 90 °C). Orangen heiß waschen, von 1 Orange die Schale dünn abschälen. Kräuter waschen, trockenschütteln und die Blätter abzupfen. Ein Blech oder eine hitzebeständige Form, worin Lachs und Chicorée gerade Platz haben, mit Öl füllen. Orangenschale, Kräuterstängel, Lorbeerblätter, Anis, zerdrückte Pfefferkörner und 1 TL Salz dazugeben. Im Ofen (Mitte) 30 Minuten erhitzen.

› Inzwischen den Chicorée waschen, längs halbieren und vom Strunk befreien. Mit dem Lachsfilet in das Öl geben, sodass alles knapp bedeckt ist. 8 Minuten darin garen, dann den Ofen ausschalten und öffnen. Lachs und Chicorée 30 Minuten ziehen lassen.

Ich koche ... für viele

› In der Zeit Kräuterblättchen grob hacken. Von allen Orangen die Schale samt der weißen Haut herunterschneiden und das Fruchtfleisch würfeln, den dabei austretenden Saft auffangen. Den Lachs und Chicorée aus dem Öl heben. Lachs auf einem Teller in den Ofen stellen, Ofentüre schließen. Chicorée schräg in 2 cm dicke Streifen schneiden.

› Das Öl durch ein feines Sieb gießen, die Gewürze, 2 Lorbeerblätter und 2 fingerlange Streifen Orangenschale herausfischen. Die Orangenschale und die Lorbeerblätter hacken und mit Dill, Zitronenmelisse, Zucker und 2 TL Salz im Mörser oder Mixer zur Paste zerkleinern.

› Den Chicorée mit den Orangen samt Saft mischen und salzen. Die Lachsfilets mit der Kräuterpaste bestreichen und zum Salat servieren. Dazu einfach und unschlagbar: Toastbrot.

LAHME ENTE

Aus einer Ente mache ich gerne zwei Gerichte – narrensichere, die Zeit für Gäste lassen. Die Keulen werden zart und aromatisch zu Confit eingekocht (wie beim Lachs-Confit, links). Die Brüste werden »kalt« angebraten und dann bei 80 °C rosa gegart. Den Kaltbrat-Trick habe ich vom Sternekoch Christian Henze, mit dem ich bei seinem ersten Kochbuch zusammengearbeitet habe. Meine Redakteurin war da erstmals Sabine Sälzer. Sie ist es bis heute, und bei unserer Erfindung von Basic cooking hat sie unter anderem eine 80-°C-Entenbrust entwickelt. Um die habe ich lange, lange einen Bogen gemacht, wollte es nun aber mal wissen – und bin ENDLICH ebenfalls zum Fan der 80er-Entenbrust nach Henze & Sälzer geworden. Auch daher der Name dieses Gerichts.

Zutaten für 8 Portionen
1 kg Gänseschmalz (wem das zu teuer ist, der kann auch zur Hälfte Schweineschmalz nehmen) • 4 Knoblauchzehen • 4 Schalotten • 1 Zweig Rosmarin • 3 Zweige Thymian • 4 Entenkeulen (jeweils etwa 250 g schwer) • Salz • 10 Walnusskerne • 2 große Entenbrustfilets (z. B. von der Barbarie-Ente, insgesamt etwa 500 g) • Pfeffer

Zubereitungszeit: 30 Minuten (+ 4 Stunden Garen)

› Den Backofen auf 160 °C (Umluft 140 °C) vorheizen. Das Schmalz im großen Topf erhitzen. Für das Confit Knoblauch und Schalotten schälen. Schalotten grob würfeln, den Knoblauch halbieren. Kräuter waschen und gut trockenschütteln, die Keulen salzen.

› Die Keulen samt Schalotten, Knoblauch, Rosmarin, Thymian und den Nüssen ins Schmalz geben. Topf in den Ofen (Mitte) setzen und die Keulen 3 Stunden darin garen lassen. Topf rausnehmen, beiseitestellen.

› Für die Entenfilets die Backofentemperatur auf 80 °C (keine Umluft!) reduzieren. Haut und Fett der Brüste mit der Messerspitze gitterförmig einritzen, ohne das Fleisch zu verletzen. Salz in eine Pfanne streuen, die Entenbrustfilets mit der Hautseite nach unten in die kalte (!) Pfanne legen. Bei Mittelhitze auf den Herd damit. Nun brät sanft das Fett aus, während die Brüste nach gut 5 Minuten eine schöne Kruste haben. Fleischseite salzen, die Brüste wenden und 2 Minuten braten.

› Filets mit der Kruste nach oben auf ein Gitter im Ofen (Mitte) setzen, ein Blech drunterschieben. Keulen aus dem Fett fischen (Fett durchs Sieb gießen und fürs nächste Confit verwenden) und neben die Filets legen. Beides 45 Minuten garen. Die Filets sind nun rosa, die Keulen durchgewärmt. Jetzt für 5 Minuten den Grill einschalten, dass alles knusprig wird, dann 5 Minuten im ausgeschalteten Ofen ruhen lassen. Filets in dünne Scheiben schneiden, mit den Keulen servieren. Dazu: Maisküchlein (Seite 66), Zwiebel-Confit (Seite 176).

Ich mache ...
EIN SCHWEINSHENDL

Vom Huhn ist die Brust und vom Schwein der Schinken, der um sie herum gewickelt wird, bevor man das Ganze mit Gemüse und einem Schuss Wein in den Ofen schiebt. Heraus kommt dann ein kleiner Hähnchenbraten mit schweinerner Kruste. Fein und deftig zugleich.

Erfunden habe ich dieses Rezept für einen herbstlichen Novembersonntag, an dem ich auf einer Messe mit Freund Uli (Seite 190) unter dem Motto »Lunch statt Brunch« einen fixen Braten für Spätaufsteher vorführen sollte. Für 6 braucht's: 1 kg Hokkaido-Kürbis, 1 Lauchstange, 4 EL Öl, Salz, Pfeffer und 150 ml Weißwein. Dann 2 EL scharfen Senf sowie je 1 EL Aprikosenkonfitüre, Honig und weiche Butter, 1 Bund glatte Petersilie, 250 g geräucherte Schinkenscheiben und 4 große Hähnchenbrustfilets ohne Haut (je 150 g). Inzwischen gibt es auch eine Sommerversion (siehe unten).

1. Kürbis waschen und samt Schale halbieren. Die Kerne entfernen und die Hälften in Spalten teilen, die dann quer in dünne Scheiben geschnitten werden. Jetzt den Lauch vom dunklen, festen Grün sowie von welken Außenblättern und Wurzeln befreien, in Ringe schneiden und im Sieb gründlich abbrausen. Tropfnass auf einem tiefen Blech oder in einer Reine mit Kürbis, Öl und 1/2 TL Salz sowie etwas Pfeffer und Wein vermischen.

2. Nun Senf, Konfitüre, Honig und Butter zur Paste mischen. Petersilie waschen und trockenschütteln, die Blättchen abzupfen. Je Brust 3 Scheiben Schinken überlappend leicht schräg aufs Brett legen. Die Senfpaste draufstreichen, die Petersilie drüberstreuen. Die Hähnchenbrustfilets quer ganz vorne auf den Schinken legen, sodass ihre Spitzen nach rechts zeigen und die dickeren Ende links drüberragen. Jetzt die Brüste samt dem Schinken nach oben rollen, Schinken an den Enden unterschlagen.

3. Backofen auf 180 °C (Umluft 160 °C) vorheizen. Schweinshendl aufs Gemüse setzen und im Ofen (Mitte) 20–25 Minuten garen. Noch 5 Minuten im offenen, ausgeschalteten Ofen ruhen lassen, dann in Scheiben schneiden und mit dem Gemüse servieren. Dazu passen Salzkartoffeln. Und die Sommerversion? Mit Parma- statt Räucherschinken, 5 EL Pesto statt Senfpaste und 750 g Kirschtomaten statt Kürbis und Lauch. Und ohne Wein.

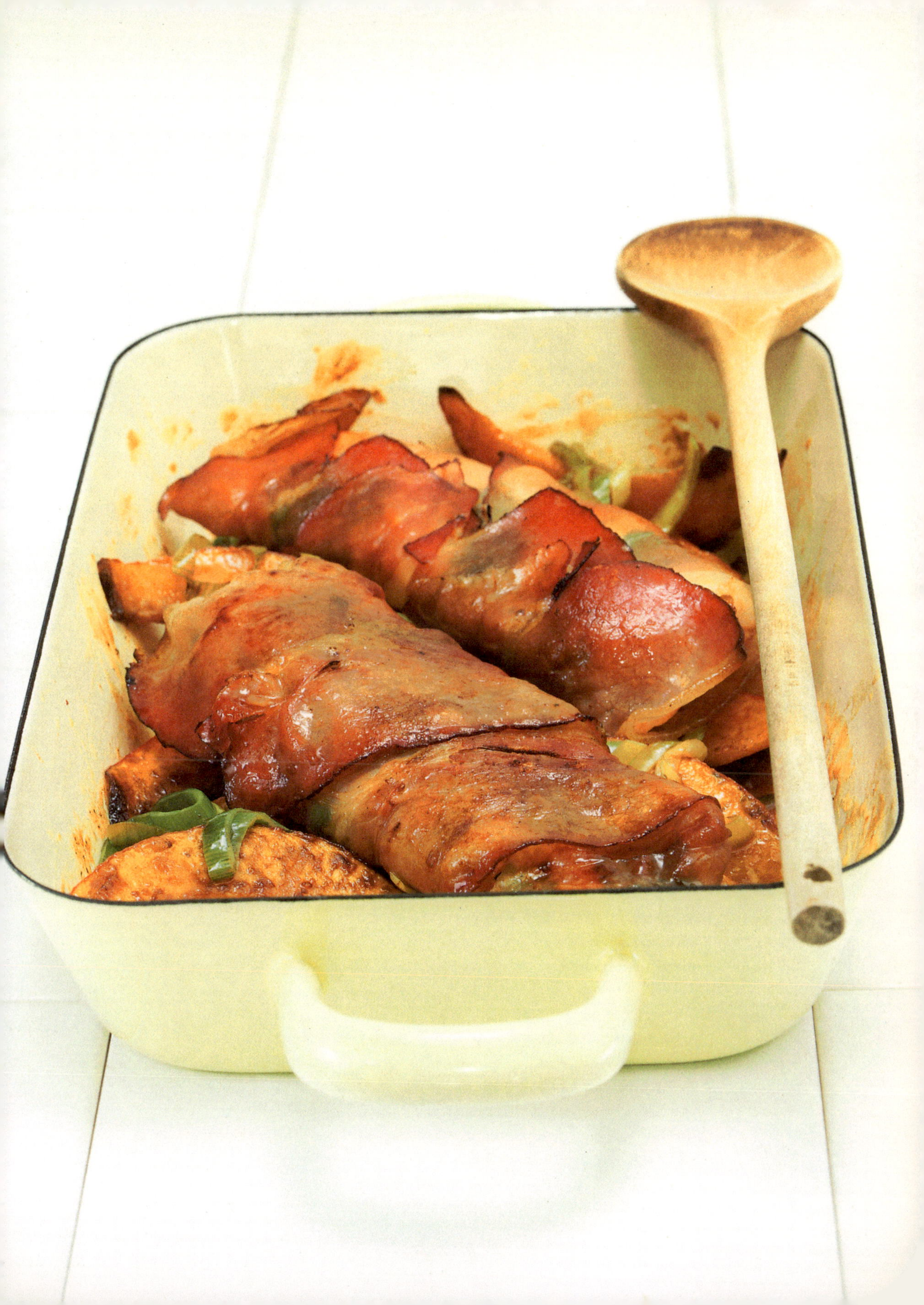

Ich schmore …
EINEN ASIA-BRATEN

Der übliche Kleinkram aus dem Wok und die großen Braten unserer Küche, wie soll das zusammengehen? Im Schmortopf, denn der ist auch in Asien Standard und Ofenersatz.

Wollte ich in München Millionär werden, würde ich ein »Chinatown BBQ« aufmachen. So wie dieser Imbiss in Sydney mit den Resopaltischen und der Warteschlange vorm Fenster, hinter dem rotbraun glasierte Enten und Schweinebäuche hängen, die jeden Freund von Ganserl und Schweinsbraten erfreuen würden. Wobei dort statt Bier und Salz Sojasauce und Zucker für die Fleischkruste sorgen. Das braucht's (für 6 und zum Millionär): 1 kg Schweinebauch mit Schwarte, 100 g braunen Zucker, 1 1/2 TL Salz, 1/8 l Sojasauce, 3 Zwiebeln, 4 cm frischen Ingwer, 6 EL Öl, 1 1/2 l Hühnerbrühe, 1 Zimtstange, 4 Sternanise, 12 getrocknete Shiitake-Pilze, 6 Frühlingszwiebeln.

1. Den Schweinebauch in einen passenden Topf legen. Mit kaltem Wasser bedecken und aufkochen. Herausnehmen, abspülen, etwas abkühlen lassen. 2 EL Zucker, Salz und 3 EL Sojasauce verrühren, Fleisch damit bestreichen und 1 Stunde bei Raumtemperatur ziehen lassen, dabei öfters wenden.

2. Die Zwiebeln und den Ingwer schälen. Die Zwiebeln in dünne Ringe schneiden, den Ingwer in Scheiben. Den Schweinebauch trockentupfen, im Topf im Öl rundum knusprig anbraten und herausnehmen. Zwiebeln und Ingwer im Bratfett unter Rühren anbraten.

3. Die Brühe mit restlicher Sojasauce im Topf mischen. Mit restlichem Zucker sowie Zimt und Anis im Topf aufkochen. Fleisch darin 2 Stunden bei kleiner Hitze sieden lassen. Shiitake ohne Stiele 1 Stunde in Wasser einweichen. Die Frühlingszwiebeln waschen, putzen und in Ringe schneiden.

4. Nach den 2 Stunden die Shiitake weitere 30 Minuten mitgaren, dann samt dem Fleisch herausheben und warm stellen. Den Sud durch ein Sieb gießen und dicklich einkochen lassen, die Frühlingszwiebeln einrühren. Den Schweinebauch aufschneiden, mit Shiitake auf einer Platte anrichten, mit Gewürzen verzieren und mit etwas Sauce übergießen. Mit restlicher Sauce servieren. Dazu passen Reis und scharfer Krautsalat.

AUSTRALIAN MEATPIES

Die Pasteten mit Fleischragout sind dort Standardsnack, wo sich wahre australische »mates« treffen: in einsamen Roadhouses an den Wüstenpisten, in den Pubs der Kleinstädte und Suburbs, auf den Tribünen der Stadien. Das Gerücht hält sich, dass unter der Teigkruste auch das vom wahren »mate« nur als Hunde- und Touristenfutter akzeptierte Känguru stecken kann. Mir egal, weil ich Kängurus wie Meatpies mag. Hier aber die offizielle Version.

Zutaten für 8 Meatpies
100 ml Milch • 150 g Butter + Butter für die Formen • Salz • 500 g Mehl + 2 EL Mehl • 800 g Rinderschulter • 1 Zwiebel • 100 g Räucherspeck • 4 EL Öl • Pfeffer • 2 EL Worcestersauce • 400 ml Rinderbrühe • 5 EL Bier • 8 runde Backförmchen (Ø 8–10 cm) • 1 Eigelb

Zubereitungszeit: 45 Minuten
(+ etwa 2 1/4 Stunden Garen und Ruhen)

› Für den Teig 100 ml Wasser mit Milch, Butter und 1 TL Salz aufkochen. Sofort zu den 500 g Mehl gießen, verkneten und abgedeckt beiseitestellen. Das Fleisch 1 cm groß würfeln. Zwiebel schälen und wie den Speck klein würfeln. Fleisch nach und nach im Öl anbraten, bei der letzten Portion Zwiebel und Speck mitbraten. Fleisch mit Salz, Pfeffer und Worcester würzen, Brühe zugießen, 1 Stunde zugedeckt bei geringer Hitze köcheln lassen.

› Dann Topf vom Herd nehmen. 2 EL Mehl und Bier verschlagen, ins Ragout rühren, nochmals kurz aufkochen und abkühlen lassen. Inzwischen zwei Drittel des Teigs auf bemehlter Fläche 5 mm dick ausrollen und 8 Kreise ausstechen (Ø 2 cm größer als die Formen). Formen buttern, mit den Teigkreisen auskleiden und mit Fleisch samt Sauce füllen. Teigrand darüberschlagen.

› Backofen auf 160 °C (Umluft 140 °C) vorheizen. Übrigen Teig ausrollen und 8 Pie-Deckel ausschneiden. Pie-Ränder mit etwas Eigelb bestreichen, die Deckel daraufsetzen und andrücken. Die Pies mit übrigem Eigelb bestreichen, 1 Stunde backen (Mitte) und 10 Minuten im ausgeschalteten, geöffneten Ofen ruhen lassen. Aus der Form lösen und zubeißen – Zungeverbrennen ist hier Ehrensache. Zum Abkühlen gehören Ketchup und eiskaltes Bier dazu.

Traditionell werden Australian Meatpies direkt aus der Hand gegessen, wozu es aber etwas Training braucht. Daher dürfen sie von Neulingen auch mit Messer und Gabel verspeist werden – no worries, mate.

Ich backe …

PIZZA

Dann wollen wir doch mal sehen, ob die Pizzabäcker da draußen wirklich so viel besser sind als wir daheim. Wir brauchen für den Hefeteig für 4–8 Pizzas: 300 g Mehl, 1/2 TL Salz, 1/4 TL Trockenhefe, 1/2 Würfel frische Hefe (etwa 20 g), 4 EL Olivenöl, dazu Mehl zum Formen und Öl fürs Blech.

1. Mehl, Salz und die Trockenhefe vermischen. Frische Hefe in 150 ml lauwarmem Wasser auflösen und mit der Mehlmischung vermengen. Alles auf der bemehlten Arbeitsfläche mit dem Öl zum glatten, geschmeidig-elastischen, nicht klebenden Teig verkneten. Wer eine kraftvolle Küchenmaschine mit großem Knethaken hat, kann es auch damit machen. Ich nehme lieber die Hände und nutze die Zeit zum Rumdenken, das klappt immer. Dafür spare ich mir das Ansetzen eines Vorteigs (Hefe mit etwas Wasser und Mehl verrühren und extra gehen lassen), es geht auch so gut.

2. Den Teig in eine große Schüssel geben, mit einem Tuch abdecken und an einem warmen, zugfreien Ort (auf dem Küchen- oder Badezimmerschrank) 1 Stunde aufgehen lassen. Teig jetzt nochmals verkneten und je nach gewünschter Pizzagröße in vier bis acht Portionen teilen. Diese zu glatten Kugeln formen, mit einem Tuch abdecken, 15 Minuten ruhen lassen.

3. Den Backofen auf allerhöchster Stufe 30 Minuten vorheizen. Auch bei Umluft, die wegen der höheren Hitze sogar die bessere Wahl ist. So kommt man nahe an die 300 °C und aufwärts, bei denen der echte Pizzabäcker den »großen Fladen« erst in den Ofen schiebt (Ausnahme: dick belegte Pizza). Auf diese Weise bäckt der Teig schnell knusprig, statt langsam brotig aufzugehen. Wird von Anfang an das Backblech auf dem Boden des normalen Ofens mit aufgeheizt, geht das noch besser mit dem Knusprigbacken, denn das Blech ist dann so heiß wie der Boden im Steinofen. Und wer einen Pizzastein statt dem Blech nehmen kann, hat es natürlich am besten.

4. Jetzt den Teig zu Pizzas ausrollen. Dazu nach und nach die Teigkugeln auf der bemehlten Fläche flach drücken. Dann jeden Fladen mit beiden Händen immer wieder drehen, wobei er gleichmäßig und dünn auseinandergezogen wird. Der Rand kann etwas dicker bleiben. Die Pizzas nach Gusto belegen und mit einem flachen Holzbrett oder Blech direkt aufs heiße Backblech oder den heißen Pizzastein gleiten lassen. In 5–8 Minuten knusprig backen. Aufs Brett heben, schneiden und mit der Hand essen.

Wozu selbst Pizza backen, wenn der Pizzabäcker das doch viel besser kann und dazu den besseren Ofen hat? Weil es eine Freude ist, den Teig zu kneten, ihn wachsen zu sehen und ihn schließlich zum Fladen zu rollen und zu drehen. (Nein, ich bin noch kein Werfer und Schwinger. Das lerne ich vielleicht bis zum nächsten Buch.) Und weil wir sie belegen können, wie wir wollen. Oder wie unsere Gäste es wünschen. Machen die das dann gleich selber, ist Pizza-Party. Die Basics dafür stehen links, weitere Ideen auf der nächsten Seite und auf Seite 128.

Ein Teig, drei Charakterrollen – Pizza auf neue Art: *Pizza Rocky – mit Stückchen vom Schwein und feinen Tomaten,*

PIZZA ROCKY

Eine Version für ganze Männer und Frauen, richtig üppig belegt, wie man es in den USA mag. Daher auch weniger heiß und etwas länger als sonst gebacken.

Zutaten für 4 Pizzas
1 Schweinefilet (300 g) • 2 Knoblauchzehen • Salz • 1 EL rosenscharfes Paprikapulver • 4 EL Öl • 150 g Kirschtomaten • 2 rote Paprikaschoten • Pfeffer • 1 Prise Zucker • 150 g gegarte, kleine Pellkartoffeln • 1 Rezept Pizzateig (Seite 86) • 4 EL Pesto (aus dem Glas) • 50 g Parmesan

Zubereitungszeit: 50 Minuten (+ 20 Minuten Backen)

› Filet in 1 cm dicke Streifen schneiden. Knoblauch schälen und würfeln, die Hälfte mit Salz bestreuen und mit der Messerklinge zerreiben. Diese Paste mit Paprikapulver und 3 EL Öl mischen, das Fleisch damit einreiben. In einer Schüssel 30 Minuten ziehen lassen.

› Derweil Tomaten waschen und halbieren, 1 Handvoll beiseitelegen. Paprika waschen, putzen und würfeln. Restlichen Knoblauch im übrigen Öl andünsten. Die Paprikawürfel 1 Minute mitdünsten, Tomaten dazugeben, bei kleiner Hitze 15 Minuten garen. Mit Salz, Pfeffer und Zucker würzen, grob stampfen. Zwischendurch Kartoffeln pellen, in dünne Scheiben schneiden.

› Backofen auf 225 °C (Umluft 200 °C) vorheizen. Aus dem Teig vier Böden formen, mit Tomatensauce bestreichen. Das Filet auf den Pizzas verteilen. Kartoffelscheiben in der Schüssel vom Fleisch wenden und so die übrige Paste aufnehmen, mit den beiseitegelegten Tomaten auf die Pizzas legen. In 15–20 Minuten im Ofen (Mitte) knusprig backen. Vor dem Servieren mit Pesto beträufeln und den Parmesan darüberhobeln.

Pizza Brasserie – mit Zwiebel-Confit, Ziegenkäse, Lavendel.

Pizza Dolce – mit Himbeeren und süßem Mozzarella.

PIZZA BRASSERIE

Zutaten für 4 Pizzas
1 Rezept Pizzateig (Seite 86) • 1 Rezept Zwiebel-Confit (Seite 176) • 1/2 TL getrockneter Lavendel • 4 EL Honig (am besten auch Lavendel) • 1 Bund Estragon • 400 g Ziegenfrischkäse

Zubereitungszeit: 15 Minuten (+ 8 Minuten Backen)

› Aus dem Pizzateig vier Böden formen. Confit im Sieb abtropfen lassen, dabei 4 EL Öl auffangen. Das Öl mit Lavendel und Honig verrühren. Den Estragon waschen, trockenschütteln, Blättchen grob hacken, zum Öl geben.

› Backofen auf höchste Stufe vorheizen. Confit auf die Teigböden streichen, den Käse drüberkrümeln und mit Honigöl beträufeln. Im Ofen (unten) in 6–8 Minuten knusprig backen.

PIZZA DOLCE

Zutaten für 4 Pizzas
400 g Himbeeren • 2 EL Aceto balsamico • 100 g Zucker • 4 Stängel Basilikum • 4 EL Olivenöl • 2 Kugeln Mozzarella (je 125 g) • 1 Rezept Pizzateig (Seite 86)

Zubereitungszeit: 20 Minuten (+ 8 Minuten Backen)

› Himbeeren verlesen, möglichst nicht waschen, dann entstielen. Mit Essig und 2 EL Zucker 5 Minuten einkochen lassen, stampfen. Basilikumblättchen hacken, mit Öl verrühren. Mozzarella in Scheiben schneiden.

› Backofen auf höchste Stufe vorheizen. Aus dem Teig vier Böden formen, mit Beerensugo bestreichen. Käse im übrigen Zucker wenden, darauf verteilen, mit Öl beträufeln. Im Ofen (unten) 6–8 Minuten backen.

Ich mache ...
KÄSE-FONDUE

Es gibt zwei Essen, mit denen man mich jagen kann: Öl-Fondue (mag ich zwar, vertrag ich aber nicht) und Raclette (lästig in der Zubereitung, lächerlich im Vergleich zum Original, für das ein Käselaib unterm Feuer schmilzt). Hier mein Kompromissangebot.

Am Käse-Fondue mag ich, dass der Spruch »braucht kaum Vorbereitung« wirklich stimmt: Außer Brot und Käse muss nichts vorgeschnitten werden, Saucen kann man sich sparen, gekocht wird erst, wenn der Besuch am Tisch sitzt. Und ist der Käse richtig gut, dann ist das Fondue eine wahre Wonne. Für das klassische Schweizer Käse-Fondue braucht es für 4–6 Leute: 400 g Greyerzer und 200 g Raclette-Käse (am Stück ohne Rinde), 1/4 l sehr trockenen Weißwein, 2 TL Zitronensaft, 1 Knoblauchzehe, 500 g Weißbrot, 2 EL Kirschwasser, 4 TL Speisestärke, frisch geriebene Muskatnuss und weißen Pfeffer. Dazu sauer Eingelegtes vom Cornichon bis zur Balsamicozwiebel. Außerdem ein Fondue-Set, am besten mit dem klassischen Keramiktopf (dem Caquelon) fürs Käse-Fondue. Der normale geht aber auch.

1. Greyerzer grob reiben, Raclette-Käse würfeln, beides mischen. Damit alle Käsesorten, die man verwenden möchte, später gleichmäßig schmelzen und sich gut verbinden, werden weiche Käse wie Raclette geschnitten, harte wie Greyerzer grob und noch härtere wie Parmesan fein gerieben. Nun den Käse mit Wein und Zitronensaft mischen und etwa 2 Stunden in der Küche stehen lassen. So gelingt später die Verbindung im Topf, ohne dass es dabei klumpt. Knoblauch schälen und halbieren, Weißbrot würfeln.

2. Die Käsemischung in einen Kochtopf geben und bei sanfter Hitze auf dem Herd langsam schmelzen lassen, dabei ständig rühren, sodass das Fondue geschmeidig bleibt. Topf von der Platte ziehen. Kirschwasser und Stärke vermischen und ins Fondue rühren, dann das Ganze einmal aufkochen lassen. Mit Muskat und Pfeffer abschmecken.

3. Fondue-Topf kräftig mit Knoblauch ausreiben. Heiße Käsemasse einfüllen und am Tisch auf dem Rechaud sanft köcheln lassen. Brotstücke aufspießen, durch den Käse ziehen und samt dem Eingelegten genießen. Und am Ende die herrliche Kruste vom Topfboden kratzen und knabbern.

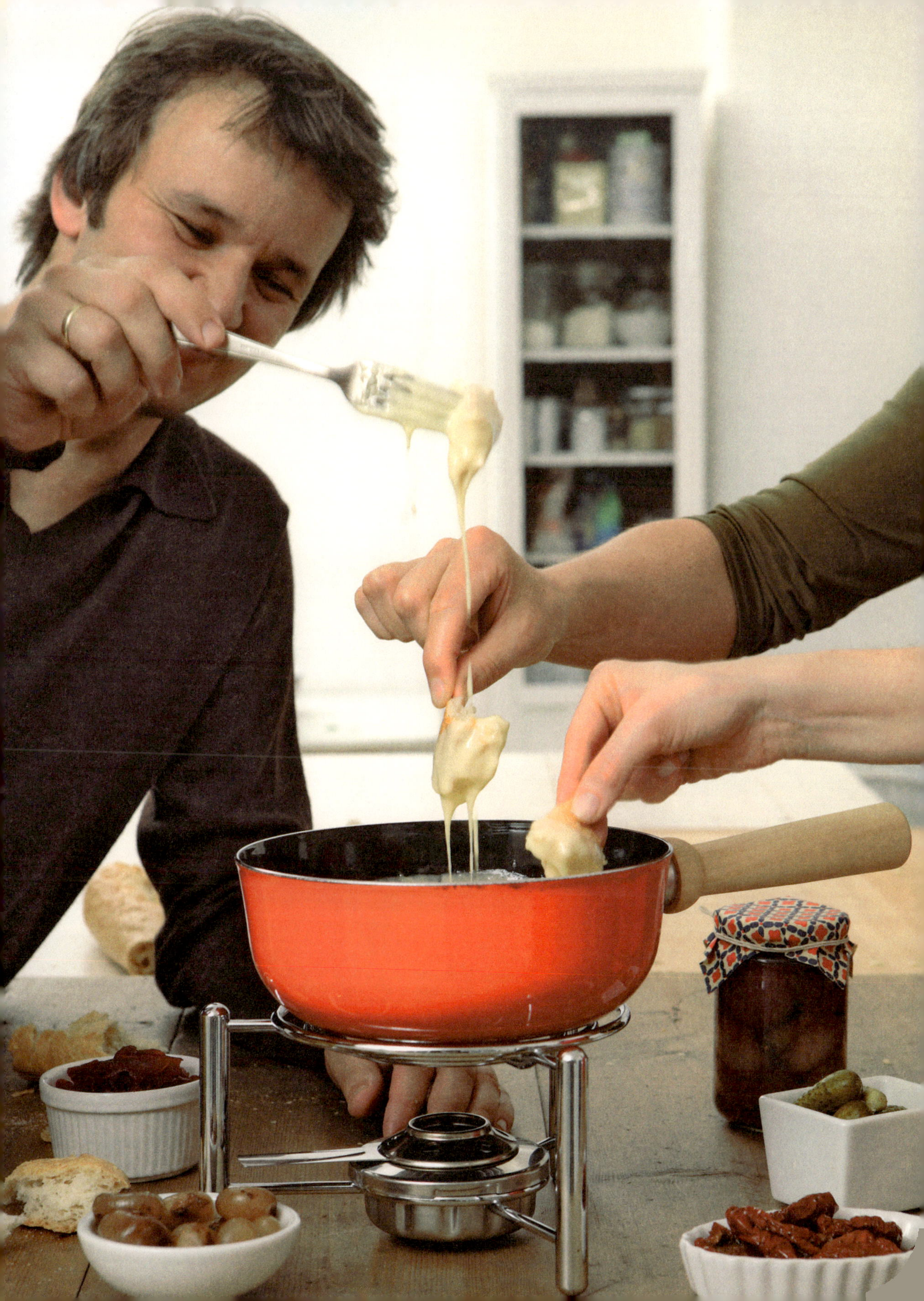

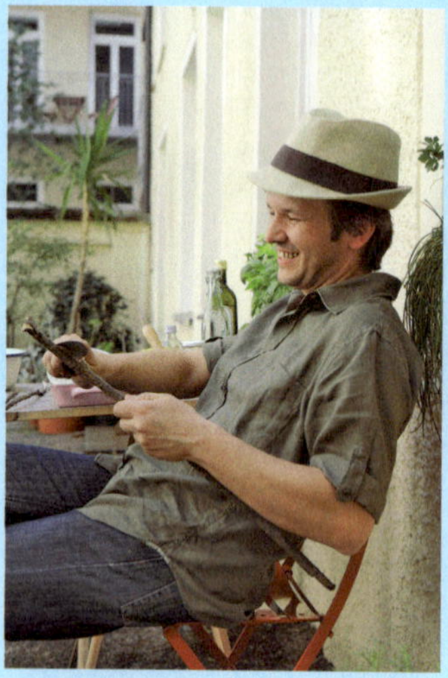
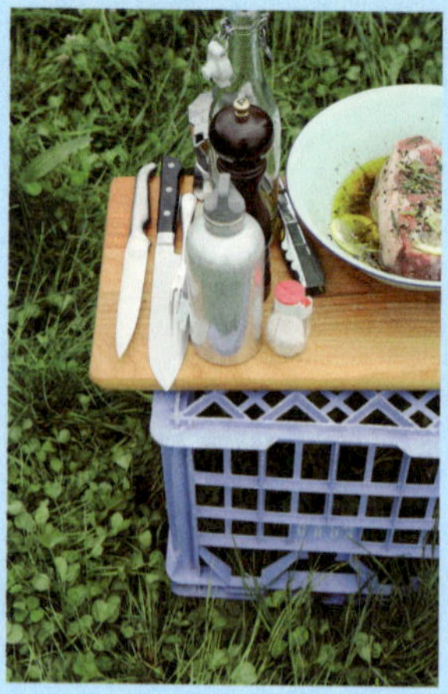
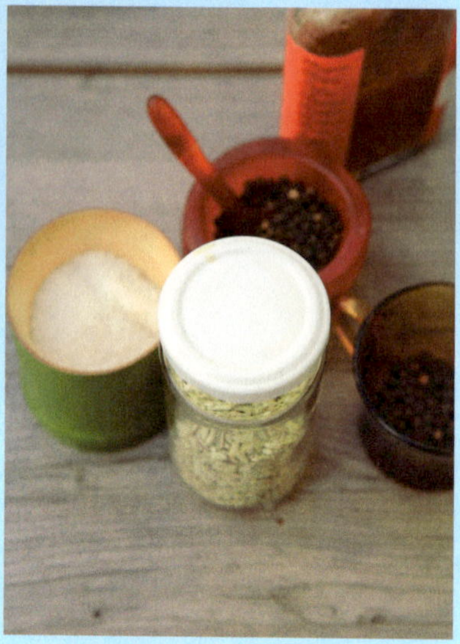
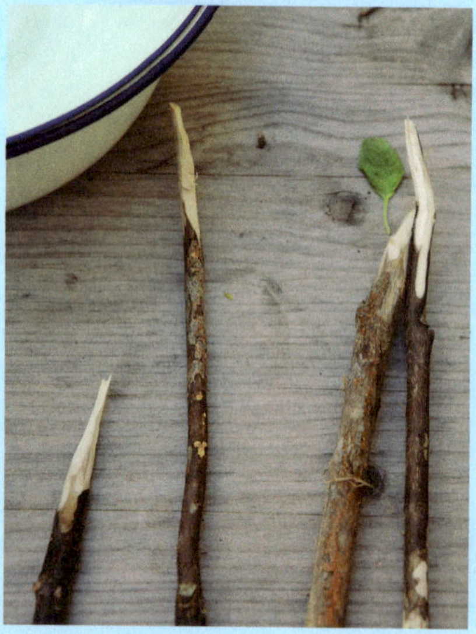
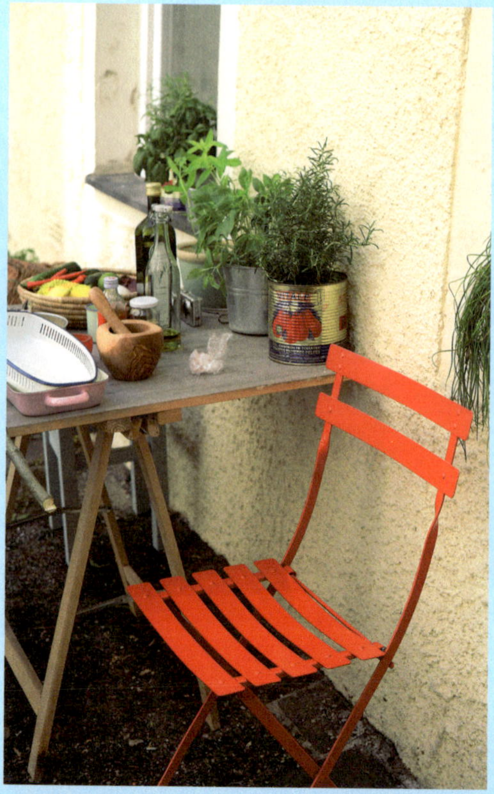

IM FREIEN

Frische Luft und Sonnenschein sind zwei meiner Lieblingsgewürze. Denn sie bedeuten: Grillen. Da muss ich mir keinen Kopf über die beste Zubereitungsart machen und kann mich ganz auf das verlassen, was da ist – meine Küche ist nämlich ganz weit weg. Pfeffer und Salz, Feuer und Rost, mehr braucht es nicht, um aus einem Stück Fleisch, Fisch oder Gemüse etwas Gutes zu machen. Die Kräuter dafür habe ich vorhin hinterm Zelt gefunden, den Salat dazu im Liegestuhl geputzt. Die Chutneys habt Ihr mitgebracht? Dann kann's ja losgehen.

Ich mag ...
BARFUSS KOCHEN

Du wirst wach, wenn die Sonne sich gerade aufmacht, über den Horizont zu klettern. Du schnappst dir ein Handtuch von der Leine zwischen Zeltstange und Pinienstamm. Du gehst hinunter zum Strand, wo der Sand sich an den Fersen noch ganz kühl anfühlt.

Später stehst du beim Bäcker mit nassem Haar und salzigen Lippen, sagst »dodici panini«, weil auch die Freunde was zum Frühstücken haben wollen. Von den Brötchen, die übrig bleiben, machst du dann einen Brotsalat, während die anderen am Meer sind. Als du an der Bar deinen Cappuccino nimmst, hörst du die Kinder beim Tischfußball juchzen. Du schaust ihnen zu, sie bemerken dich nicht, niemanden.

Nach dem Mittagessen: Hängematte. Dann gehst du mit dem Mann der Freundin deiner Frau zum Metzger im Ort. Dort seht ihr das schönste Ochsenkotelett dieses Sommers und der Freund wird ganz still, als er den Preis für dieses Abendessen hört.

Aus dem Zelt holt er dann die Brotreste von der Anreise und legt sie in Knoblauchöl. Du reibst das Fleisch mit dem Rosmarin ein, der hinter dem Campingplatz in Büschen unter der Sonne wächst. Als beides auf den alten Steingrill neben der Wasserstelle kommt, duftet das gleich herrlich.

Drei Campingtische voller Rotweinflaschen und Frauenlachen erwarten euch, als ihr vom Grill zurückkommt. Du holst die Kinder vom Spielen. Das ist heute euer erster Tag am Meer, und du fragst dich, wo du gestern deine Schuhe gelassen hast. Nach Socken wirst du erst wieder in zwei Wochen fragen. Du magst barfuß kochen.

Was ich nicht mag:

fertig eingelegte Grillsteaks; immer nur Steaks vom Grill; kein Brot zum Gegrillten; Holzkohle-Purismus; Grillschalen.

Aqua I   Maremma 07

Pranzo Campeggio

Ich grille ...
GRIECHISCHEN SALAT

Das System ist ganz simpel: Gemüse und Zwiebeln plus Tintenfisch in Öl marinieren, grillen – und der Schafkäse kommt mit der Sauce dazu. Wer keine Küche mit Mixer hat (zum Beispiel beim Zelten), kriegt den Käse auch mit Gabel oder Reibe klein.

So ein griechischer Grillsalat ist praktisch, weil man damit den Rost schon mal einspielen kann für etwa das Fleisch oder den Fisch danach, und weil man bei schönem Wetter nicht in der Küche kochen muss. Für 4–6 Leute braucht es: 2 Auberginen, je 1 rote und gelbe Paprikaschote, 1 kleinen Kopf Radicchio, 1 Bund Frühlingszwiebeln, 4 küchenfertig geputzte Calamari-Tuben (also die Körper des Kalmars, bevor sie in Ringe geschnitten, paniert und frittiert werden), 2 TL getrockneten Oregano, 80 ml Olivenöl, 100 g Feta-Käse, 1 Bund Dill, 1 TL Zitronensaft, 150 g Joghurt, 1/2 TL Honig, weißen Pfeffer aus der Mühle und etwas Mineralwasser, Salz.

Was versteht der Grieche unter »Griechischer Salat« mit großem »G«? Nichts natürlich, denn das ist ja nur eine Erklärung von auswärts für etwas, in dem typisch Griechisches drin ist. Und weil dazu kaum was so typisch griechisch ist wie das Grillen, tun wir das hier auch mit Salat.

1. Die Auberginen waschen, putzen und der Länge nach in 1 cm dicke Scheiben schneiden. Paprikaschoten waschen, putzen und vierteln. Den Radicchio abbrausen und samt Strunk vierteln. Frühlingszwiebeln waschen, putzen und auf 10 cm Länge zuschneiden. Die Calamari-Tuben längs halbieren und jeweils an der Außenseite gitterförmig ein-, aber nicht durchschneiden. Oregano mit 4 EL Öl verrühren, das Gemüse und die Calamari damit vermischen.

2. Feta zerbröckeln. Dill waschen, trockenschütteln und die Spitzen von den Stängeln zupfen. Feta und Dillspitzen mit übrigem Öl, Zitronensaft, Joghurt, Honig und Pfeffer im Mixer zur cremigen Sauce pürieren. Ist diese zu dickflüssig, etwas Mineralwasser zugeben. Nach Gusto würzen.

3. Nun den Grill anheizen (mehr dazu auf Seite 102). Das Gemüse und die Calamari in einem Sieb abtropfen lassen, dann kräftig mit Salz und Pfeffer würzen. Alles flach auf den Grillrost legen (etwa 10 cm Abstand zur Glut), die Stücke nach 2–3 Minuten wenden, dann fertig braten und in einer weiten Schale vermischen. Den Grillsalat etwas abkühlen lassen, die Feta-Creme darüber verteilen und servieren. Dazu schmeckt Fladenbrot.

Ich koche ... im Freien

PANZANELLA CAMPEGGIO

Dies ist die schlichte und schnell gemacht Version des toskanischen Brotsalats, erfunden auf einem Campingplatz in der Maremma, als wir mittags zwischen den Meergängen viel Hunger und nicht viel mehr als altes Brot (damals: schön ölige Focaccia), Tomaten (rot, grün, fest und faltig) und eine Dose Ölsardinen hatten. Und Dank der Würfelbrühe muss der Salat nicht so lange ziehen wie das Original. Am besten schmeckt er allerdings immer noch am Originalschauplatz.

Zutaten für 4 Portionen
rund 300 g altbackene Focaccia oder ersatzweise Ciabatta • 100 ml Gemüsebrühe (aus Brühwürfeln gemacht) • 4 richtig aromatische Tomaten in Rot-Grün • 1 Bund Basilikum • 2 weiße Zwiebeln • 1 Dose Ölsardinen (185 g Inhalt) • eventuell ein paar EL Olivenöl • Saft von 1/2 Zitrone • 80 g Pinienkerne • 40 g Parmesan • Pfeffer

Zubereitungszeit: 30 Minuten
(+ 30 Minuten Einweichen und Marinieren)

› Die Focaccia oder das Ciabatta in mundgerechte Würfel schneiden und in eine weite Schüssel geben. Die Brühe aufkochen und darüber verteilen. Das Ganze 15 Minuten einweichen lassen, dann in einem feinen Sieb vorsichtig ausdrücken.

› Die Tomaten waschen und in Würfel schneiden, dabei die Stielansätze entfernen. Basilikumblättchen von den Stängeln abzupfen und hacken. Die Zwiebeln schälen, halbieren und in kleine Würfel schneiden. Die Sardinen in einem Sieb abtropfen lassen, dabei 8 EL vom Öl auffangen. Bleibt weniger übrig, noch Olivenöl dazugeben. Sardinen in Stücke schneiden.

› Nun Tomaten, Basilikum, Zwiebeln und Ölsardinen mit Öl und Zitronensaft zum Brot geben und dies behutsam miteinander vermengen. Dann den Salat am liebsten unter Pinien in die Sonne stellen – sonst wenigstens auf den Balkon oder ans Küchenfenster. So oder so: 15 Minuten ziehen lassen.

› Pinienkerne bei mittlerer Hitze in einer trockenen Pfanne goldbraun anrösten, dabei immer wieder schwenken und vor allem gegen Ende aufpassen, da werden sie schnell zu dunkel.

› Die Pinienkerne über den durchgezogenen Brotsalat streuen und den Parmesan grob darüberhobeln. Jetzt noch etwas Pfeffer darübermahlen und den Salat servieren – auch das am liebsten unter Pinien.

TIPP
Den klassischen Panzanella macht man am besten gleich nach dem Frühstück, bevor es an den Strand geht, dann kann der Salat bis Mittag schön durchziehen. Idealerweise genau so, wie es die Italien-Spezialistin und Basic-Mitautorin Cornelia Schinharl in »Italian Basics« empfiehlt:
1 milde Zwiebel, 1 Knoblauchzehe, 200 g Tomaten, 1/2 Salatgurke und 1 gelbe Paprikaschote mischen – vorher natürlich alles waschen oder schälen, putzen und würfeln. 150 g durch und durch altbackenes Weißbrot ebenfalls in Würfel schneiden. 1 Bund Rucola und 1/2 Bund Petersilie waschen und trockenschütteln. Lange Rucolastiele abknipsen, die Petersilienblättchen von den Stängel zupfen und hacken. Beides mit 2–3 EL Rotweinessig, Salz, Pfeffer und 5–6 EL Olivenöl mischen und unter all die anderen vorbereiteten Zutaten mengen. Den Panzanella mindestens 1 Stunde durchziehen lassen, dann nochmals vermengen und mit 1 EL kleinen Kapern bestreuen. Und auf den Tisch damit.

SCHARFER MELONENSALAT

Auch dieser Salat lässt sich leicht aus dem Sortiment eines guten Mittelmeercampingplatzsupermarkts bestreiten, vor allem, wenn der im Süden Frankreichs liegt. Übrigens: Statt Alkohol darf es auch Traubensaft sein.

Zutaten für 4 Portionen
1 richtig aromatische, gelb- oder orangefleischige Melone (z. B. Charentais oder Kantalup) • Saft von 1/2 Zitrone • 2 EL weißer Portwein (ersatzweise auch ein anderer Süßwein) • 6 Scheiben luftgetrockneter Schinken (z. B. Parmaschinken) • 1 EL Sonnenblumenöl • 2 TL eingelegter, grüner Pfeffer

Zubereitungszeit: 20 Minuten
(+ 30 Minuten Marinieren)

› Die Melone halbieren und von den Kernen befreien. Die Kerne samt den anhängenden Fasern in ein Sieb geben und mit dem Löffel verstreichen, wobei der ablaufende Saft aufgefangen wird. Diesen mit Zitronensaft und Portwein mischen.

› Melonenhälften in je vier Spalten teilen. Mit einem schmalen Messer die Spalten an der Spitze zwischen Fruchtfleisch und Schale einschneiden und die Schale so ganz ablösen. Das Fruchtfleisch quer in knapp 1 cm dicke Stücke schneiden. Schinken längs in breite Streifen schneiden, dann quer in Stücke.

› Das Öl in einer kleinen Pfanne erhitzen. Den Pfeffer abtropfen lassen und 1 Minute im Öl dünsten. Pfanne vom Herd ziehen und die Pfefferkörner mit der Zitronenmarinade ablöschen. Dies noch warm mit Melone und Schinken vermischen und den Salat 30 Minuten durchziehen lassen. Dazu schmeckt Baguette.

Ein altes Paar schön frischgemacht: scharfer Melonensalat mit Parmaschinken und einem Dressing aus Zitronensaft, Portwein und grünem Pfeffer. Ist die Melone klein, wird sie nur in Spalten geteilt – ansonsten in Stücke schneiden.

Ich mache ...
BAGUETTE CAPRESE

Dieses Brot verhält sich zum simplen Schinken-Käse-Toast wie der große Braten zum Cordon Bleu – es ist seine Vervielfachung, auch was die Füllung angeht. Perfekt für große Grills und Backöfen.

Das Prinzip dieses »Brotbratens« nach Art des guten alten Insalata Caprese (Mozzarella mit Tomaten und Basilikum) ist ganz einfach: Das Baguette wird gefüllt und dann in Folie bei moderater Hitze gegart, bis man ihn aufschneiden kann – für 4–6 Gäste mindestens. Für die brauchen wir: 1 großes oder 2 kleine Bund Basilikum, 1 TL Kapern, 3 Sardellenfilets, 2 Knoblauchzehen, Saft von 1/4 Zitrone, 1/2 Päckchen weiche Butter (125 g), Salz und Pfeffer aus der Mühle. Außerdem kommen dazu: 2 Kugeln Mozzarella (je 125 g, am besten vom Büffel), 2 Tomaten von gleicher Größe sowie 1 großes Baguette (oder auch 2 kleine Baguettes, je nach Grillgröße), etwas Olivenöl.

1. Zuerst kommt die Basilikumbutter dran. Dafür die Basilikumblättchen ungewaschen (denn das Wasser verscheucht das Aroma) von den Stängeln zupfen. Die 12 schönsten Blätter beiseitelegen. Die restlichen werden wie die Kapern und Sardellenfilets sowie der geschälte Knoblauch fein gehackt oder gemörsert. Dann alles samt Zitronensaft mit der Butter vermengen und mit Salz und Pfeffer würzen.

2. Nun geht es ans Schneiden. Den Mozzarella aus der Packung holen und jede Kugel in 6 Scheiben schneiden. Die Tomaten waschen, den Stielansatz rausschneiden und die Tomaten auch in 6 Scheiben schneiden. In das Baguette quer von oben 12 Einschnitte machen – etwa 4 cm tief (oder jedes kleine Baguette 6-mal einschneiden).

3. Der Holzkohlengrill sollte jetzt schon angeheizt sein (Seite 102). Nun jeden Einschnitt leicht zu einer kleinen Tasche auseinanderziehen. Jeweils etwas Basilikumbutter hineinstreichen, je 1 Tomaten- und Mozzarellascheibe sowie 1 Basilikumblatt reinstecken. Nun die Alufolie großzügig zuschneiden und mit Olivenöl bestreichen. Das (die) Baguette(s) darin fest einwickeln und für 8–10 Minuten an den Rand des Rosts legen (etwa 10 cm Abstand zur Glut). Auswickeln, in Stücke schneiden und gleich verteilen. Dazu ist ein grüner Salat mit Zitronen-Olivenöl-Vinaigrette immer richtig.

Wer es sich ganz geben will, legt Pane Marcello nicht nur in Knoblauchöl ein, sondern träufelt es nach dem Grillen noch drüber.

PANE MARCELLO

Wie der Brotsalat auf Seite 98 ist dies eine Zeltplatzerfindung, gespeist vom Überschuss alter Panini. Nach Maestro Marcello werden sie im Gasgrillofen geröstet, aber auf dem Grillrost über schwacher Glut klappt es auch (ebenso unterm Backofengrill).

Zutaten für 4–6 Portionen
5 Knoblauchzehen • 2 Zweige Rosmarin •
1/4 l Olivenöl • 4 altbackene Panini (Baguette-
oder Ciabatta-Brötchen) • Pfeffer aus der Mühle

Zubereitungszeit: 25 Minuten

› Den Knoblauch schälen und würfeln. Rosmarin nur falls nötig waschen, dann trockenschütteln. Die Nadeln von den Zweigen abstreifen und grob hacken. Jetzt beides mit dem Olivenöl mischen.

› Brötchen in fingerdicke Scheiben schneiden, mit dem Knoblauchöl mischen. Das Ganze 15 Minuten stehen lassen, derweil den Holzkohlengrill anheizen.

› Panini-Scheiben auf dem Rost (etwa 10 cm Abstand zur Glut) auf jeder Seite in 1–2 Minuten knusprig rösten. Ganz überzeugte Knoblauchfans träufeln nun noch die restliche Marinade drauf. Auf jeden Fall muss zum Schluss aber viel Pfeffer drüber.

Ich grille ...
EIN STEAK VOM OCHS

Wenn es was Originelles mit Fleisch sein soll, nehme ich gerne Flügel vom Huhn oder von der Ente. Wenn es aber was Richtiges sein soll, dann greife ich zu Rind: roh als Tatar, sanft und lange geschmort als Gulasch oder als Ochsensteak vom Grill.

Was dem Texaner sein T-Bone-Steak ist und dem Franzosen sein Entrecôte double, das ist mir das Maxi-Steak vom kastrierten Stier. Der hat so lammfromm gelebt, dass sein nur selten von Rennerei und Rage geschütteltes Fleisch ganz zart ist – vor allem das aus dem Rücken, ganz besonders wenn es nach dem Schlachten noch an die 3 Wochen abhängen konnte. 500 g darf so ein Steak für 2 Leute schon wiegen. Um da Würze dran zu kriegen, braucht es: 6 EL Olivenöl, 2 Zweige Rosmarin, 1 Lorbeerblatt, Schale von 1/4 Bio-Zitrone, je 1 TL schwarze und weiße Pfefferkörner sowie 1 TL Salz.

1. In das Steak das Öl einmassieren und über Nacht in den Kühlschrank damit. Am nächsten Tag den Rosmarin waschen, trockenschütteln und die Nadeln abstreifen. Gemeinsam mit Lorbeerblatt, Zitronenschale und den Pfefferkörnern hacken. Steak aus dem Kühlschrank nehmen, auf beiden Seiten die Würzmischung fest andrücken, 1 Stunde in die Küche stellen. (Wenn's schnell gehen soll, kommt das Öl samt der Würze ans Steak.)

2. Grill anheizen. Dazu in der Grillwanne so viel Holzkohle aufhäufen, dass sie später den Boden dicht in ein bis zwei Lagen bedeckt. Dabei unter den Kohlehaufen Grillanzünder oder Papier packen – und entflammen. Sind die Kohlen angeglüht, werden sie ausgebreitet. Verschwinden die Flammen und bildet sich eine weiße Ascheschicht, sind die Kohlen optimal durchgeglüht – eine Lage bleibt 30, zwei Lagen bis zu 60 Minuten heiß.

3. Jetzt das Steak kräftig salzen (ich mache das vor dem Garen, damit das Aroma tief ins Fleisch eindringt) und auf den Rost damit (etwa 10 cm Abstand zur Glut). Auf jeder Seite 2 Minuten braten, dann das Steak locker, aber dicht in Alufolie wickeln und 10 Minuten direkt neben dem Grill ruhen lassen. Dann auspacken und noch mal auf jeder Seite 2 (medium rare) bis 3 (medium) Minuten braten, nun noch weitere 5 Minuten in Folie ruhen lassen. Jetzt das Fleisch in fingerdicke Scheiben schneiden und servieren.

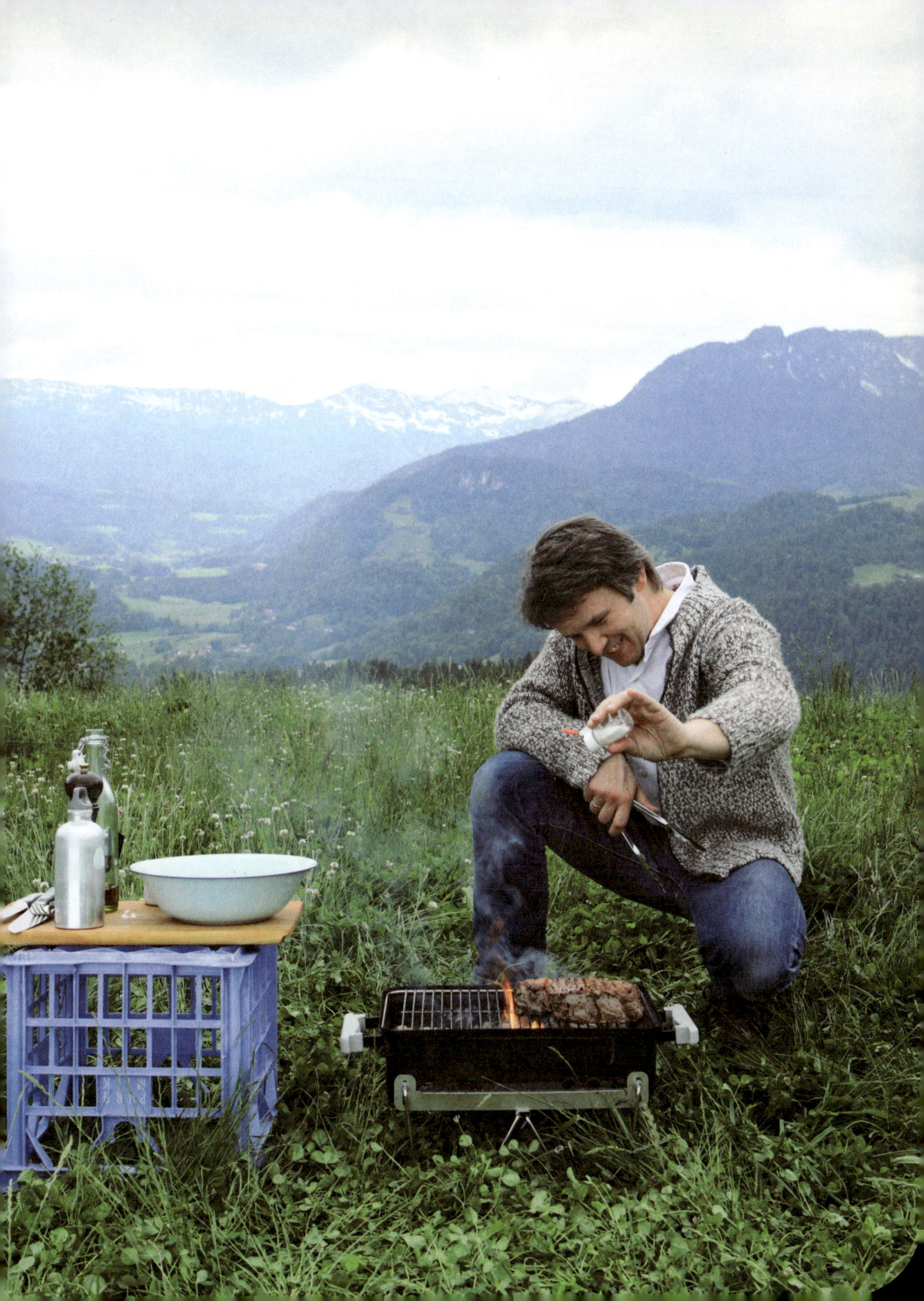

Ich koche ... im Freien

HAMBURGER VOM GRILL

Wer diese selbst gemachten Burger einmal probiert hat, der kauft keine fertigen mehr – zumindest nicht in den Lauflagen der deutschen Innenstädte. Ihr Geheimnis: echte Kohlenglut (mehr dazu auf Seite 102) und ein bisschen Butter im Inneren. Ein Trick, den mir ein Burgerbrater in einer einsamen Nacht in New York verraten hat – am Rande der Stadt.

Zutaten für 4 Portionen
2–3 weiße Zwiebeln • 750 g ganz frisches Rinderhackfleisch (aus der Hüft) • 3 EL Doppelrahm-Frischkäse • Cayennepfeffer • 50 g weiche Butter • 80 g Gewürzgurken • 1 Bund Schnittlauch • 100 g Mayonnaise • 1 EL mittelscharfer Senf • einige Spritzer Worcestersauce • 4 Tomaten • 8 Burger-Brötchen • 4 Blätter Eisbergsalat • 2 EL Öl • Salz • Pfeffer • 8 Scheiben Bacon (Frühstücksspeck) • 8 Scheiben Edamer • Ketchup

Zubereitungszeit: 45 Minuten

› Für die Hacksteaks 1 Zwiebel schälen, fein würfeln. Mit Hackfleisch und Frischkäse glatt vermengen, mit Cayennepfeffer würzen und in acht Portionen teilen. Jede Portion flach drücken, mit Butter bestreichen, zusammenklappen und zu runden, 2–3 cm dicken Hacksteaks formen. Zugedeckt kühl stellen.

› Gewürzgurken fein würfeln. Schnittlauch waschen, trockenschütteln und fein schneiden. Beides mit der Mayonnaise und dem Senf verrühren, mit Worcestersauce abschmecken. Das Gurken-Relish kühl stellen.

› Übrige Zwiebeln schälen, in dünne Ringe schneiden und 15 Minuten in kaltes Wasser legen – das macht sie schön mild und knackig. Tomaten waschen und in Scheiben schneiden, dabei die Stielansätze entfernen. Brötchen quer halbieren. Salatblätter waschen, trockentupfen und passend zu den Brötchenhälften zerteilen. Zwiebeln abtropfen lassen, ebenfalls trockentupfen.

› Holzkohlengrill anheizen (siehe Seite 102). Hacksteaks mit Öl bepinseln, salzen und pfeffern. 1 Minute auf jeder Seite grillen (etwa 10 cm Abstand zur Glut). Dann nach Wunsch pro Seite nochmals etwa 1 Minute (medium gebraten) bis 3 Minuten (durchgebraten) grillen. Zur gleichen Zeit den Speck auf dem Grill knusprig braten, die Brötchenhälften kurz anrösten.

› Dann die Burger nach Wunsch zusammensetzen: pur mit Salatblatt, Gurken-Relish und Steak zwischen den Brötchenhälften oder üppig zusätzlich mit Speck unterm Steak und Tomaten, Zwiebeln, Käse sowie Ketchup auf dem Steak. Dies mit reichlich Servietten in Reserve sofort aus der Hand genießen. Dazu: kaltes Bier oder Cola (mit Zucker natürlich!).

TOKYOBURGER

Japaner mögen die USA, vom Baseball bis zu den Comics. Auch Hamburger sind ihr Ding – so sehr sogar, dass sie daraus eine eigene Version mit Misopaste im Hackfleisch und Sojasauce drumherum gemacht haben. Dafür gibt es keine Brötchen dazu. Denn auch das mögen die Japaner: etwas Gutes sehr gut machen.

Zutaten für 4 Portionen
3 Frühlingszwiebeln • 2 EL Öl • 3 EL Sake (Reiswein) oder trockener Sherry • 2 Scheiben Weißbrot (vom Vortag) • 750 g ganz frisches Rinderhackfleisch (aus der Huft) • 1 Ei (Größe S) • 3 EL dunkle Misopaste (Asia- oder Bio-Laden) • Salz • weißer Pfeffer • 3 EL Sojasauce • 1 EL brauner Zucker • 1 TL Sesamsamen • grilltaugliche, extra starke Alufolie

Zubereitungszeit: 30 Minuten

› Frühlingszwiebeln waschen und putzen. Zwiebeln längs halbieren, quer in Streifen schneiden und 1 EL Öl 1 Minute dünsten. Mit 1 EL Sake oder Sherry ablöschen, vom Herd ziehen. Brot im Toaster anrösten, fein reiben. Hackfleisch mit Zwiebeln, Brot, Ei und der Misopaste vermengen. Falls nötig, noch salzen, auf jeden Fall kräftig mit Pfeffer würzen. Aus der Masse mit feuchten Händen vier flache Hacksteaks formen.

› Übrigen Sake oder Sherry mit Sojasauce, Zucker und 1 EL heißem Wasser verrühren. In einer trockenen Pfanne Sesam anrösten, unter die Sojasauce rühren.

› Holzkohlengrill anheizen (siehe Seite 102). Ein Stück Alufolie auf den Grillrost legen (etwa 10 cm Abstand zur Glut), mit übrigem Öl bestreichen. Folienenden etwas hochbiegen, sodass ein kleiner Rand entsteht. Hacksteaks draufsetzen, auf jeder Seite 1 Minute braten. Dann die Steaks in etwa 6 Minuten fertig braten, dabei öfters wenden. Steaks mit der Sesam-Sojasauce übergießen und unter weiterem Wenden noch 1 Minute braten und beschöpfen. Gleich essen.

CEVAPCICI MIT ZWIEBELSENF

Sie sind wirklich völlig unkompliziert zu machen, die kleinen, knusprigen Hackfleischwürstchen vom Balkan. Dafür gibt es dann einen Senf dazu, der es in sich hat. Diese Kombi war mein Lieblingsessen im burgenländischen Grilllokal meiner Eltern.

Zutaten für 4 Portionen
400 g Zwiebeln • Salz • 250 g mittelscharfer Senf • etwa 100 ml Öl • 5 Knoblauchzehen • 1 Bund glatte Petersilie • 500 g Lammhackfleisch • schwarzer Pfeffer

Zubereitungszeit: 1 Stunde (+ 2 Stunden Kühlen)

› Die Zwiebeln schälen und fein würfeln. 1 l Wasser mit 1 TL Salz aufkochen, 100 g Zwiebeln darin etwa 5 Minuten kochen lassen. Abgießen und warm mit Senf und 4 EL Öl mischen.

› Den Knoblauch schälen und fein würfeln. Petersilie abbrausen und trockenschütteln, die Blätter von den Stängeln zupfen und hacken. Beides samt den restlichen Zwiebeln mit dem Lammhackfleisch mischen und mit Salz und Pfeffer kräftig würzen. Die Masse 2 Stunden kühlen.

› Dann den Holzkohlengrill anheizen (siehe Seite 102). Hackfleischmasse in einen Spritzbeutel ohne Tülle füllen und als lange Stränge (etwa 3 cm Ø) auf die Arbeitsfläche spritzen. Diese Stränge in knapp fingerlange Würstchen schneiden und nach Wunsch noch etwas nachformen.

› Die Cevapcici mit dem restlichen Öl bestreichen und auf den Grillrost legen (etwa 10 cm Abstand zur Glut). In 6–8 Minuten durchbraten, dabei öfters mal wenden. Mit dem Zwiebelsenf servieren.

Ich mache ...
CHICKEN TANDOORI

Grillt man sie über Holzkohlenglut, kommt man dem typischen Geschmack dieser im indischen Tandoor-Ofen gebackenen Hähnchenteile noch am nächsten. Immer ganz wichtig: Über Nacht in viel Joghurt und Zwiebel marinieren, das macht sie so zart.

Wir verzichten dabei allerdings auf die Speisefarbe, die Original-Tandoori-Hähnchen so grell rot färbt, und setzen auf natürliche Akzente. Für 4 Leute nehmen wir 2 Zitronen, 4 Hähnchenbrustfilets (ohne Haut und Knochen), Salz, 2 Zwiebeln, 1 Knoblauchzehe, 500 g fetten, griechischen Joghurt, 1 EL Öl, 2 TL gemahlenen Ingwer, weißen Pfeffer, 2 EL edelscharfes Paprikapulver, 2 TL gemahlenen Kreuzkümmel und 1 TL Kurkumapulver sowie für den Dip 1 Bund Minze.

1. Den Saft von 1 Zitrone auspressen und die Hähnchenbrustfilets damit und mit 1 TL Salz einreiben, 30 Minuten ziehen lassen. Zwiebeln und Knoblauch schälen und klein würfeln. Dann mit 250 g Joghurt, Öl, Ingwer, 1/2 TL Pfeffer, Paprika, Kreuzkümmel, Kurkuma und 1 TL Salz im Mixer pürieren und die Hähnchenbrüste darin wenden. Nun über Nacht im Kühlschrank ziehen lassen.

2. Den Grill anheizen (wie, steht auf Seite 102). Die Marinade von den Hähnchenbrüsten streichen, Fleisch auf den Gitterrost legen (etwa 10 cm Abstand zur Glut), dabei eine nicht so heiße Stelle aussuchen. Die Filets 10 Minuten grillen, dabei öfters wenden, bis sie zu bräunen beginnen. Mit Marinade einstreichen und noch mal 10 Minuten grillen.

3. Inzwischen die Minze waschen, trockenschütteln und die Blättchen in feine Streifen schneiden. Mit dem übrigen Joghurt mischen und mit Salz und Pfeffer würzen. Die restliche Zitrone heiß waschen und in Spalten schneiden. Den Minzejoghurt und die Zitronenspalten mit Fladenbrot zu den Tandoori-Hähnchenfilets servieren.

Ready to grill but not to fly: Hähnchenfilet nach Tandoori-Art (links) und Honey Soy Drumsticks vom Hähnchenschenkel (rechts).

HONEY SOY DRUMSTICKS

Durch Marinieren in Honig und Sojasauce werden die Schenkel der Hähnchen über Nacht super zart und würzig. Das Fleisch wirkt dann leicht gepökelt. Aber Vorsicht vor zu großer Hitze, die macht sie schnell schwarz wegen der Marinade. Und: Eigentlich heißen nur die Hähnchenunterschenkel »drumsticks«, aber wir nehmen hier auch gerne den Rest der Keulen mit.

Zutaten für 4 Portionen
100 ml Sojasauce • 2 EL süßscharfe Chilisauce • 1/2 TL Speisestärke • 1 Knoblauchzehe • 4 EL Honig • 1 EL Sesamsamen • 4 Hähnchenkeulen

**Zubereitungszeit: 30 Minuten
(+ Marinieren über Nacht)**

› Die Soja- und Chilisauce mit der Stärke vermischen und bei kleiner Hitze unter Rühren einmal aufkochen. Dann vom Herd ziehen. Den Knoblauch schälen, sehr fein hacken und samt Honig und Sesam unter die Sauce rühren.

› Die Hähnchenkeulen im Gelenk in Ober- und Unterschenkel teilen. Das Fleisch mehrmals bis zum Knochen einschneiden. Hähnchenstücke mit der Marinade vermischen. Abgedeckt über Nacht in den Kühlschrank stellen und marinieren lassen.

› Am nächsten Tag den Holzkohlengrill anheizen (siehe Seite 102) und die gut abgetropften Hähnchenteile an einer nicht zu heißen Stelle auf den Grillrost legen (etwa 10 cm Abstand zur Glut). In 15 Minuten unter öfterem Wenden knusprig grillen.

Wir grillen ...
STECKERLFISCHE

Wie der aus dem Norden kommende und im Süden verspeiste Stockfisch (gesalzener, getrockneter Kabeljau) ist auch der Steckerlfisch ein Mysterium: meist eine Makrele (also aus dem Meer), die vor allem im Alpenraum am Stock gegrillt wird. Um da auch nichts falsch zu machen, habe ich mir Hilfe aus München geholt.

Hans Gerlach ist nicht nur Koch, Autor und Fotograf, er hat auch Architektur studiert. Weswegen er für Steckerlfische eine Konstruktion entworfen hat, die jedem Biergarten eine Ehre wäre. Hier widmen wir uns aber dem Grillen für den Hausgebrauch mit Hans' Spezialmarinade. Für 8 Esser braucht es 8 Fische in Unterarmlänge – Zander, Saiblinge, Forellen, Wolfsbarsche, Makrelen. Für die Marinade: 2 EL Fenchelsamen, 1 EL Pfefferkörner, 1 EL englisches Senfpulver (Ersatz: 1–2 EL scharfen Senf), Saft von 1 Zitrone, 2 EL Chilisauce, 200 ml Olivenöl. Dazu: 8 Weidenzweige oder Vierkantholzstecken (1 cm dick), die man angespitzt über Nacht in Wasser legt. Plus reichlich Kohle, einen Pinsel zum Bestreichen und Salz zum Bestreuen.

1. Zuerst sorgen wir für Glut. Dazu einen Grill ohne Rost vor eine Mauer stellen und mit zwei Lagen Kohle anheizen (Seite 102). Für die Marinade Fenchel und Pfeffer im Mörser zerstoßen und mit den übrigen Zutaten mischen. Die Fisch innen und außen abspülen und trockentupfen.

2. Nun kommen die Fische aufs Steckerl. Dazu Hans: »Spieße quer durch den Fischschwanz stoßen, drehen und durch den Bauchraum nach vorne führen, dann durch den Kopf und zum Maul hin wieder herausstecken. Größere Fische an den Seiten fünf- bis sechsmal einschneiden, damit die Marinade gut eindringen und der Fisch später leicht zerlegt werden kann.«

3. Glüht die Kohle weiß, ist es gut. Nun wird sie ein wenig in die hintere Hälfte des Grillkastens geschoben. Die Stecken mit den Fischen in die vordere Hälfte stellen oder mit Steinen vor dem Grill fixieren und im Abstand von 20 cm zur Glut schräg an die Wand lehnen. 10–15 Minuten grillen, dabei immer wieder mit Marinade bepinseln. Die fertigen Fische werden samt Steckerl auf Brett oder Papier mit Salz serviert.

Urban Grilling ohne Diplom: Auch mitten in der Stadt kann man sein Grillfest feiern und dafür eine zünftige Feuerstelle bauen,

ohne das studiert zu haben. Hauptsache, die Nachbarn spielen mit – und wenn nicht, werden sie mit Steckerlfisch bestochen.

Zum Glasieren und als Dip: homemade BBQ-Sauce.   *Ein indischer Klassiker ganz modern: Kokos-Bananen-Raita.*

BBQ-SAUCE

Zutaten für 1 Glas (400 ml Inhalt)
3 Knoblauchzehen • 1/2 TL Salz • 250 g Ketchup • 150 ml Rinderbrühe • 3 EL starker Kaffee • 2 EL Rübensirup • 1 EL Sojasauce • 1 EL scharfer Senf • 1 EL Zitronensaft • 1 TL edelsüßes Paprikapulver • 1/4 TL Cayennepfeffer • 1/2 TL gemahlener Ingwer

Zubereitungszeit: 20 Minuten
(+ Ziehenlassen über Nacht)

› Knoblauch schälen, hacken und mit Salz zur Paste zerreiben. Dies mit allen übrigen Zutaten im Topf mischen. Bei kleiner Hitze 15 Minuten köcheln lassen.

› BBQ-Sauce abkühlen und über Nacht durchziehen lassen. Schmeckt zu gegrilltem Schwein und Rind.

KOKOS-BANANEN-RAITA

Zutaten für 1 Glas (200 ml Inhalt)
2 rote Chilischoten • 2 Frühlingszwiebeln • 1 Bund Basilikum • 1 Handvoll getrocknete Bananenchips • 1 EL Currypulver • 1/4 TL gemahlener Zimt • 4 EL Kokosraspel • 2 EL Öl • 2 EL Sahnejoghurt

Zubereitungszeit: 20 Minuten

› Chilis waschen, entstielen und hacken. Frühlingszwiebeln waschen, putzen und in Ringe schneiden. Basilikumblätter grob hacken, die Chips fein hacken.

› Curry, Zimt und Kokosraspel in einer Pfanne rösten, bis es duftet. Öl dazugeben, darin Chilis und Zwiebeln kurz braten. Mit Joghurt, Basilikum und Chips verrühren, abkühlen lassen. Passt zu Garnelen, Geflügel.

Mutters Beste für alles mit Fleisch: Sauce Dagy.

Soja-Souvenir aus Japan: Sesam-Dip.

SAUCE DAGY

Zutaten für 1 Glas (400 ml Inhalt)
1 rote Zwiebel • 1 rote Paprikaschote • 2 eingelegte, grüne Peperoni • 2 Knoblauchzehen • Salz • 5 EL scharfer Senf • 2 TL Zucker • 1/8 l Olivenöl

Zubereitungszeit: 20 Minuten

› Zwiebel schälen, Paprikaschote waschen und putzen, beides würfeln. Die Peperoni entstielen und hacken, den Knoblauch schälen und in Scheiben schneiden.

› Die Zwiebel und Paprika 5 Minuten in Salzwasser kochen lassen, in ein Sieb gießen. Mit Knoblauch, Peperoni, Senf und Zucker im Mixer pürieren. Gegen Ende das Öl in dünnem Strahl zugießen. Die cremige Sauce salzen. Perfekt zu Burgern und Schweinesteaks.

SESAM-DIP

Zutaten für 1 Glas (250 ml Inhalt)
50 g Sesamsamen • 150 g weicher Tofu (aus dem Asia- oder Bio-Laden) • 3 EL helle Misopaste (auch aus dem Asia- oder Bio-Laden) • etwa 3 EL Gemüsebrühe

Zubereitungszeit: 10 Minuten

› Sesam in einer trockenen Pfanne anrösten, bis er duftet und leicht gebräunt ist. Noch warm im Mörser oder Blitzhacker zu einer feinen Paste zerreiben.

› Den Tofu zerpflücken und dazugeben, ebenso die Misopaste und die Brühe. Alles verrühren. Ist der Dip zu dick, noch etwas Brühe untermischen. Lecker zu Asia-Spießen vom Grill, Fisch und Geflügel.

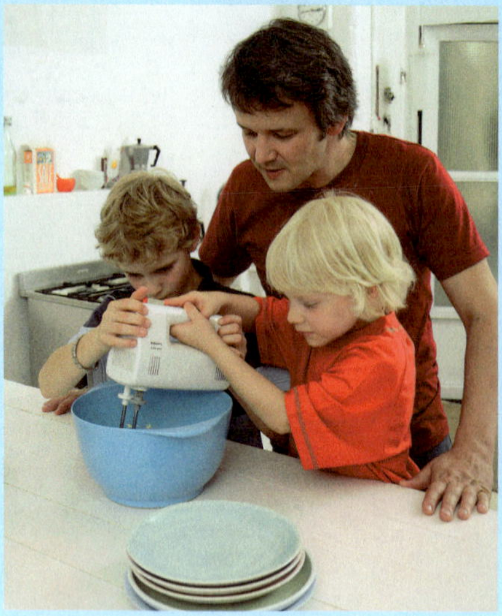

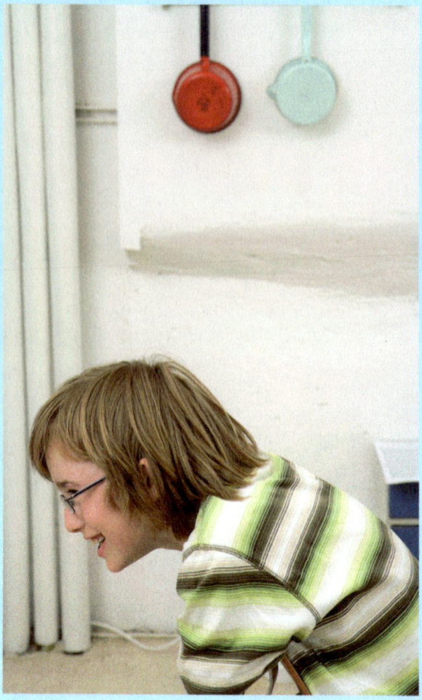

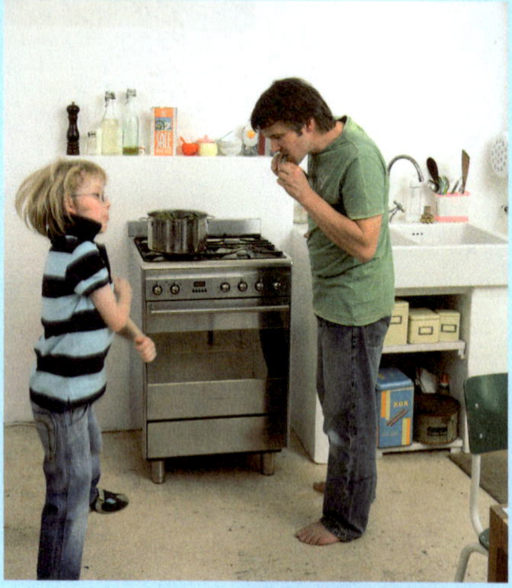

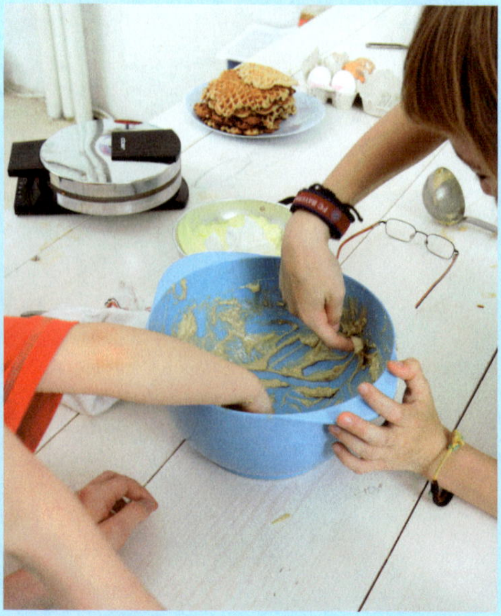

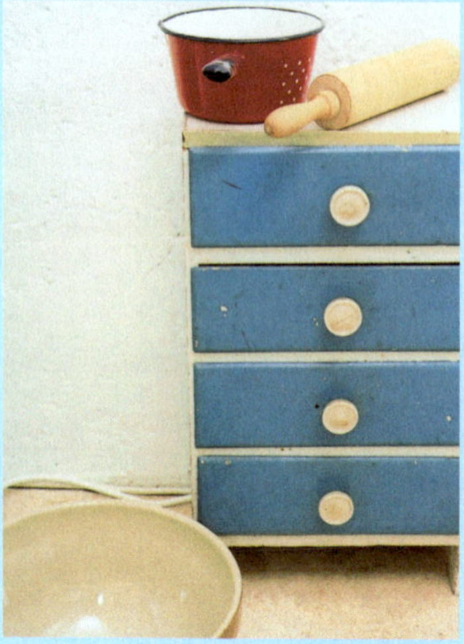

MIT KINDERN

Erzählt mir nicht, dass die Fast-Food-Ketten schuld sind am Essensverfall bei Kindern. Und erzähl' mir auch keiner, eine Pizza mit Kindergesicht könne das ändern. Weil ich erstens nicht glaube, dass das mit Kindern und Essen so schlimm ist. Und weil ich zweitens weiß: schlichtes, gutes Essen ist das beste Gegenmittel gegen schlechtes. Deswegen gibt es in diesem Kapitel vor allem zwei Arten von Rezepten: Best Fast Food wie das Hot Dog mit selbst gemachtem Relish und Neugierfutter wie Artischocken mit Orangenmayonnaise. Die isst doch kein Kind?
Dann bitte mal weiterblättern.

Ich mag ...
ALLES PROBIEREN

Ich habe nie den Pinocchio-Teller gekriegt, aber Artischocken. Die waren lustig und haben mir am besten mit Mayonnaise und Ketchup im Mix geschmeckt. Später dann nur mit Knoblauch in der Mayonnaise, wie ich sie in Frankreich bei meiner Schwester probiert hatte. Und die mochte früher nur Frankfurter Würstchen.

Frankfurter Würstchen esse ich heute noch gern. Wenn es die echten sind, und wenn sie nicht aus der Dose kommen. Dazu gibt's dann wie früher eine Cola und natürlich den Kartoffelsalat meiner Mutter, mit reichlich schwarzem Pfeffer und rohen Zwiebeln darin – und dem wichtigen Spritzer Maggi.

Sonst finde ich ja Sojasauce besser. Die feinste habe ich mal in einer Manufaktur in Japan gekostet, sie lief ganz von selbst aus einem alten Zedernholzfass, in dem sie fast zwei Jahre lang gereift war. Die Mutter des Besitzers brachte uns später eine Tasse grünen Tee mit ein paar Tropfen der Sauce darin. Wenn ich mir das heute selber mache, ist das wie eine kleine Rückkehr nach Japan.

In Tokio habe ich vieles zum ersten Mal probiert. Fast alles war überwältigend gut, nur den rohen Seeigel fand ich wirklich schlimm; schlimmer als die fingerdicke, lebendige Raupe in einem Reservat am Ayers Rock, schlimmer als der schlimmste Schokoriegel, den ich je in den Mund gesteckt habe. Und ich koste sie alle.

Am Anfang meiner Kochlehre hatte ich so meine Sorgen mit Endiviensalat. Das Schneiden in feine Streifen lernte ich schließlich durch viel Herumtesten und Herausfinden, wie es für mich am besten passt. Probieren mit Neugier, Mut, Begeisterung – das hilft einem beim Essen wie beim Kochen immer weiter. Meine Söhne haben es damit schon bis zu Sushi und zum Pfannkuchenflugwenden gebracht. Es wird Zeit, dass ich mir mal den Pinocchio-Teller bestelle.

Was ich nicht mag:

Wenn jemand nur nach dem ersten Anblick nicht probieren will; wenn jemand probiert, ohne einmal hinzuschauen; wenn jemand würzt, ohne zu probieren; wenn jemand scheitert, ohne zu probieren; wenn jemand nie scheitert – weil er nichts Neues probiert; wenn jemand immer nur probiert, aber nie fertig wird.

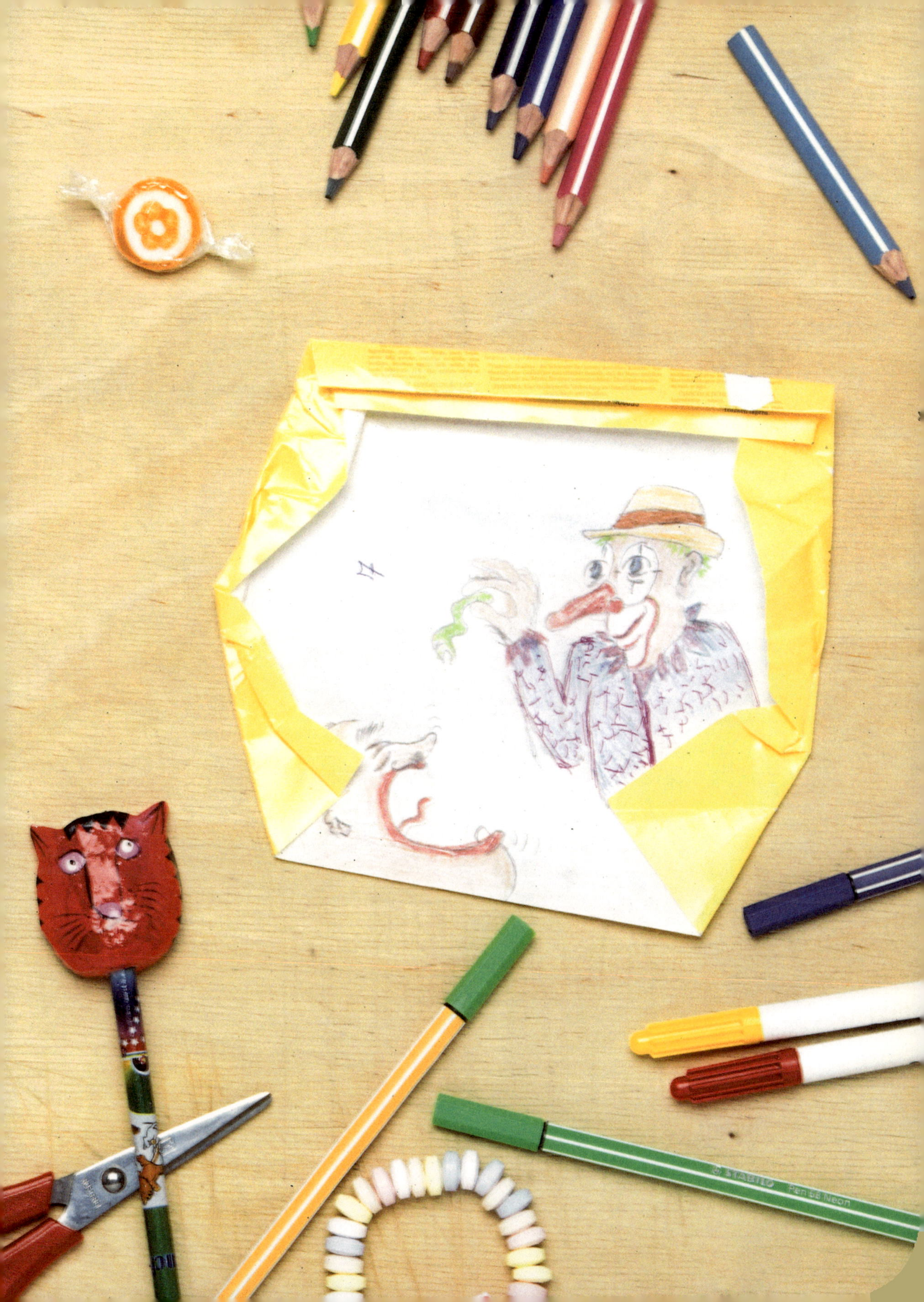
STABILO
Pen 68 Neon

Wir kochen ...
ARTISCHOCKEN

Auf keinerlei Essen war ich früher so neugierig wie auf diese Distelblüten, deren Blätter man nach dem Kochen zupft und zutzelt. Eine Pizza mit Clownsgesicht ist nix dagegen. Finden meine Kinder auch.

Und weil sie so einfach zu machen sind, sind die Artischocken ein schöner Einstieg ins junge Kochen. Aioli (Seite 78) oder Sauce Dagy (Seite 111) wären perfekt dazu, sind aber nicht immer was für Kinder. Am Ende des Rezepts stehen daher zwei Alternativen. Jetzt brauchen wir aber erst einmal 4 grüne bis violette Artischocken ohne Flecken und ohne trockene Stellen, groß wie eine Männerfaust und etwa 300 g schwer. Dazu: 2 TL Salz.

1. Einen großen Topf zu drei Viertel mit Salzwasser füllen, aufkochen. Artischocken abbrausen und den Stiel unterhalb der Blüte abbrechen – so zieht es zugleich die holzigen Fasern aus dem Boden. Untere Außenblätter rundum abreißen, von den übrigen mit der Schere 1 cm Spitzen kappen.

2. Die Artischocken ins kochende Wasser legen. Weil Artischocken am Boden dunkel werden (wie angebissene Äpfel), geben manche Zitronensaft oder -scheiben mit ins Wasser. Ich mag's nicht, weil dann die Artischocken danach schmecken. So oder so kochen sie 20–30 Minuten, bis die Blätter sich rausziehen lassen und leicht in den Boden gestochen werden kann.

3. Artischocken mit der Spitze nach unten rausheben, abtropfen lassen. Auf den Tisch bringen, wo die Saucen in Schälchen warten. Von unten beginnend die Artischockenblätter abzupfen, mit dem breiten, fleischigen Ende in eine Sauce tauchen und zwischen den Zähnen durchziehen, sodass »Fleisch« und Sauce im Mund bleiben. Ist an den restlichen Blättern kein »Fleisch« mehr dran, werden sie alle abgezupft. »Grasschopf« darunter mit einem Messer ganz vom Boden schneiden, Boden mit Sauce verspeisen.

Orangenmayo: 2 Scheiben Toastbrot zerbröseln und dann mit dem Saft von 1 Orange, 250 g Mayonnaise und 4 EL gemahlenen Mandeln mischen.
Tomatendip: 300 g klein gewürfelte, frische Tomaten und 100 g klein gewürfelte, getrocknete, in Öl eingelegte Tomaten mit 2 EL vom Tomatenöl, 1 EL Schnittlauchröllchen, 1 TL Zitronensaft und 1 Prise Zucker mischen.

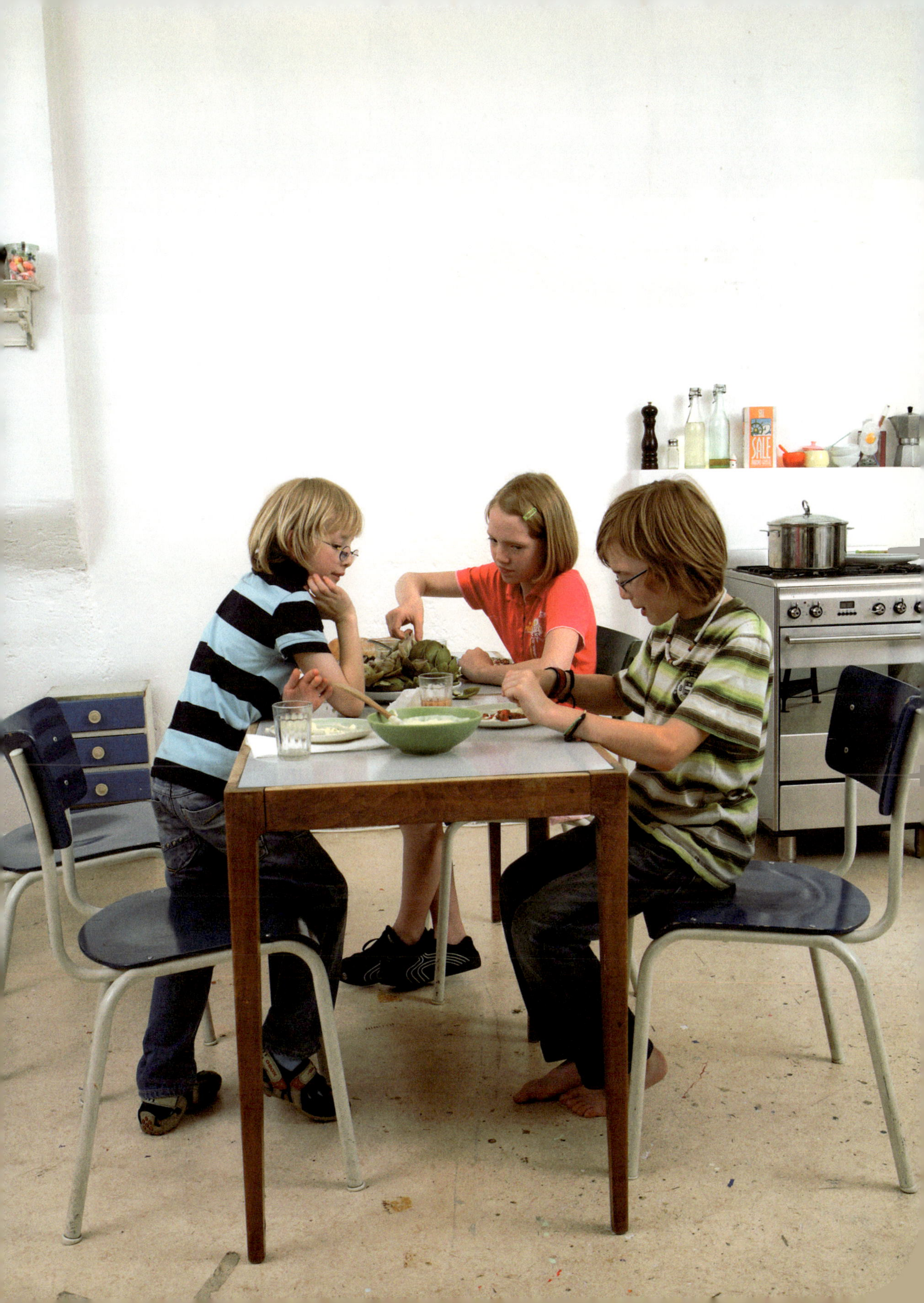
SALE

Weil man die Pilze auch mit dem Buttermesser zuschneiden kann, sind sie ideal zum Üben: Pilzsalat Ratzfatz.

PILZSALAT RATZFATZ

Dies ist ein Rezept für Geschwister: Das jüngere Kind darf die Pilze putzen und schneiden, dazu den Toast würfeln, das ältere kümmert sich um den Schnittlauch und das Toaströsten. Eins macht die Sauce, eins mischt – ratzfatz ist der Salat fertig. Übrigens auch, wenn ihn nur ein Kind zubereitet.

Zutaten für 4 Portionen
1/2 Zitrone • 1 TL mittelscharfer Senf • 2 EL Apfelsaft • 4 EL Salatöl (z. B. Sonnenblumenöl) • Salz • 1 Bund Schnittlauch • 4 kleine oder 2 große Handvoll Egerlinge oder Champignons (etwa 300 g) • 2 Scheiben Toastbrot

Zubereitungszeit: 20 Minuten

› Zuerst wird die Sauce (Köche sagen »Dressing«) gemacht, damit sich auch alle Aromen darin verbinden können, während der Rest geschnitten wird: Den Saft der Zitronenhälfte auf einer Presse ausdrücken und mit Senf, Apfelsaft und 2 EL Salatöl verrühren. Mit 1 Prise Salz würzen – das ist so viel, wie Daumen und Zeigefinger im Salzfass greifen können.

› Beim Schnittlauch das Gummi oder Band am Ende dran lassen, das Kraut waschen und trockenschütteln. Jetzt das Bund aufs Brett legen und an der Spitze rund 4 cm abschneiden. Diese Spitzen nun neben das dicke Mittelstück legen. Ein Messer nehmen, das zwar groß ist – aber nicht so groß, dass man Angst bekommt. Wenn ich mit der Klinge auf dem Brett schneiden kann, ohne dass dabei die um den Griff gelegten Finger aufs Brett stoßen, ist es gut.

› Jetzt kommt Lektion 1 in unserer Schneidelehre »Vom Schnittlauchschnippler zum Kräuterhacker«: Mit den Fingern das Schnittlauchbündel vorne auf dem Brett festhalten und die erste Reihe Röllchen abschneiden. Köche drücken dabei nicht nur die Klinge runter, sondern ziehen das Messer noch mit einem kleinen Schwung übers Brett – aber das kommt bei uns mit der Zeit von selbst. Wir rücken die Finger jetzt erst mal nur ein Stückchen weiter und schneiden die nächste Röllchenreihe. So geht es in aller Ruhe weiter (schnell werden wir später auch von selbst) – bis kurz vorm Schnittlauchende. Das wird nun weggeworfen und die Röllchen kommen in die Sauce.

› Jetzt sind die Pilze dran. Sie werden nicht gewaschen, weil Wasser sie weich und fade macht und sie sowieso geschützt in Räumen oder Höhlen auf sehr sauberer Erde wachsen. Das Abreiben mit einem Blatt Küchenpapier reicht. Sieht die Stelle, wo der Pilzstiel abgeschnitten wurde, nicht mehr schön aus, wird diese dünn nachgeschnitten.

› Die Pilze lassen sich einfacher als Schnittlauch schneiden. Erst einmal reicht uns das Messer, mit der wir sonst die Butter aufs Brot schmieren. Mit dem machen wir aus den Pilzen Scheiben – je dünner, desto besser. Und weil das so gut klappt, geht es gleich mit dem Toast weiter: Der wird erst in Streifen und die werden dann in Würfel geschnitten.

› Ab hier geht es ganz schnell: Eine Herdplatte auf mittlere Hitze stellen und eine große Pfanne daraufplatzieren. Die restlichen 2 EL Öl hineingeben und sobald ein Toastwürfel darin zu brutzeln beginnt, alle hineinfüllen. Kurz warten, dann mit dem Pfannenwender immer wieder mal drehen, bis die Würfel knusprig und goldbraun sind. Die Pilze mit der Sauce mischen, gleich auf Teller verteilen und die heißen Brotwürfel – die Köche nennen sie »Croûtons« und sprechen das »krutohs« aus – drüberstreuen. Fertig!

SAHNEFISCH AUF PILZEN

Wer den Salat links machen kann, für den ist das hier ein wahres Kinderspiel: ein komplettes Fischgericht samt Sauce und Beilagen aus ganz ähnlichen Zutaten.

Zutaten für 4 Portionen
4 kleine oder 2 große Handvoll Champignons (etwa 300 g) • 1 Bund Schnittlauch • 2 EL weiche Butter • Salz • weißer Pfeffer • Muskatnuss • 4 flach geschnittene, helle Fischfilets ohne Gräten (z. B. vom Seelachs, im Fischladen vorbereiten lassen) • 200 g Sahne • 100 ml Gemüsebrühe • 2 Scheiben Toastbrot

Zubereitungszeit: 15 Minuten
(+ 15 Minuten Backen)

› Die Champignons werden geputzt und in Scheiben geschnitten – die Details stehen links beim Pilzsalat. Das gilt auch für den Schnittlauch, der diesmal in etwa 1 cm lange Röllchen geschnitten werden darf.

› Jetzt den Backofen auf 200 °C (bei Umluft 180 °C, weil die im Ofen bewegte, heiße Luft sonst zu stark gart) vorheizen. Eine hitzebeständige Form nehmen und mit 1 EL Butter auspinseln. Pilze und Schnittlauch hineingeben, mit Salz und Pfeffer bestreuen. Nun kommt die Muskatnuss – sie wirkt wie aus Holz und hat einen besonderen Geschmack, von dem ein wenig (!) vielen Speisen guttut. Daher wird sie oft auf einer eigenen Reibe fein gerieben, was wir jetzt tun.

› Nun Pilze und Schnittlauch mischen, Fisch darauflegen und aus 50 cm Höhe einige Prisen Salz darüberstreuen – so verteilt es sich gut. Sahne mit Brühe mischen und darübergießen. Die restliche Butter in Stücken auf den Fisch legen. Das Ganze kommt nun 15 Minuten in den Ofen (Mitte), bis der Fisch gar und die Sahne dicklich eingekocht sind. Zum Schluss das Brot toasten und zum Fisch servieren. Salzkartoffeln, Reis oder auch Bandnudeln sind ebenfalls fein dazu.

Wir machen ...
ECHTE HOT DOGS

Es soll Kinder geben, die denken, dass der Hot Dog aus Schweden kommt. Dürfen sie gerne denken, solange sie nicht glauben, dass er immer aus Billigwürstchen im Labberbrötchen mit Fertigsauce besteht. Da gibt es hier ein klares Argument dagegen.

Angeblich soll der Ur-Dog aus Deutschland stammen und bis zum Zweiten Weltkrieg in den USA »Frankfurter« gerufen worden sein. Hier verbindet sich nun das Beste aus der Alten und Neuen Welt: knusprige Brötchen und würzige Würstchen mit einem süßsauren »Relish«. Für das braucht es: 70 ml Tomatenketchup (nach »Hot-Dog-Etikette« bis 18 Jahre erlaubt), 50 ml Apfelessig, 1 TL Salz, 1 TL Zucker, 1 Salatgurke und 2 Äpfel. Außerdem nehmen wir 2 Zwiebeln, 2 EL Butter, 4 Brühwürstchen (echte Frankfurter oder gute Wiener), 4 längliche Brötchen und mittelscharfen Senf aus der Tube. Nach Geschmack kommen noch 4 EL geriebener Gouda dazu.

1. Fürs Relish Ketchup, Essig, Salz und Zucker im Topf verrühren. Gurke schälen, Äpfel schälen und entkernen. Beides grob raspeln, mit in den Topf geben. Alles verrühren, aufkochen und bei kleiner Hitze 15 Minuten offen kochen lassen, bis die Gurke weich und die Flüssigkeit fast eingekocht ist.

2. Nun werden die Röstzwiebeln gemacht. Dazu von den Zwiebeln die Schalen so weit wie möglich abreiben, Spitze und Strunkende abschneiden. Zwiebeln durch den Strunk vierteln, mit der Messerspitze die restlichen Schalen abziehen. Die Zwiebelviertel quer in feine Streifen schneiden, dabei die Hand wie beim Schnittlauchschneiden halten (Seite 119). Butter in einer Pfanne schmelzen, die Zwiebeln darin unterm Deckel 10 Minuten bei kleiner Hitze dünsten. Deckel abnehmen und die Zwiebeln bei mittlerer Hitze unter öfterem Wenden in 5–10 Minuten bräunen. Warm halten.

3. Würstchen in Wasser erhitzen, in 5 Minuten gar ziehen lassen. Köche nennen das »pochieren«. Nicht kochen, sonst platzt die Pelle! Brötchen kurz aufbacken und von der Seite her der Länge nach ein-, aber nicht durchschneiden. Je 1 Würstchen in die Öffnung legen, darauf gut Senf spritzen, dann je 1–2 EL Relish und schließlich die Zwiebeln darauf verteilen. Wer mag, krönt das mit Käse und beißt zu. Dazu: Eistee. Und: viele Servietten.

Keine Spur von Tiefkühlkost und Pommes-Fett: Falsche Fritten werden aus frischen Kartoffeln gemacht und im Ofen gebräunt.

FALSCHE FRITTEN

Falsch, weil sie nicht frittiert, sondern nur im Ofen gebacken werden. Trotzdem richtig, weil sie dadurch nicht so fett sind und genauso aussehen wie amerikanische Ur-Fritten, »wedges« genannt.

Zutaten für 4 Portionen
600 g kleine, feste Kartoffeln mit dünner Schale (»fest kochende« oder »Salatkartoffeln« genannt) • 4 EL Öl • 1 EL Curry • 1 EL edelsüßes Parikapulver • 1/2 TL Salz • 1 Prise Zucker • 1 Bio-Zitrone

Zubereitungszeit: 45 Minuten

› Kartoffeln gut waschen, da die Schale mitgegessen wird: Warmes Wasser ins Becken mit Stöpsel füllen und darin die Knollen abrubbeln, hartnäckige Stellen mit der Bürste abreiben. Spülen und trockenreiben.

› Backofen auf 175 °C (Umluft 150 °C) vorheizen. Kartoffeln längs vierteln, auf dem Blech mit Öl mischen. Im Ofen (Mitte) 30 Minuten backen, nach 15 Minuten öfters wenden, bis sie braun und weich sind.

› Gewürze, Salz und Zucker mischen. Die Zitrone wie die Kartoffeln vierteln. Fertige falsche Fritten mit den Gewürzen mischen und in Schälchen servieren. Den Zitronensaft darüberpressen, zugreifen und genießen.

Wir kochen ...
SAUCE BOLOGNESE

Nachdem wir beim Hot Dog schon mal das Würstchengaren geübt haben, geht es nun ans Fleischbraten. Wobei das hier halb so wild ist, denn eine Bolognese schmort eher sanft, als dass sie brät.

Manche schwören gar darauf, dass das Fleisch nur dünsten und niemals bräunen darf – na ja. Wer drauf achtet, dass es keine Tomatensauce wird, also nur wenig Tomatenmark statt vieler Dosentomaten nimmt, hat schon fast alles richtig gemacht. Für 4–6 Saucenesser braucht es: 100 g gekochten Schinken, 300 g gemischtes Hackfleisch (vom Rind und Schwein), 2 EL Tomatenmark, 50 g durchwachsenen Speck in Scheiben (ideal ist »Pancetta«, gewürzter Schweinebauch, der gerollt und in italienischer Bergluft getrocknet wird; milder Räucherspeck geht aber auch), je 100 g Möhren, Staudensellerie und Zwiebeln, 5 EL Butter, 1/4 TL Salz, Pfeffer, 400 ml Hühnerbrühe. Und als Clou noch 1/4 TL Kaffeepulver.

1. Den Schinken klein hacken. Mit Hackfleisch und Tomatenmark vermischen. Den Speck an der Unterseite von der harte Schwarte befreien und in kleine Würfel schneiden. Möhren schälen, der Länge nach vierteln und quer in dünne Scheiben schneiden. Selleriestangen waschen und putzen, längs halbieren und wie die Möhren schneiden. Zwiebeln schälen, vierteln und in Streifen schneiden (wie bei den Hot Dogs auf der Seite 120).

2. Im großen Topf die Butter bei mittlerer Hitze schmelzen lassen. Speck, Gemüse und Zwiebeln darin zugedeckt 5 Minuten schmurgeln. Die Hitze knapp über Mitte drehen und das Fleischgemisch überm Topf zerpflücken. Vorsichtig im Topf verteilen und 5 Minuten nichts tun, damit es etwas anbrät – es soll aber nicht hart und braun werden. Salzen, pfeffern und das Kaffeepulver dazu – das gewisse Etwas! Noch einen Schöpfer Brühe hinterher, Deckel drauf und bei kleinster Hitze 1 Stunde im eigenen Saft schmoren lassen. Nur wenn nichts Flüssiges mehr drin ist, etwas Brühe nachgießen.

3. Am Ende übrige Brühe angießen. Die Bolognese (benannt nach der Stadt Bologna in Italien) offen 30 Minuten kochen lassen. Abschmecken und mit frisch gekochten Nudeln (toll: Maccharoni) und geriebenem Parmesan in einer Schüssel mischen. Oder wir machen Lasagne, so wie auf Seite 124.

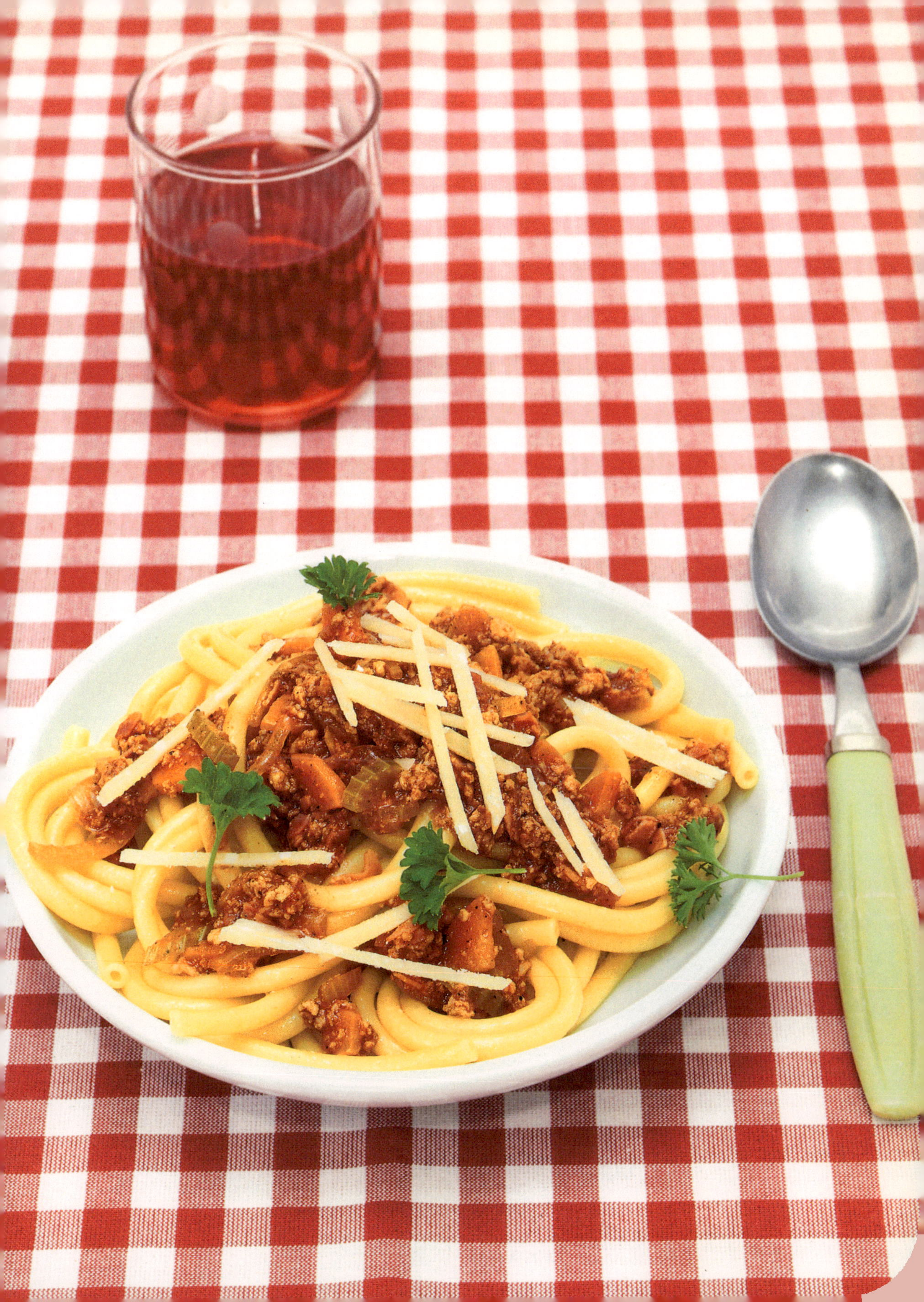

Wir machen ...
LASAGNE

Lektion 1: Was unter einer Käsekruste in Tomatensauce schwimmt, ist keine Lasagne. Lektion 2: Mehlschwitze ist nicht nur böse, denn sie gibt Lasagne Halt. Lektion 3: Wir kochen eine Mehlschwitze!

Vieles nennt sich heute Lasagne, sobald es nur gestapelt wird. Oft schmeckt das auch gut, nur ist das eben – keine Lasagne. In eine, die diesen Namen verdient, gehört neben Sauce Bolognese und Nudelplatten noch eine Béchamel, also eine mit einer Mehlschwitze gebundene Milchsauce, damit das Ganze Halt hat. Dazu gleich mehr. Erst einmal die Zutaten für 4–6 Leute: 100 g Butter, 3 EL Mehl, 3/4 l lauwarme Milch, Salz, weißer Pfeffer, eine 250-g-Packung Teigplatten für Lasagne (vorgegart, was die meisten sind), 100 g geriebener Parmesan und 1 Rezept Sauce Bolognese (Seite 122).

1. Los geht's mit der Mehlschwitze. Dazu 3 EL Butter im Topf bei Mittelhitze schmelzen. Sobald sie schäumt, das Mehl darin verrühren und kurz braten lassen – Profis sagen »anschwitzen« dazu, daher »Mehlschwitze«. Ist die nun golden und glatt, kommt der Topf vom Herd. Schneebesen rein und kräftig rühren, während die Milch dazugegossen wird (dabei auch in die Rundungen gehen, dann gibt es sicher keine Klumpen). Zurück aufs Feuer und unter ständigem Rühren aufkochen lassen – so brennt nichts an. Salzen, pfeffern und 10 Minuten unter Rühren kochen lassen – damit sie nicht nach Mehl schmeckt. Béchamel vom Herd holen, abkühlen lassen.

2. Backofen auf 200 °C vorheizen. Einen Bräter oder eine hohe Auflaufform mit 2 EL Butter ausstreichen. Auf dem Boden 1 cm hoch Béchamel verteilen, darauf eine Lage Teigplatten legen. Diese noch mal mit Béchamel bedecken, dann mit etwas Käse bestreuen und etwas Bolognese darüberverteilen. Darauf wieder Nudelplatten, Béchamel, Käse und Bolognese. Dies so lange fortsetzen, bis als letzte Schicht Nudeln und nur noch restliche Béchamel kommen. Darauf die übrige Butter in Flöckchen verteilen.

3. Ein Gitter in den Ofen (Umluft 180 °C) schieben – eins unter der Mittelschiene. Lasagne daraufstellen und etwa 45 Minuten backen. Ofen ausstellen, die Lasagne noch 5 Minuten im offenen Ofen ruhen lassen und dann servieren. Auf dem Tisch in 4–6 Portionen schneiden und auf Teller heben.

ISTANBULOGNESE

Der Name dieser Sauce ist natürlich erfunden – aber er klingt ziemlich gut, oder? Und er hat auch einen Sinn: die wichtigsten Zutaten sind rote Linsen und Kreuzkümmel, die beide typisch türkisch sind. Daher: »Istanbul«. Dazu haben die Linsen mit ihrem hohen Gehalt an Eiweiß und manch anderen Nährstoffen einiges mit Fleisch gemeinsam, weswegen diese Sauce auch ein wenig »hackfleischig« schmeckt. Also: »Bolognese«. Kombiniert: siehe oben. Gut zu Bandnudeln, aber auch zu Gnocchi oder Reis.

Zutaten für 4 Portionen
1 große, weiße Zwiebel • 2 Stängel Salbei • 10 getrocknete Aprikosen • 1 TL Kreuzkümmelsamen (gibt es im türkischen Laden) • 2 EL Olivenöl • 200 g rote Linsen (wo man Kreuzkümmel kaufen kann, gibt es auch die – und im Bio-Laden) • 400 g gewürfelte Tomaten (aus der Dose) • 1/4 l Gemüsebrühe • 2 TL Zitronensaft • Salz • Pfeffer

Zubereitungszeit: 20 Minuten
(+ 25 Minuten Garen)

› Nun Lektion 2 in der Schneidelehre: Zwiebel würfeln. Dazu wird sie halbiert und geschält, dann die Hälften mit den Schnittflächen aufs Brett legen und mehrmals längs einschneiden – aber nur so weit, dass der Strunk alles noch zusammenhält. Nun zweimal waagrecht zum Strunk hin einschneiden. Das war schon der schwierige Teil, jetzt nur noch die Würfel von der Spitze bis zum Strunk runterschneiden. Salbei waschen, trockenschütteln, die Blättchen klein schneiden. Aprikosen würfeln.

› Einen Topf ohne Öl auf dem Herd bei nicht ganz mittlerer Stufe heiß werden lassen. Kreuzkümmel darin 1 Minute rösten, bis er duftet – so kommt sein Geschmack besser raus. Jetzt das Öl dazugeben, dann gleich darauf die Zwiebel und Aprikosen. Diese Mischung zugedeckt 5 Minuten schmoren lassen.

› Inzwischen die Linsen im Sieb kalt abbrausen und abtropfen lassen. Samt Salbei, Tomaten und Brühe zur Zwiebelmischung geben und in 20 Minuten weich kochen. Mit Zitronensaft, Salz und Pfeffer würzen. Mit frisch gekochten Nudeln oder Gnocchi mischen oder getrennt zu Reis servieren.

Sauce Bolognese für junge Vegetarier mit Lust auf Orientaroma: Istanbulognese. Schmeckt natürlich zu Nudeln, aber auch zu Reis, Kartoffeln oder Gnocchi.

SPAGHETTI MIT ZITRONEN-BUTTER-PESTO

Nach dem Schnittlauch- und Zwiebelschneiden nun geübt sind, geht es jetzt ans Kräuterhacken. Warum nicht im Mixer? Weil das erstens den Geschmack zu sehr püriert, es zweitens mit Butter nicht sehr gut geht und wir drittens ja noch etwas lernen wollen. Die Belohnung ist ein großartiger Teller Spaghetti.

Zutaten für 4 Portionen
2 Bio-Zitronen • 60 g gemahlene Mandeln • 1 Bund Petersilie • 1 Bund Dill • 1 Bund Schnittlauch • 100 g weiche Butter • 150 g frisch geriebener Parmesan • Salz • Pfeffer • 500 g Spaghetti (oder Linguine)

Zubereitungszeit: 30 Minuten

› Die Zitronen heiß waschen und von 1 Zitrone die Schale fein abreiben. Bei beiden Früchten den Saft auspressen. Die Mandeln in einer trockenen Pfanne bei mittlerer Hitze anrösten, bis sie duften und leicht bräunen – das dauert 1–2 Minuten, gegen Ende gut aufpassen, da sie dann ganz schnell dunkel werden. Abkühlen lassen.

› Die Kräuter kurz abbrausen und trockenschütteln. Nun ein richtig großes Schneidebrett nehmen, damit genug Platz zum Hacken ist. Ist das Brett aus Holz, wird es noch nass gemacht und abgewischt – so gehen die guten Kräutersäfte nicht im Holz verloren. Nun die Petersilienblättchen und die Dillspitzen von den Stängeln zupfen und aufs Brett legen, den Schnittlauch dazulegen.

› Schneiden können wir ja jetzt schon, nun kommt die Prüfung zum Kräuterhacker. Methode 1: Einfach mit dem großen Messer auf das Grün hacken, bis die Kräuter einem klein genug sind. Methode 2: Köche hacken sie anders: Sie halten mit der einen Hand das Messer an der Spitze auf dem Brett fest und lassen es mit der anderen über den Kräutern hin und her wandern. Schieben wir dabei öfters alles zusammen, wird das Grün gleichmäßig klein. Gute Köche mögen das.

› Dann die Butter mit Zitronenschale und -saft, den Mandeln, Kräutern und dem Parmesan vermischen und mit Salz und Pfeffer würzen.

› Einen großen Topf zu drei Viertel mit Wasser füllen und aufkochen. Die Spaghetti wie beim Mikado zu einem Fächer drehen und ins Wasser fallen lassen, dann sanft von den Seiten her hineindrücken. 1 EL Salz dazugeben und die Nudeln nach Packungsaufschrift bissfest kochen. Dabei in den letzten beiden Minuten immer wieder eine Nudel mit der Gabel aus dem Wasser fischen und probieren, damit sie nicht zu weich werden – sie sollten innen noch etwas fest sein, wenn ich draufbeiße.

› Ins Spülbecken eine große Schüssel stellen und da hinein ein Nudelsieb setzen. Nudeln ins Sieb gießen und abtropfen lassen. Das Nudelwasser bis auf einen Schöpfer aus der Schüssel gießen. Die Nudeln mit dem Zitronen-Butter-Pesto in die jetzt vorgewärmte Schüssel geben und gut mischen. Sogleich servieren.

NUDELPIZZA MARGHERITA

Was wollt ihr heute Mittag essen? »Nudelauflauf!« »Pizza!« Also erstens müsst ihr euch mal entscheiden und zweitens habe ich eigentlich für keins von beiden Zeit. Und drittens habe ich da eine Idee …

Zutaten für 4–6 Portionen
500 g Spirelli-Nudeln (gedrehte Nudeln) • Salz • 150 g frisch geriebener Parmesan • 4 Eier • 1/4 l Milch • weißer Pfeffer • 2 Kugeln Mozzarella (je 125 g) • 2 große oder 4 kleine Handvoll Kirschtomaten • 4 EL Olivenöl • 1 Handvoll Basilikumblätter

Zubereitungszeit: 20 Minuten
(+ 30 Minuten Backen)

› Die Spirelli-Nudeln in reichlich Salzwasser bissfest kochen (Einzelheiten dazu stehen im Rezept links). Inzwischen den Parmesan mit den Eiern und der Milch verrühren. Die Eierkäsemilch kräftig mit Salz und Pfeffer würzen. Den Mozzarella in Scheiben schneiden. Kirschtomaten waschen und halbieren.

› Den Backofen auf 175 °C vorheizen. Ein tiefes Backblech mit 2 EL Öl ausstreichen. Die fertig gegarten Nudeln in ein Sieb abgießen und gut abtropfen lassen, dann gleich aufs Blech schütten und daraufverteilen. Die Eierkäsemilch darübergießen und alles behutsam vermischen. Noch mal nachwürzen.

› Den Mozzarella und die Tomaten darüberverteilen und beides leicht in die Nudelmasse reindrücken. Restliches Öl darüberträufeln und die Nudelpizza im Ofen (Mitte, Umluft 150 °C) etwa 30 Minuten backen, bis die Eiermischung gerade gestockt und leicht gebräunt ist. Basilikumblätter darüberstreuen und die Nudelpizza auf dem Blech servieren.

Wir backen ...
BLITZPIZZA

Während Hefe sich ihre Zeit zum Gehen vor dem Backen nehmen muss, erledigt Backpulver das gleich im Ofen. Weswegen diese Pizza dann fast so schnell fertig ist wie eine aus dem Tiefkühler.

Und sie wird dabei genauso schön und knusprig wie ihre berühmte Verwandte aus der Pizzeria. Gut, sie schmeckt nicht so sehr nach Hefe, und ja, wenn man kein fertiges Sugo hat, dauert sie doch ein bisschen länger als die TK-Version. Aber dafür ist sie schon gegessen, wenn der Hefeteig gerade erst mal richtig in Gang kommt. Und bei aller Liebe – so etwas schätzen nicht nur Kinder manchmal sehr. Wir brauchen für 1 Blech: 750 g Mehl und noch ein bisschen mehr, 1 Päckchen Backpulver, 1 TL Salz, 150 ml Olivenöl, 1/2 l lauwarme Milch und 1 EL Zitronensaft. Belag nach Wunsch. Hier ist es Sugo von Pizza Rocky (Seite 88), drauf kommen 100 g halbierte Kirschtomaten, 250 g Mozzarellascheiben und 100 g Maiskörner (Dose).

1. Als erstes den Backofen auf Vollgas hochheizen – sowohl bei Ober- und Unterhitze als auch bei Umluft (die wegen der hohen Hitze hier sogar noch besser funktioniert; echte Pizzabäcker fangen eigentlich erst bei 300 °C an, denen wir uns so stark annähern). Nun Mehl, Backpulver und Salz in einer großen Schüssel mischen, 100 ml Öl mit dem Handrührer drunterrühren. Schließlich die Milch und den Zitronensaft darunterkneten, bis ein fester, seidiger und elastischer Teig entstanden ist – ein Pizzateig eben.

2. Raus aus der Schüssel mit dem Teig. Er wird nun auf der bemehlten Arbeitsfläche kräftig mit den Händen durchgewalkt. Jetzt das Nudelholz mit Mehl einreiben und den Teig zu einem backblechgroßen und recht dünnen Rechteck ausrollen. Dieses ums Nudelholz herumwickeln und auf dem Blech wieder ausrollen. Teig an den Rändern hochdrücken und den Boden mit Sugo bestreichen. Mit Tomaten, Mozzarella und Mais belegen.

3. Das Backblech nun direkt auf den Boden des Ofens stellen. Dort die Pizza 5 Minuten backen lassen. Dann noch rund weitere 5 Minuten auf der obersten Schiene backen, bis der Teig an den Rändern schön aufgegangen und gebräunt ist. Die Pizza vom Blech auf ein großes Brett ziehen, in Stücke teilen und zugreifen.

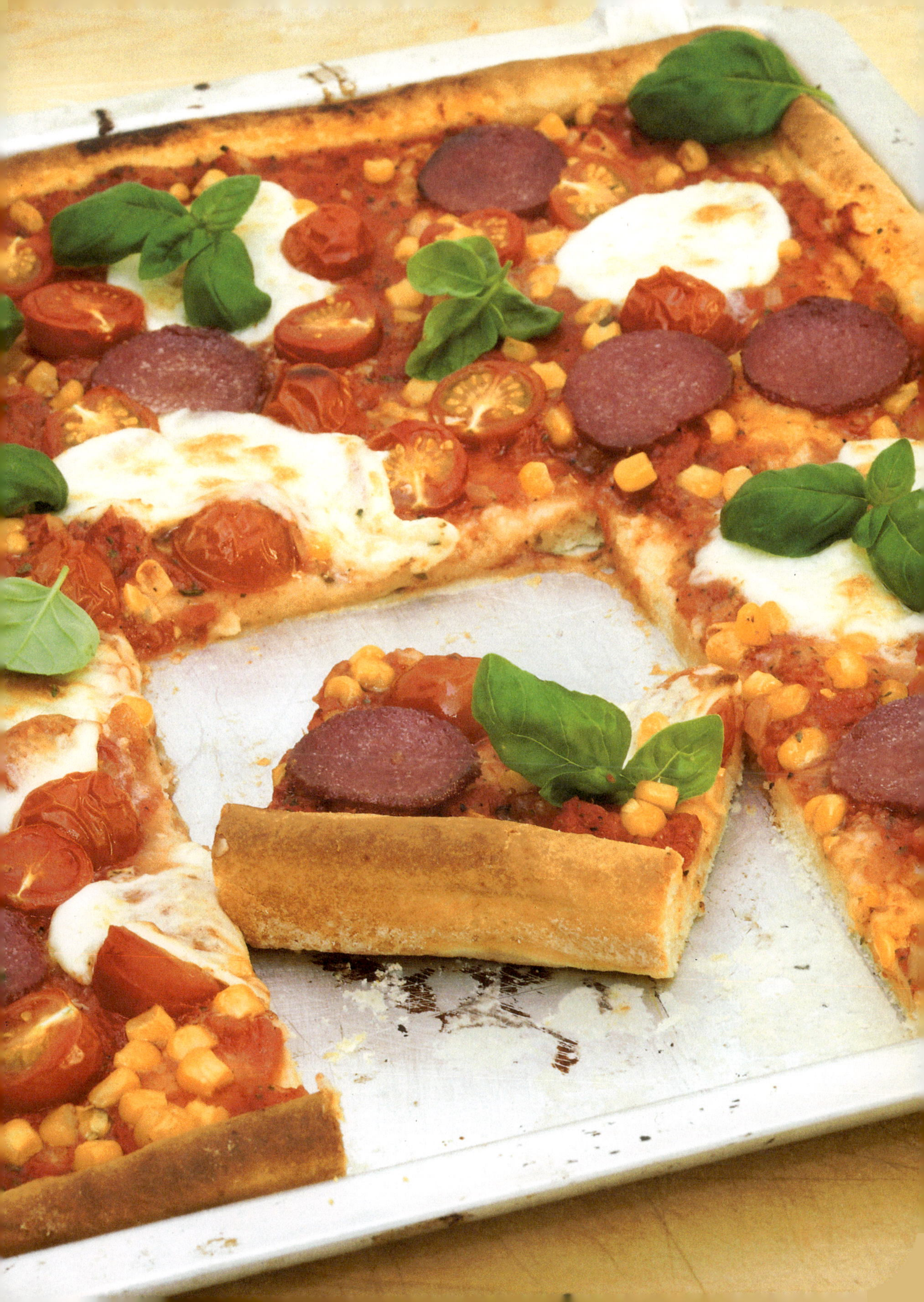

Wir backen ...
WAFFELN

Und zwar zwei Sorten zur Auswahl: die einen sind buttrig-süß und ein bisschen saftig wegen der Äpfel im Teig. Die anderen sind etwas leichter und knuspriger dank Buttermilch und Öl. Zu beiden gibt es den Klassiker Kirschkompott – gekocht mit einem kleinen Trick.

Für die buttrige Version brauchen wir: 150 g weiche Butter, 150 g Zucker, 4 Eier, 250 g Mehl, 1 TL Backpulver, 1 TL Zimtpulver und 2 kleine Äpfel. Für die knusprige Version: 2 Eier, 100 g Zucker, 1 Päckchen Vanillezucker, 1/4 l Buttermilch, 100 ml Öl, 250 g Mehl und 1/2 TL Natron (Backtriebmittel aus der Apotheke). Beides reicht für 4–6 Esser. Ebenso das Kirschkompott, für das wir noch 1 Glas Sauerkischen (700 g Inhalt), 1 EL Zucker und 1 EL Vanillepuddingpulver brauchen. Puderzucker und Sahne nach Wunsch.

1. Das Kirschkompott kommt zuerst dran. Denn es schmeckt kühl am besten zu den warmen Waffeln. Die Kirschen werden dazu in ein Sieb gegossen und der Saft aufgefangen. 3 EL Saft mit Zucker und Puddingpulver glatt rühren, den restlichen Saft aufkochen und vom Herd ziehen. Das Puddingpulvergemisch einrühren und unter Rühren aufkochen, dann 1 Minute kochen lassen. Kirschen untermischen, abkühlen lassen. Die Idee, Puddingpulver statt Stärke zu nehmen, ist von Freund Uli (Seite 190).

2. Für die buttrigen Waffeln Butter mit Zucker cremig rühren. Dann nacheinander Eier zugeben und die Masse schaumig schlagen. Mehl, Backpulver und Zimt miteinander mischen. Äpfel schälen, entkernen und fein reiben. Mehlmischung und Äpfel unter die Schaummasse ziehen, bis sie gerade glatt ist. **Für die knusprigen Waffeln** Eier mit Zucker und Vanillezucker schaumig schlagen, dann Buttermilch und Öl unterschlagen. Das Mehl mit dem Natron mischen und unter die Masse rühren.

3. Waffeleisen auf Stufe 4 (bei 6 Stufen) vorheizen. Sobald die passende Hitze erreicht ist, das Eisen mit einem in Öl getauchten Küchenpapier ausreiben. Für jede Waffel eine Schöpfkelle Teig hineingeben, zuklappen und backen, bis die Waffel goldbraun ist oder die Anzeige erlischt (die erste Waffel bleibt oft noch kleben). Mit Puderzucker bestäuben und mit dem Vanille-Kirschkompott servieren. Nach Wunsch Schlagsahne dazugeben.

»Wir wollen Kuchen!« Ich hab' aber keinen. »Dann machen wir einen!« Das dauert. »Wir wollen aber rühren und naschen!«

Wie wär's mit Waffeln? »Jaaaaa – knusprige oder weiche?« Wie wär's mit beidem? »Ach was geht's uns gut!«

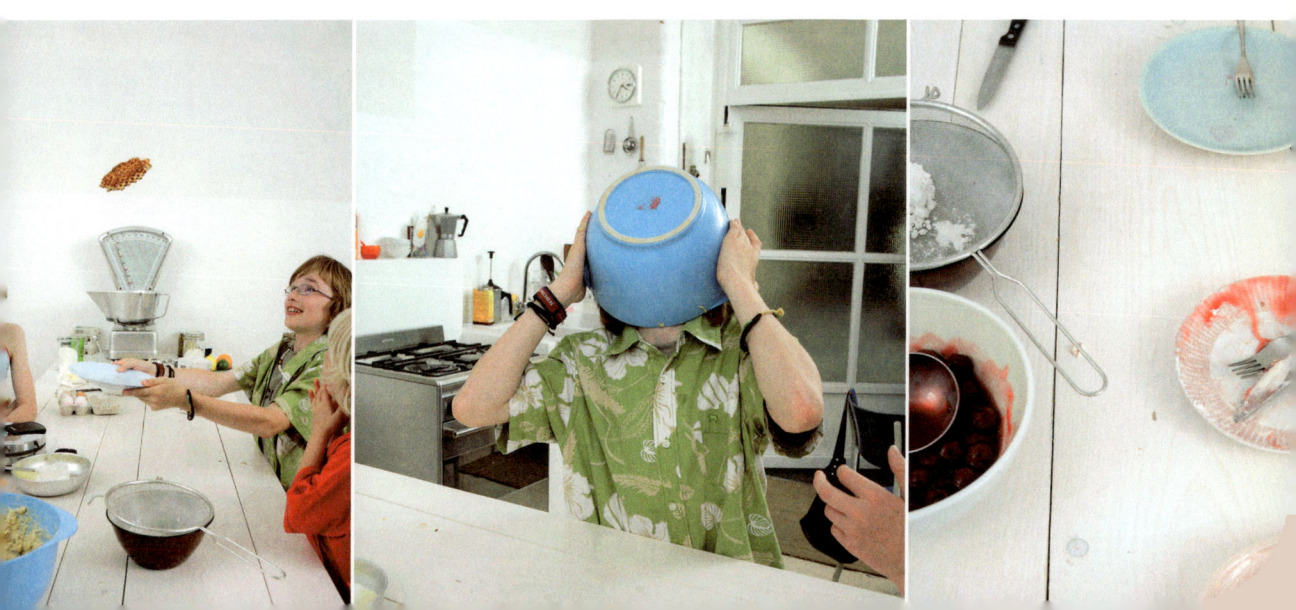

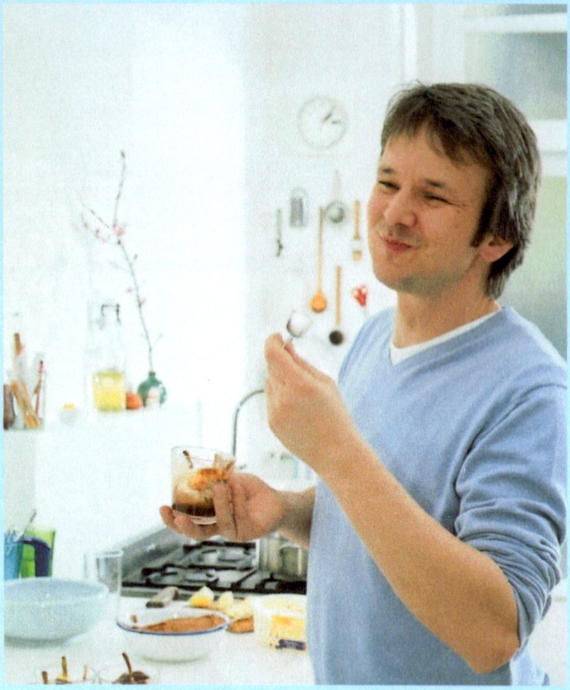

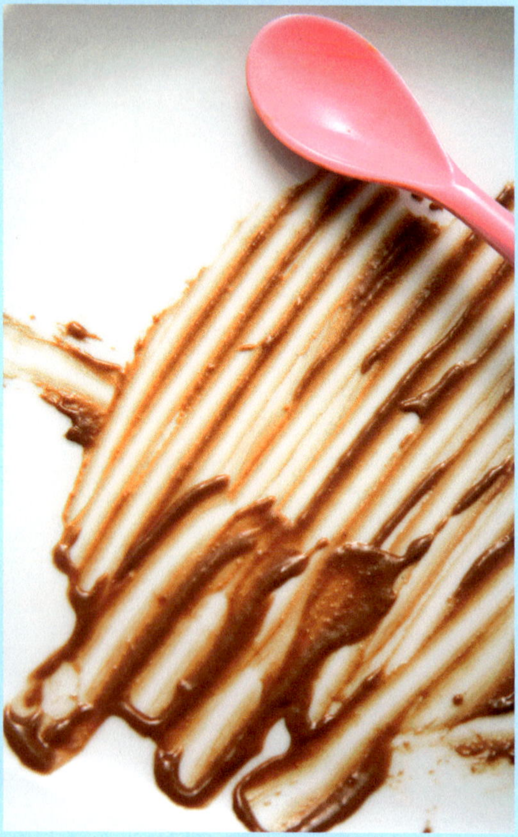

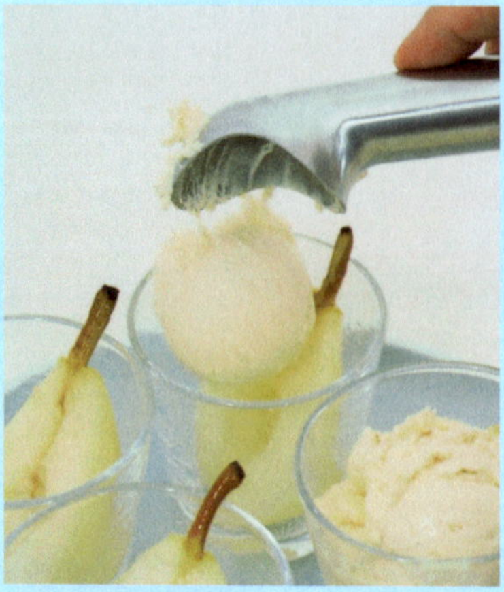

WAS SÜSSES

Kein Essen ohne süßes Ende! Und wenn es nur der Zucker im Kaffee ist. Noch lieber mag ich ihn allerdings in einem ordentlichen Nachtisch. Ein altmodisches Wort, das aber zu meinen Vorlieben beim Süßen passt: lieber der eindeutig gute Bananenquark als ein bunter Dessertteller, lieber eine echte Birne Helene statt geeister Süßsenfschaum. Und gerne auch ganz zum Schluss ein pures, kleines Stück Kuchen, wie sie es in Frankreich oder England mögen. Wenn dabei dann ein Käsekuchen zum »White Chocolate Banana Cheesecake« wird, ist das ja schon wieder modern.

Ich mag ...
QUARK.

Ich könnte hier so heimwehmütig werden, wie es mir beim Brot auf Seite 14 ein wenig passiert ist. Aber am Quark (österreichisch: Topfen) beeindruckt mich nicht so sehr, dass man diese sehr deutsche Vokabel inzwischen auch in New Yorks Feinkostläden kennt. Da ist zuallererst mal diese Einmaligkeit, der er seine Prominenz bei mir verdankt. Obwohl Quark kaum mehr als Milch ist.

Es gibt nun viele tolle Sachen, die kaum mehr als Milch sind. Rahmiger Joghurt und erfrischende Dickmilch zum Beispiel, dazu die mehr oder weniger fetten Ableger von der Butter bis zu einer satt-bitzelnden Buttermilch – alles reine Milch bis auf ein paar winzige Extras. Genau die schaffen es aber, dass das alles so verschieden schmeckt. Herrlich! Und am herrlichsten eben: Quark.

Guten Quark kann ich solo mit der Gabel essen. Er ist dann so frisch und lebendig, zudem noch ein wenig stückig, und er schmeckt voll, ohne fett zu sein, angenehm säuerlich, ohne sauer zu sein. Da überlege ich mir genau, ob ich ihn wirklich mit reifen, süßen Früchten kombinieren will – obwohl die perfekt zum Quark passen.

Gerade ein guter Magerquark gibt vielem Halt und Substanz: der Erdbeerkonfitüre auf dem Butterbrot und der Banane in der Quarkspeise, der Füllung im Käsekuchen und der Luft im Quark-Öl-Teig. Richtig Karriere macht Quark aber, wenn er fast sich selbst überlassen wird und aus ihm in jeder Region der Milchwelt etwas anderes entsteht – nämlich eine der Hunderten von Käsesorten. Aber die sind ein Kapitel für sich.

Was ich nicht mag:

Quark mit höchster Fettstufe; Quarkspeisen, in denen man Quark vor lauter Sahne und Süße kaum noch schmeckt; seine böse Verwandtschaft: H-Milch, Sprühsahne, Mozzarella wie Gummi.

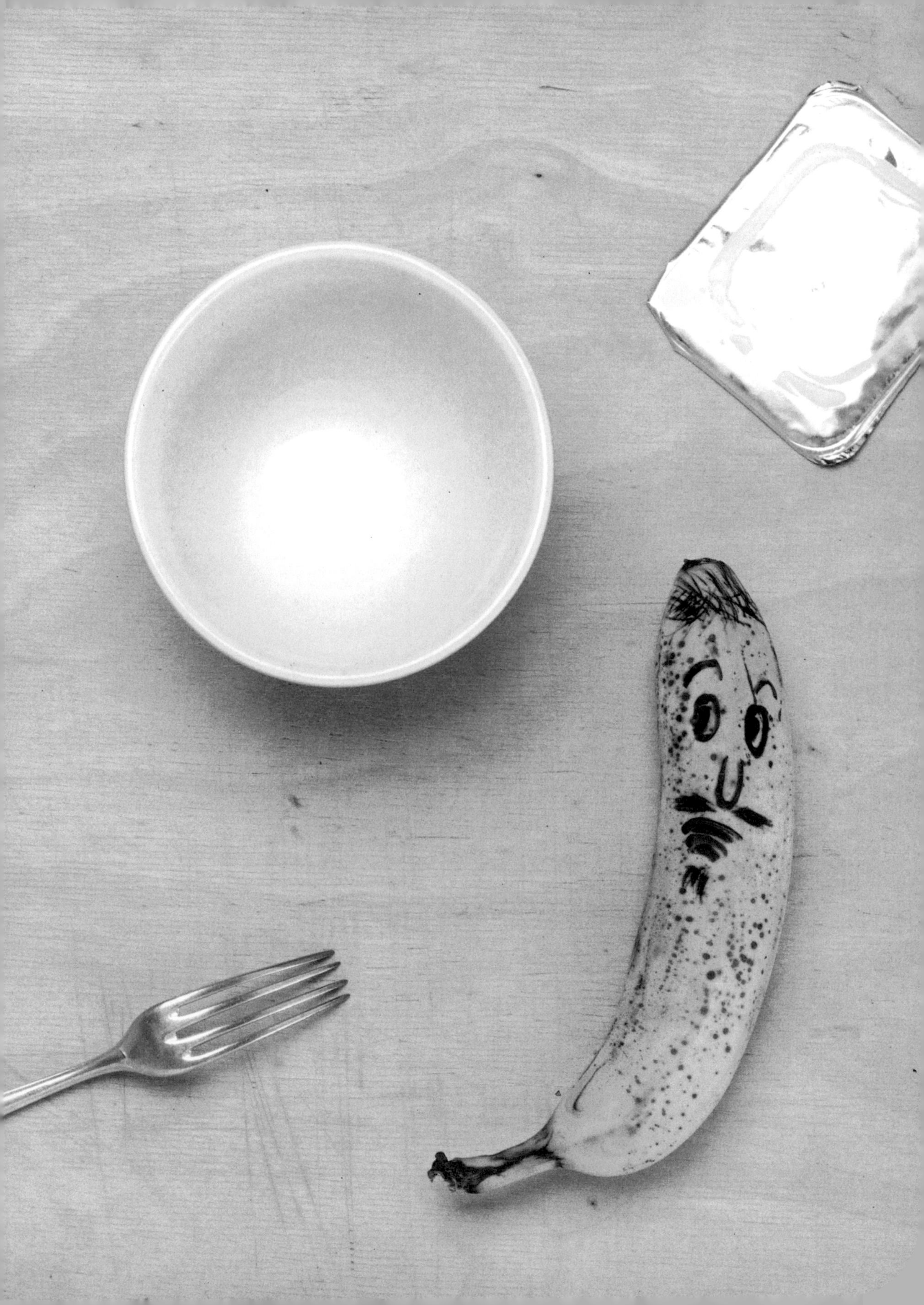

Ich mache ...
BANANENQUARK

Diesem Nachtischklassiker gibt ein kleiner Schöpfer braune Butter Aroma und vor allem Substanz, wenn sie abkühlt. Ein Schuss Mineralwasser hilft dem Quark dabei, Luft zu holen, wenn er aufgeschlagen wird. Insgesamt brauchen wir für 4–6 Portionen: 70 g Butter, 4 Bananen (zusammen etwa 600 g schwer), 1 TL Zitronensaft, 3 EL Zucker und 500 g Magerquark sowie 4 Schluck Selterswasser.

1. Zuerst kommt die Butter in ein Töpfchen. Das stellt man bei kleiner Hitze auf den Herd, bis die Butter erst schmilzt und dann zu bräunen beginnt. Nun das Töpfchen vom Herd ziehen und beiseitestellen.

2. Die Bananen schälen. Die Früchte in Scheiben schneiden und in einer großen Schüssel mit Zitronensaft und Zucker vermischen. Nun mit den Schneebesen des Handrührgeräts die Bananen zu stückigem Brei zerkleinern und weiterrühren, bis der Brei schön glatt ist.

3. Dann den Quark zu den Bananen geben. Das Rührgerät weiterlaufen lassen, um Quark und Bananen möglichst schaumig zu schlagen. Dabei das Selterswasser und schließlich die noch leicht warme Butter nach und nach dazugeben. Den fertigen Bananenquark in Schälchen verteilen und zugedeckt 2 Stunden kühlen. Ich mag dazu Schoko-Löffelbiskuits: Die Biskuits mit einem Ende kurz in geschmolzene Kuvertüre oder Schokolade tauchen und fest werden lassen.

Eine gute und simple Bananen-Mousse gibt's dazu, weil hier noch Platz ist: 4 Bananen wie oben schälen, schneiden und samt 2 TL Zitronensaft, 4 EL Honig und dem Mark von 1/2 Vanilleschote mit den Schneebesen des Handrührers pürieren. Dann 50 g geschmolzene, aber nicht gebräunte, warme Butter hineinlaufen lassen. Darunter 250 g steif geschlagene Sahne heben und die Mousse mindestens 4 Stunden kühlen, aber nicht länger als 8 Stunden, denn dann setzt sich die Sahne ab und die Mousse schmeckt nicht mehr so frisch.

Die Fusionsküche ist schon lange unter uns, wie nicht nur die berühmte Verbindung von Alpenmilch und Tropenkakao zur Milchschokolade zeigt. Auch Madame Banane und Herr Quark führen seit geraumer Zeit eine intensive Beziehung, in der sich Exotik und Bodenständigkeit so perfekt mischen, dass ihre grundverschiedene Herkunft keinem mehr auffällt. Die beiden sind einfach ein unvergleichliches Paar – und so unkompliziert!

Ich koche ... was Süßes

NUSSQUARKWÖLKCHEN

Was die Industrie kann, können wir schon lange – und besser! Das Wolkige erhält diese Quarkspeise durch Schlagsahne und Eischnee und den Trick mit dem Sieb. Wozu frisch geröstete Nüsse eine perfekte Erdung sind. Das Ergebnis: ein bisschen Süße, angenehme Säure und ein Hauch von Herbe, die pure Wonne also.

Zutaten für 4–6 Portionen
70 g gemahlene Haselnüsse • 3 Eiweiße • 1 Prise Salz • 250 g Sahne • 130 g Magerquark • 5 EL milder Honig • 200 g Birnen und 100 ml Birnensaft (beides aus der Dose) • 1 Schluck Birnengeist (wer mag) • 4 EL Holunderbeerensirup

**Zubereitungszeit: 20 Minuten
(+ 5 Stunden Ruhen)**

› Die Nüsse in einer trockenen Pfanne rösten, bis sie duften, ohne sie dabei zu bräunen. In einen Teller schütten und abkühlen lassen. Das Eiweiß samt Salz zu Schnee schlagen, die Sahne steif schlagen.

› Die Molke vom Quark ablaufen lassen, den Quark samt Honig cremig schlagen. Die Nüsse unterziehen, dann die Sahne und den Eischnee unterheben.

› Ein Sieb mit einem Küchentuch ausschlagen, über eine Schüssel hängen. Quarkspeise in das Sieb füllen und 5 Stunden im Kühlschrank abtropfen lassen – so behält die Mousse ihre Luft und bekommt Substanz.

› In der Zwischenzeit Birnen und Birnensaft mit dem Stabmixer pürieren. Wer mag, kann noch den Birnengeist dazugeben. Dies auf tiefe Teller verteilen. Einen Esslöffel in Wasser tauchen, von der Nuss-Quark-Mousse Wölkchen abstechen und auf die Birnensauce setzen. Mit Holundersirup beträufeln. Fertig!

ECHTE ROTE GRÜTZE

Sie ist auch so ein Chardonnay-Rezept (mehr dazu auf Seite 56): Das wohl bekannteste Gericht Norddeutschlands war in den 80er-Jahren des letzten Jahrhunderts das süße Markenzeichen der Neuen Deutschen Küche. Inzwischen ist es in den Kühlregalen angekommen und wird sehr gerne mit Vanilleeis serviert. Wer aber mal das Original aus frischen Beeren mit flüssiger Sahne probiert hat, will von Fertiggrütze nix mehr wissen. Damit die rote Kombination perfekt wird, muss die Balance zwischen süß (z. B. Erdbeeren, Himbeeren, Heidelbeeren) und säuerlich (z. B. Brombeeren, Johannisbeeren, Stachelbeeren) stimmen. Die echte Grütze wird traditionell mit Stärkekügelchen, Sago bzw. Tapioka genannt, gebunden, die beim Kochen glasig werden. Am ehesten bekommt man heute Tapioka, und zwar in Asia-Läden, machmal Sago im Reformhaus. Schneller geht es mit Kartoffelstärke, diese Grützen-Version folgt am Ende des Rezepts.

Zutaten für 4–6 Portionen
300 g Johannisbeeren • 250 g Himbeeren • 150 g rote Stachelbeeren • 150 g Brombeeren • 150 g Erdbeeren • 50 g Zucker • 300 ml süßsaurer Beerensaft (mein Favorit ist 50 ml Himbeersirup mit je 150 ml Wasser und Johannisbeersaft gemischt) • 40 g Sago oder Tapioka • 150 g Sahne

**Zubereitungszeit: 15 Minuten
(+ 4 1/2 Stunden Ruhen und Quellen,
dazu 15–20 Minuten Kochen)**

› Die Beeren nur wenn nötig waschen (bei den Him- und Brombeeren versuche ich es zu vermeiden, weil es sie aufweicht und verwässert). Geht es nicht anders, werden die Beeren erst nach dem Waschen geputzt, sonst spült das Wasser, etwa aus gezupften Johannisbeeren und entkelchten Erdbeeren, das Aroma raus. Nun noch die Erdbeeren halbieren oder vierteln und alle Früchte mit dem Zucker mischen. Zudecken und 4 Stunden kühl stellen und ruhen lassen.

Märchenhaft, wenn sich Beerenrot und Sahneweiß zur Roten Grütze vereinen. Manche Desserts kann man einfach nicht kaufen.

› Anschließend die Hälfte der Beeren mit Saft und Sago oder Tapioka in einem Topf verrühren, 30 Minuten quellen lassen. Dann unter Rühren flott zum Kochen bringen und bei kleiner Hitze unter weiterem Rühren noch 15–20 Minuten köcheln lassen. In dieser Zeit werden die Kügelchen langsam weich und glasig, die austretende Stärke bindet die Grütze. Die Grütze sollte dabei nicht ganz so fest wie ein Pudding werden.

› In die fertig gekochte Grütze die restlichen Früchte rühren und das Ganze noch einmal aufkochen lassen. Die rote Grütze in Schalen, Gläser oder Becher füllen und abkühlen lassen.

› Vor dem Servieren auf jede Portion einen Fingerbreit Sahne gießen. Wer mag, kann noch ein paar frische Früchte zum Dekorieren oben drauflegen.

TIPP
Für die schnelle Version die gleiche Menge an Beeren vorbereiten. Die Hälfte davon mit 200 ml Beerensaft und 2 EL Zucker in den Topf geben, einmal aufkochen. 2 EL Speisestärke mit 50 ml Beerensaft verrühren. Topf vom Herd ziehen, die Stärke unter die Beeren mischen und aufkochen, bis die Stärke bindet. Nun die restlichen Früchte reinrühren und wie die klassische Grütze abfüllen, abkühlen und servieren.

Ich koche ... was Süßes

KOKOSPUDDING MIT MANGO

Man könnte diesen Pudding auch Exoten-Grütze nennen – nach der roten Verwandten aus Hamburg, die eine Seite zuvor vorgestellt wird. Denn wie diese wird der Pudding mit Stärkekügelchen gebunden. Doch anders als das in Norddeutschland übliche Sago wird hier Tapioka verwendet, die Stärke aus der tropischen Maniokwurzel. Und: Die Kombination von ungesüßter Grütze und sehr süßem Kompott hat etwas Erfrischendes und Entspannendes zugleich – kein Wunder also, dass ich sie zum ersten Mal an einem Strand in Sydney kennengelernt habe.

Zutaten für 4–6 Portionen
1 Dose Kokosmilch (400 ml) • 260 g Tapioka (Stärkekügelchen, gibt es im Asia-Laden) • 200 ml frisch gepresster Orangensaft • 1 Mango • 4 EL brauner Zucker • 1 Prise Salz • Saft von 1 Limette

Zubereitungszeit: 15 Minuten (+ etwa 3 3/4 Stunden Einweichen, Quellen, Garen, Kühlen)

› Die Kokosmilchdose vorm Öffnen nicht mehr groß schütteln, damit sich an der Oberfläche der dicke »Rahm« absetzt. Dieser wird abgeschöpft und beiseitegestellt. Restliche Milch mit so viel kaltem Wasser in einen Topf geben, dass sich 3/4 l Flüssigkeit darin befinden. 180 g Tapioka einrühren, 1 Stunde einweichen. Übriges Tapioka im Orangensaft ebenso einweichen.

› Von der Mango längs das Fruchtfleisch in zwei Hälften flach vom Kern herunterschneiden und aus der Schale lösen. Übriges Fruchtfleisch vom Kern schneiden und schälen. Das Fruchtfleisch grob hacken und samt Zucker zum Orangensaft geben.

› Kokosmischung aufkochen und bei kleiner Hitze zugedeckt 10 Minuten köcheln lassen, vom Herd ziehen und 30 Minuten zugedeckt quellen lassen, sodass die Kügelchen glasig und weich sind. Ebenso die Fruchtmischung kochen und quellen lassen.

› Kokosrahm unter die Kokosmischung rühren, mit Salz würzen und in Gläschen füllen. Limettensaft unter die Fruchtmischung rühren, die Mischung auf den Kokospudding füllen. Pudding 2 Stunden zugedeckt kühlen, dann servieren.

Milchreis auf exotisch: mit der Milch von der Kokosnuss statt von der Kuh und Tapioka-Kügelchen von der Maniokwurzel statt Rundkörnern vom Reis. Oben drauf kommt Kompott – von der Mango, nicht vom Apfel.

APFEL VAN DYKE

Ob das ein klassisches Dessert ist, und ob es vielleicht eher ein van Daik, Deik oder Dijk war, der ihm den Namen gegeben hat – ich weiß es nicht. Ich weiß nur, dass ich mir dieses Rezept während der Kochlehre als Apfelfan im Hessischen auch oft zu Hause gemacht habe, weil es so simpel und gut ist. Später gab es dann eine Weiterentwicklung für den Ofen – siehe rechts.

Zutaten für 4 Portionen
4 EL Korinthen • 200 ml Apfelwein oder trockener Cidre • 1 Stück Zimtstange (2 cm) • 3 EL Zucker • 2 süßsäuerliche Äpfel (z. B. Cox Orange, Berlepsch, Renetten) • 1 Päckchen Vanillepuddingpulver • 300 g Sahne • 1 EL Butter

Zubereitungszeit: 25 Minuten
(+ 2 Stunden Kühlen)

› Die Korinthen im Sieb kalt abspülen und im Apfelwein oder Cidre mit der Zimtstange und dem Zucker 2 Minuten kochen lassen. Äpfel schälen, halbieren und entkernen. Äpfel in 2 cm dicke Scheiben schneiden, diese in 1 cm breite Streifen und dann in Würfel teilen.

› Die Apfelwürfel zum Wein oder Cidre geben und in 1–2 Minuten bissfest kochen, dann im Sud abkühlen lassen. Die Äpfel in ein Sieb schütten, dabei den Sud auffangen. Puddingpulver mit 50 g Sahne verrühren.

› Den Sud im Topf aufkochen, vom Herd ziehen und die Puddingmischung einrühren. Dies auf dem Herd unter ständigem Rühren wieder zum Kochen bringen. Die restliche Sahne mit der Butter (gibt Glanz) dazurühren und 2 Minuten unter Rühren kochen lassen.

› Die Apfelwürfel auf Schalen oder Gläser verteilen, den Apfelpudding darübergießen und 2 Stunden bei Zimmertemperatur abkühlen lassen. Wer mag, kann noch ein Sahnehäubchen draufsetzen – aber eigentlich ist genug Sahne drin.

SOUFFLIERTER APFEL VAN DYKE

»Souffliert« klingt doch immer gut. Hier heißt das, dass in den Pudding Eigelb und Eischnee gerührt wird, bevor er auf die Äpfel kommt. So geht er im Ofen schön auf. Sehr locker, sehr lecker. Name verdient.

Zutaten für 4–8 Portionen
4 Äpfel (je 150 g) • Mark von 1/2 Vanilleschote • 50 g Butter und etwas mehr für die Form • 4 EL Puderzucker und etwas mehr zum Bestäuben • 150 ml Apfelwein • 1 TL Zitronensaft • 200 g Sahne • 1 Päckchen Vanillepuddingpulver • 3 Eier • 8 EL Holundergelee • 4 EL Mandelblättchen

Zubereitungszeit: 45 Minuten
(+ 30–40 Minuten Backen)

› Die Äpfel schälen, halbieren und entkernen. Vanillemark mit Butter im Topf aufschäumen lassen. Äpfel zugeben, mit Puderzucker bestreuen und 2 Minuten zugedeckt dünsten. Wein und Zitronensaft zu den Äpfeln geben und diese in 8–10 Minuten bei geringer Hitze bissfest dünsten. Herausnehmen und abkühlen lassen. Den Sud durch ein Sieb gießen, auffangen.

› 50 g Sahne mit Puddingpulver verrühren. Sud aufkochen und vom Herd ziehen. Puddingmischung einrühren und unter ständigem Rühren aufkochen. Übrige Sahne einrühren, 2 Minuten kochen lassen.

› Backofen auf 200 °C vorheizen. Eier trennen, Eiweiß steif schlagen. Eigelb in die Puddingcreme rühren und den Eischnee unterheben. Die Hälfte der Creme in eine gebutterte, hitzebeständige Form streichen. Äpfel hineinsetzen, mit Gelee füllen und die übrige Creme auf die Äpfel geben. Mandeln darüberstreuen.

› Äpfel in den Ofen (Mitte, Umluft 180 °C) schieben und 30–40 Minuten backen, bis die Creme schön aufgegangen und leicht gebräunt ist. Soufflierte Äpfel van Dyke gleich in der Form servieren.

Ich mache ...
BIRNE HELENE

Die Kombination Birne, Schokolade und Vanille ist so gut, dass sie sogar mit Dosenbirnen und Fertigsauce schmeckt. Aber das ist noch gar nichts gegen das Original – da muss man vom ersten Löffel an Grinsen. Und stets dran denken: nur echt mit Veilchen!

Der aus der Provence stammende Auguste Escoffier war der erste Starkoch der Welt, der Ende des 19. Jahrhunderts in London und Paris aus den Küchen der Luxushotels heraus die französische Küche prägte, ein jahrzehntelang gültiges Standardwerk für Profis schrieb und vor allem durch zwei Desserts mit Eis und Früchten berühmt wurde. Eines ist die Birne Helene. Zum Original braucht's für 4 Schleckermäuler: 1/2 Vanilleschote, 200 g Zucker, 1 TL Zitronensaft und 2 nicht zu große, süßsäuerliche Tafelbirnen (z.B. Williams) sowie 80 g ungesüßtes Kakaopulver, 160 g Sahne und 1 EL Butter. Plus 4 Kugeln Vanilleeis und 4 TL kandierte Veilchen.

1. Zuerst werden die Birnen pochiert. Dazu die Vanilleschote auf dem Brett der Länge nach aufschlitzen und das Mark mit dem Messerrücken herausstreichen. Schote und Mark mit Zucker, Zitronensaft und 200 ml Wasser in einem Topf aufkochen, bis der Zucker sich gelöst hat. Birnen schälen, halbieren und Blütenansatz, Kerngehäuse und festen Teil bis zum Stiel hin herausschneiden. Birnen in 4–5 Minuten im sanft siedenden Sirup bissfest kochen, vom Herd nehmen und im Sirup abkühlen lassen.

2. Für die Schokosauce Kakao und Sahne verrühren. Wird das zu zäh, etwas vom Sirup dazugießen. Birnenhälften und Vanilleschote aus dem Sirup fischen, Birnen auf Gläser oder Schalen verteilen. Sirup aufkochen, vom Herd ziehen und die Kakaosahne einrühren. Dies unter ständigem Rühren aufkochen lassen. Für den letzten Glanz die Butter einrühren.

3. Nun muss es schnell gehen: Die Vanilleeiskugeln auf die Birnen geben, großzügig mit Schokoladensauce übergießen und mit Veilchen bestreuen. Sofort mit Dessertlöffeln und -gabeln servieren, damit alle die wunderbare Kombination von warmer, fließender Sauce, langsam schmelzendem Eis und sirupgetränkter Birne lange genießen können. Mmmmh! Und was war jetzt das zweite berühmte Rezept von Escoffier? Bitte umblättern.

Was braucht es mehr, um in der Küche glücklich zu sein, als eine Stunde der Ruhe, einen Topf voller Birnen und ein gutes Rezept.

Gibt es dazu kühles Rahmeis und heiße Schokoladensauce, fehlt nur noch ein Löffel. Allerdings: Wo sind eigentlich die Veilchen?

Ich koche ... was Süßes

INGWEREIS

Süßes aß mein Vater immer gern – und immer in Phasen. Da war die Mars-Phase, in der er jahrelang nichts anderes als den Schokoriegel zum Naschen wollte, bis dann die Mannerschnitten-Phase eintrat und Mars völlig verdrängte. Ähnlich war es beim Eisessen – Walnuss war sein ewiger Favorit (meiner ist Haselnuss). Doch als ich ihm ein kleines Buch mit Eisrezepten schenkte, wurde das Ritual unterbrochen – er entdeckte ein Jahr lang das Eismachen für sich. Unser Favorit war dieses Eis mit Ingwer in Sirup und Dosenmilch, das ich jetzt wieder ausprobiert habe. Immer noch toll! Neu ist nur die Gelatine, die das Gefrorene geschmeidger macht.

Zutaten für etwa 1 l Eis
3 Blatt weiße Gelatine • 50 g in Sirup eingelegter Ingwer • 4 Eigelbe • 2 EL heller Honig • 300 ml Dosenmilch • 3 EL Ingwersirup (gibt es, wie den in Sirup eingelegten Ingwer im gut sortierten Supermarkt oder Asia-Laden) • 250 g Sahne

Zubereitungszeit: 30 Minuten (+ 6–8 Stunden Gefrieren und 30 Minuten Antauen)

› Die Gelatine in kaltem Wasser einweichen. Ingwer fein hacken. Das Eigelb samt dem Honig mit den Schneebesen des Handrührgeräts in einer Schüssel aus Metall hell und schaumig schlagen. Die Dosenmilch erhitzen und die gut ausgedrückte Gelatine darin auflösen.

› Einen Topf halbvoll mit Wasser zum Sieden bringen, die Metallschüssel draufsetzen und die Schaummasse über dem heißen Dampf weiterschlagen, bis sie warm wird. Dann langsam die Dosenmilch dazugießen und die Mischung überm Dampf dickschaumig schlagen (Details dazu bitte auf Seite 146 nachlesen).

› Den Ingwer und den Ingwersirup einrühren. Die Schüssel mit der Creme in eine zweite Schüssel mit kaltem Wasser stellen und rühren, bis die Creme ganz abgekühlt ist. Die Sahne steif schlagen und behutsam unter die Ingwercreme heben.

› Die Creme in eine Kastenform füllen und gut abgedeckt 6–8 Stunden in den Gefrierschrank stellen. Vor dem Servieren die Form etwa 30 Minuten in den Kühlschrank stellen, damit das Eis antaut. Lecker mit Schokoladensauce (etwa der von der Birne Helene, Seite 142) oder in ...

PEACHES KYLIE

Der Starkoch Auguste Escoffier hat für die australische Opernsängerin Nelly Melba einst den Pfirsich Melba erfunden – pochiert in Zuckersirup, serviert mit Himbeerpüree und Vanilleeis. Als Fan von Australien und Kylie Minogue habe ich 2000 in Sydneys Olympiajahr den Auguste gemacht und Miss Minogue dieses Dessert gewidmet: recht süß, aber auch ein bisschen bitter, etwas exotisch und ein Hit bei jedem, der bisher davon probiert hat. Aber Achtung: durchaus anspruchsvoll beim Einkauf und steinhart im Kern.

Zutaten für 4 Portionen
4 vollreife Pfirsiche • 1 Vanilleschote • 1 Stück frischer Ingwer (4 cm) • 1/4 l Chardonnay • 400 g weißer Zucker • 2 Sternanise • 2 Lorbeerblätter • 250 g Kirschen • 150 g Palmzucker (aus dem Asia-Laden, Ersatz: dunkler, brauner Zucker) • 1/4 l Cabernet-Sauvignon • 1 Prise Salz • 4 Kugeln Eiscreme (z. B. vom Ingwereis links, sonst einfach Vanilleeis nehmen)

Zubereitungszeit: 45 Minuten (+ über Nacht Ziehenlassen)

Naschen à la Escoffier, die Zweite – wobei hier der Pfirsich Melba zu Peaches Kylie geworden ist. Pop mit Klasse statt Klassiker.

› Die Pfirsiche 15 Sekunden in kochendes Wasser und dann in Eiswasser tauchen. Die Haut abziehen. Die Vanilleschote längs aufschlitzen und das Mark herauskratzen. Ingwer schälen und in Scheiben hobeln.

› 400 ml Wasser und den Chardonnay mit weißem Zucker, der Vanilleschote samt Mark, Ingwer, Sternanisen und Lorbeerblättern 5 Minuten kräftig kochen lassen. Die ganzen, nicht entsteinten Pfirsiche in den Sirup geben und 3–4 Minuten köcheln lassen. Nun die Früchte im Sirup auskühlen und ziehen lassen. Am besten ist es, wenn sie sich über Nacht mit dem Weinsirup vollsaufen können.

› Kirschen waschen und entstielen. Den Palmzucker mit 50 ml Wasser verrühren und aufkochen. Cabernet-Sauvignon und Salz einrühren und alles 5 Minuten kräftig kochen lassen, sodass ein leichter Sirup entsteht. Die Kirschen hineingeben, dann den Topf vom Herd ziehen und die Kirschen abkühlen lassen – am besten so lange wie die Pfirsiche in ihrem Sirup.

› Je 1 Pfirsich auf einem großen Teller platzieren, dazu 1 Kugel Eis geben und das Ganze mit ein paar ordentlichen Löffeln voll Sirupkirschen vollenden. Servieren. Und was ist mit den Steinen? Die der Kirschen würde Kylie in den »backyard« spucken (so heißt der Garten hinterm Haus), um am Ende den Pfirsichstein in der Hand zu halten und ihn abzulutschen. I bet!

Ich mache ...
GRANA BAVAROISE

Das ist: eine Bayerische Creme mit Vanille und Parmesan, die irgendwo zwischen Käse und Dessert liegt. Dazu gibt es ein Gelee aus Rosé. Klingt ziemlich gewagt, ist aber etwas ganz Besonderes.

Wir brauchen für 4–6 Wagemutige: 1 Vanilleschote, 1/4 l Milch, 6 Blatt weiße Gelatine, 150 g Parmesan (am Stück), 150 g Mascarpone, 3 Eigelbe, 80 g Zucker, 1/4 l Rosé und 200 g Sahne.

1. Die Vanilleschote der Länge nach aufschlitzen, Mark herausschaben. Schote und Mark mit der Milch in einem Topf erhitzen. Dann vom Herd nehmen, 15 Minuten ziehen lassen. 3 Blatt Gelatine 10 Minuten in kaltem Wasser einweichen. Parmesan reiben, dabei etwas zum Hobeln aufheben.

2. Vanilleschote aus der Milch fischen. Geriebenen Käse darin schmelzen lassen. 100 g Mascarpone einrühren und erhitzen, dann die Käsemilch mit dem Stabmixer pürieren. Die eingeweichte Gelatine ausdrücken und in der Käsemilch auflösen, dann alles durch ein feines Sieb streichen.

3. Einen Topf zur Hälfte mit Wasser füllen und aufkochen. Eigelb und 60 g Zucker in einer Metallschüssel auf den Topf setzen und überm heißen Dampf mit dem Schneebesen dickschaumig schlagen. Die Käsemilch dazugießen und kräftig schlagen, bis die Creme dampfend-heiß bindet. Stets rühren, damit nichts gerinnt. Die Schüssel mit der Creme in eine große Schüssel mit kaltem Wasser setzen und kalt rühren, dann kühl stellen.

4. Fürs Gelee übrige Gelatine im Wein einweichen. Dann erhitzen, bis die Gelatine sich auflöst, restlichen Zucker unterrühren. In tiefe Teller gießen, abkühlen lassen. Sahne mit übrigem Mascarpone verrühren, steif schlagen.

5. Wenn die Käsecreme fest zu werden beginnt, die Sahne unterziehen. Creme in kalt gespülte Förmchen füllen, 4 Stunden zugedeckt kühlen. Vor dem Servieren die Creme mit der Messerspitze am Rand der Förmchen lösen, kurz in heißes Wasser tauchen und auf Teller stürzen. Gelee auf einem Kunststoffbrett hacken und zur Grana Bavaroise geben. Mit dem restlichen Parmesan grob überhobeln und genießen.

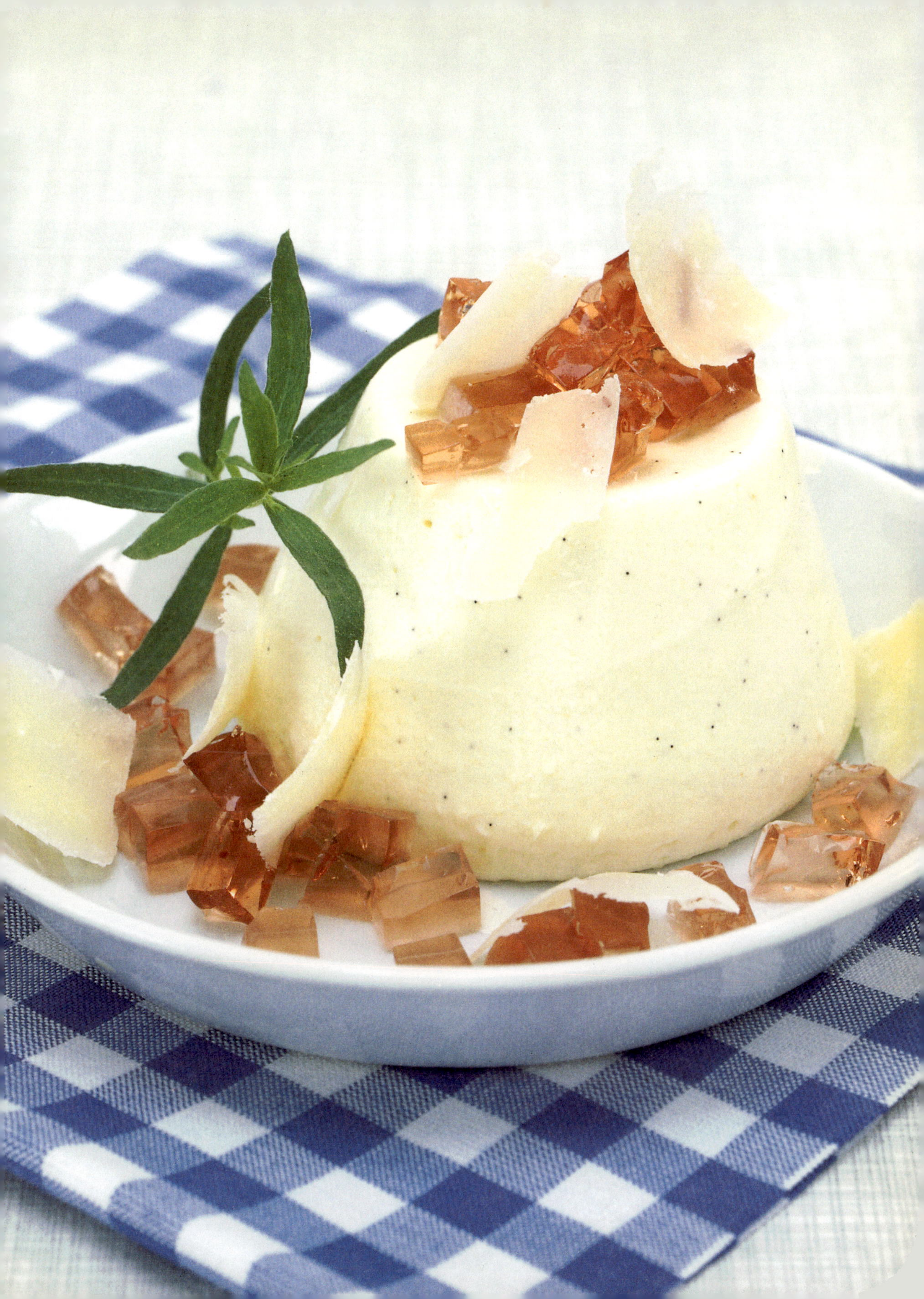

Ich koche ... was Süßes

GEGRILLTES MÜSLI

Als Dessert ist es eigentlich schon fast zu mächtig, aber an einem Sonntagmorgen macht sich das Müsli ganz toll als Frühstücksüberraschung – auch weil man es schon am Samstag vorbereiten kann.

Zutaten für 4 Portionen
200 g Vollkorn-Haferflocken • 150 ml Apfelsaft • 5 EL Mineralwasser • 2 EL Sultaninen • 2 süßsäuerliche Äpfel (z.B. Cox Orange) • 150 g Joghurt • 1 Banane • 1 Pfirsich • 2 EL Butter • 2 EL brauner Zucker

Zubereitungszeit: 20 Minuten
(+ über Nacht Quellen)

› Am Vortag die Haferflocken mit Apfelsaft, Mineralwasser und den Sultaninen verrühren. Einen der Äpfel waschen, samt der Schale grob raspeln (Kerngehäuse wegschmeißen) und dann auch unters Müsli mischen. Über Nacht zugedeckt kühl stellen und quellen lassen.

› Am nächsten Morgen den Joghurt darunterrühren. Übrigen Apfel waschen, vierteln, entkernen und samt Schale in 1/2 cm dicke Scheiben schneiden. Banane schälen, längs halbieren und quer in schräge Stücke schneiden. Pfirsich waschen, halbieren, entsteinen und in Spalten teilen.

› Den Backofengrill anwerfen. Wer keinen Grill hat, heizt den Backofen auf höchste Stufe 10 Minuten vor. Das Müsli in eine flache Gratinform füllen. Die Früchte daraufflegen, mit der Butter in kleinen Flöckchen belegen und mit dem Zucker bestreuen. Nun das Müsli so lange unter den Grill (etwa 5 cm Abstand) oder in den ganz heißen Ofen (oben) schieben, bis die Früchte zu bräunen beginnen. Das gratinierte Müsli noch heiß mit einem Löffel servieren.

ANANAS-CRUMBLE

Das ist eine Art warmer Streuselkuchen ohne Boden, aber mit viel Frucht. Klassischerweise nimmt man bei dieser sehr britischen Mehlspeise Äpfel, Rhabarber oder Stachelbeeren, hier wird sie exotisch mit Ananas und Kokosnuss aufgefrischt. Schmeckt herrlich.

Zutaten für 4 Portionen
1 Ananas • 130 g Zucker • 1 EL Orangenlikör (oder Orangensaft) • 2 EL Sultaninen • 175 g Mehl • 50 g Kokosraspel • 1 TL Zimtpulver • 100 g kalte Butter + Butter für die Form

Zubereitungszeit: 30 Minuten
(+ 20–25 Minuten Backen)

› Von der Ananas den Schopf und den Stielansatz abschneiden. Die Frucht längs halbieren und die Hälften nochmals längs in je 4 Spalten teilen. Nun bei jeder Spalte mit einem geraden Schnitt den harten Teil entlang des »Firsts« wegschneiden. Mit einem schmalen Messer das Fruchtfleisch von der Schale herunterschneiden. Dabei darauf achten, dass keine »Augen« von der Schale zurückbleiben. Wenn doch, werden diese dunklen Stellen mit der Messerspitze entfernt.

› Die Ananasspalten nun quer in 1 cm breite Stücke schneiden. Diese mit 30 g Zucker und dem Likör vermischen. Die Sultaninen abbrausen und zur Ananasmischung geben. Beiseitestellen.

› Für die Streusel wird der restliche Zucker mit Mehl, Kokosraspeln und Zimt vermischt. Butter in Würfel schneiden und mit der Mehlmischung schnell zu einem Teig verkneten (durch zu langes Kneten werden die Streusel nach dem Backen bröckelig statt mürbe).

› Den Backofen auf 200 °C (Umluft 180 °C) vorheizen. Eine flache Auflaufform gründlich buttern und die Ananasmischung darin verteilen.

› Nun nach und nach eine kleine Handvoll Teig aufnehmen und mit den Händen zu kleinen und großen Butter-Kokos-Streuseln zerreiben, die sich fast wie von selbst auf den Früchten verteilen.

› Das Ganze dann in den Backofen (Mitte) schieben und in 20–25 Minuten zum goldbraun-knusprigen Ananas-Crumble backen. Kurz im geöffneten Ofen ausdampfen lassen und dann mit Dessertgabeln und -löffeln servieren. Achtung: Die Früchte können ziemlich heiß sein! Als Kontrast passen dazu 1–2 Kugeln Eis oder auch je 1 EL Crème fraîche und Mascarpone.

Ich mache ...
ERDBEERKARTOFFELN

Ganz korrekt müsste es heißen »Karamellisierte Bratkartoffeln mit Erdbeeren und Dickmilch«, aber nun weiß man es auch so. Das ist übrigens kein Fusionsgericht, sondern ein Traditionsessen.

Und zwar kommt das Gericht aus dem Hessischen, wo es ja auch andere wilde Kreationen gibt wie Handkäs mit Musik oder »Grie Soß« mit ihren sieben Kräutern. In letztere gehört für mich für einen runden Geschmack Dickmilch rein, und diese gesäuerte und dickgelegte Milch braucht es hier ebenso – um die Kombi aus süß und salzig, weich und knusprig, roh und gebraten perfekt zu machen. Wir benötigen insgesamt für 4 Esser: 500 g kleine, fest kochende Kartoffeln, 3 EL Öl, 1/4 TL Salz, 500 g Erdbeeren, 60 g Zucker, 2 EL Butter, 1/2 TL Zimtpulver und 400 g Dickmilch.

1. Die Kartoffeln werden roh geröstet. Dazu die Knollen waschen, schälen und in 1/2 cm dünne Scheiben schneiden. Im Sieb gründlich mit kaltem Wasser die Stärke abspülen, damit sie beim Braten nicht kleben. Nun in einer großen Pfanne das Öl auf etwas unter mittlerer Stufe erhitzen, die Kartoffeln tropfnass hineingeben (das kann spritzen), salzen. Kartoffeln unterm Deckel in 8–10 Minuten bissfest dünsten.

2. Inzwischen die Erdbeeren vorbereiten. Falls nötig, die Früchte so kurz wie möglich mit kaltem Wasser abbrausen und gut trockentupfen. Nun mit einem kleinen Messer das Grün samt Ansatz aus den Erdbeeren schneiden und die größeren Früchte halbieren oder vierteln. Die Erdbeeren mit 2 EL Zucker mischen und beiseitestellen.

3. Nun zurück zu den Kartoffeln. Nach den 8–10 Minuten sollten sie gar, aber nicht weich sein – wenn wir mit der Messerspitze hineinstechen, spüren wir noch ein wenig Widerstand. Auch braun sind sie jetzt noch nicht. Dafür nun den Deckel wegnehmen und die Kartoffeln 6–8 Minuten in aller Ruhe ohne Wenden langsam rösten lassen. Wenden und weitere 5 Minuten rösten. Nun auf starke Hitze stellen, die Butter und 2 EL Zucker dazugeben und die Kartoffeln unter Wenden karamellisieren lassen. Restlichen Zucker mit Zimt mischen und Kartoffeln, Erdbeeren und Dickmilch mit Zimtzucker bestreut auf Teller verteilen und zusammen essen.

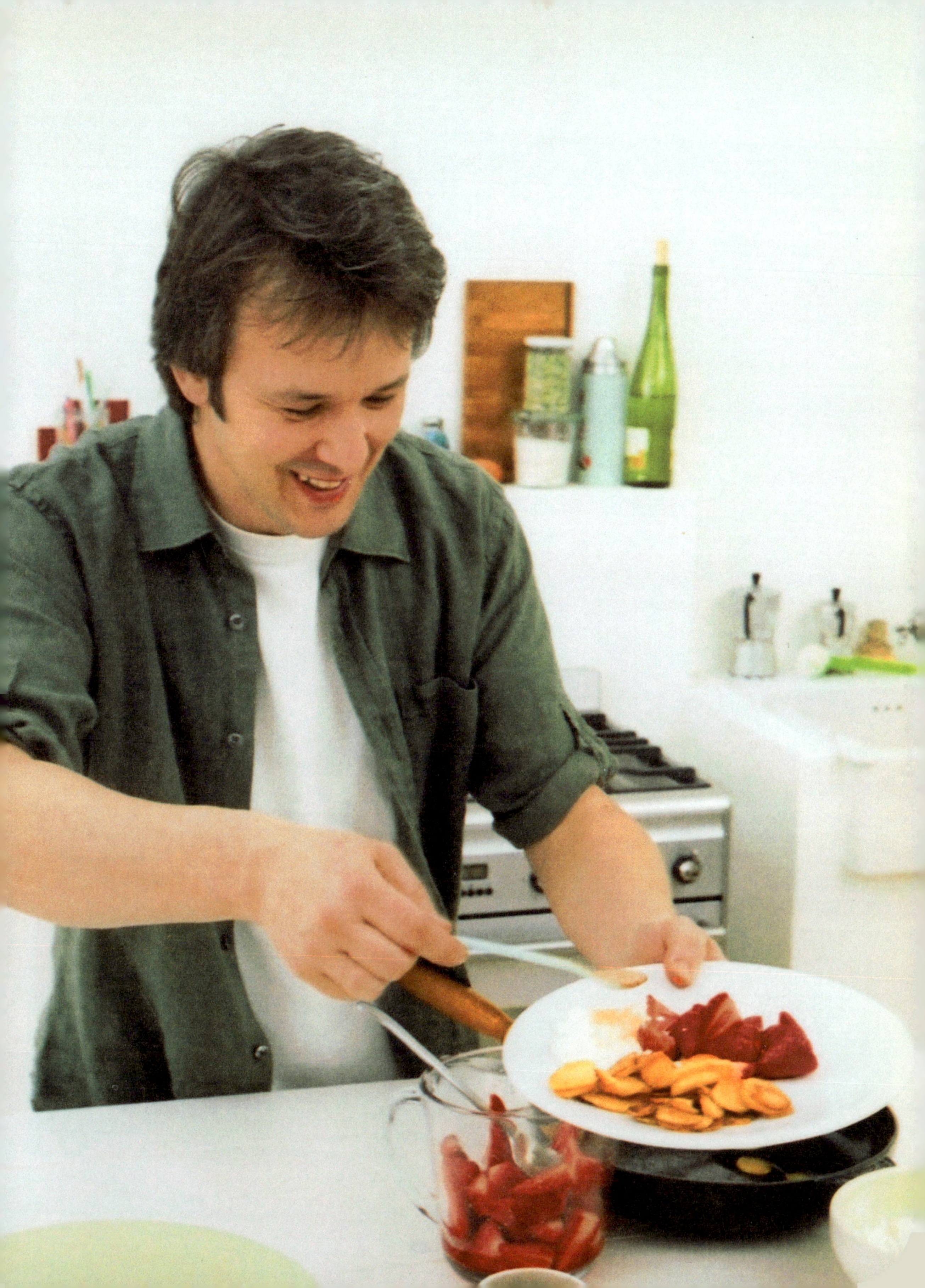

Ich mache ...
GRIESSSCHMARRN

Es gibt Gründe, warum ich dieses Rezept so mag: weil ich Grießbrei mag; weil ich Quark und somit Ricotta mag; weil ich guten Schmarrn immer mag. Und weil drei große »S« hintereinander sehr scharf sind.

Allerdings ergibt das hier erst einmal einen großen Grießknödel, der durch Ricotta und Ei wieder »fließend« gemacht wird. Durch das Braten im Ofen geht das dann schön plustrig auf. Macht man beim klassischen Kaiserschmarrn auch öfters (den mag ich aber lieber scharf gebraten als locker gebacken). Für den Grießschmarrn braucht es bei 4 Hungrigen: 4 Dörrpflaumen, 1/4 l Milch, 5 EL Butter, 1 Prise Salz, 100 g Hartweizengrieß, 100 g Ricotta, 2 Eier, 2 EL Puderzucker und 2 EL Pinienkerne. Und als Beilage Kompott von Aprikosen, Kirschen oder Zwetschgen (oder ein Apfelmus).

1. Los geht es mit einem »Grießkoch«. So sagt man in Österreich zu Grießbrei. Die Dörrpflaumen in rosinengroße Würfel schneiden und in der Milch mit 1 EL Butter und Salz bei mittlerer Hitze aufkochen. Nun Grieß einrieseln lassen und unter Rühren mit dem Kochlöffel dick verkochen.

2. Grießkoch bei kleiner Hitze 5 Minuten quellen lassen. Dabei stetig rühren, bis aus dem festen »Koch« ein dicker, weicher Kloß entstanden ist – wer da jetzt ein wenig an das »Abbrennen« beim Brandteig denkt, denkt in die richtige Richtung. Wer nicht dran denkt, wird den Schmarrn trotzdem genauso gut hinbekommen. Den Topf vom Herd ziehen, den Kloß in eine Schüssel geben, den Ricotta und die Eier unterrrühren.

3. Den Backofen auf 175 °C (Umluft 150 °C) vorheizen. 2 EL Butter auf dem Herd bei mittlerer Hitze in einer ofenfesten Pfanne zerlassen und den Grießkoch darin verstreichen. 1 Minute darin leicht anrösten, dann den »Pfannkuchen« wenden und für 10 Minuten in den Ofen (Mitte) schieben.

4. Nun den Grießkuchen mit zwei Löffeln grob zerrupfen. Übrige Butter zugeben, alles mit Puderzucker und Pinienkernen bestreuen und im Ofen (Mitte) unter öfterem Wenden in 10–15 Minuten goldgelb und knusprig braten. Gleich mit Kompott (in Österreich sagt man: »Röster«) servieren.

Ofenmilchreis mit Nektarinen, Sonnenseite. Auch lecker: Früchte umgekehrt gratinieren, dann sammelt sich der Karamell darin.

OFENMILCHREIS MIT NEKTARINEN

Englands »Creamy Rice« auf Australisch – so easy.

Zutaten für 4 Portionen
100 g Milchreis • 1 Vanilleschote • 100 g Zucker • 300 ml Milch • 1 Dose Kokosmilch (400 ml) • Butter für die Form • frisch geriebene Muskatnuss • 2 große Nektarinen

Zubereitungszeit: 10 Minuten (+ 1 Stunde Garen)

› Den Reis im Sieb abspülen. Vanilleschote längs aufschlitzen, Mark herauskratzen. Schote und Mark samt 50 g Zucker in der Milch aufkochen, abkühlen lassen, Schote entfernen. Milch, Kokosmilch und Reis mischen.

› Backofen auf 160 °C vorheizen. Eine flache Auflaufform buttern, Reismischung einfüllen. Im Ofen (oben, Umluft 140 °C) etwa 1 Stunde backen. Wenn der Reis dick zu werden beginnt, mit Muskat überreiben. Am Ende sollte die Flüssigkeit fast aufgenommen sein, und der Reis eine Kruste haben. Aus dem Ofen nehmen.

› Backofengrill anheizen. Nektarinen waschen, halbieren und entsteinen. Hälften auf den Reis setzen, mit übrigem Zucker bestreuen und etwa 5 Minuten im Ofen (oben) übergrillen, bis der Zucker karamellisiert.

Ich mache ...
BRÖSELPUDDING

Dieser Pudding ist ein echter: im Wasserbad gekocht und mit einer Sauce serviert, die Bischof heißt und vor allem aus Rotwein besteht.

Das Rezept ist ein sehr altes aus Frankfurt, das hier behutsam etwas aufgefrischt wird. Für 4 Puddinge braucht es: 70 g gemahlene Mandeln, 1/2 Bio-Zitrone, 4 Eier, 1 Prise Salz, 100 g Zucker, 125 g weiche Butter, 150 g Semmelbrösel sowie Butter und Brösel für die Förmchen. Für die Bischof-Sauce außerdem: 50 g Sultaninen, 350 ml Rotwein, 1/2 Bio-Zitrone, 70 g Würfelzucker, 2 EL Speisestärke und 5 EL Orangenlikör.

1. Für den Pudding die Mandeln in einer Pfanne anrösten. Zitrone heiß waschen, die Schale abreiben. Vier hitzebeständige Förmchen mit flachem Boden mit Butter ausstreichen, mit Bröseln ausstreuen. Backofen auf 175 °C vorheizen. Einen Bräter mit so viel Wasser füllen, dass später darin die Förmchen zu drei Vierteln stehen können, und in den Ofen (Mitte) schieben.

2. Die Eier trennen. Eiweiß mit dem Salz schaumig schlagen, 70 g Zucker einrieseln lassen, bis ein fester Schnee entstanden ist. Butter mit übrigem Zucker und Zitronenschale cremig schlagen. Nun Eigelb nacheinander unter rühren, bis eine schaumige Creme entstanden ist. Die Brösel und die abgekühlten Mandeln unter die Creme ziehen, den Eischnee unterheben. Förmchen zu drei Vierteln mit der Masse füllen. In den Bräter ins Wasserbad stellen und den Pudding im Ofen (Umluft 150 °C) 40 Minuten backen.

3. Inzwischen den Bischof kochen: Sultaninen abspülen und mit dem Wein in einen Topf geben. Die Zitrone heiß waschen und mit dem Würfelzucker so viel Schale wie möglich abreiben. Gesamten Würfelzucker in den Topf geben und bei mittlerer Hitze schmelzen lassen. Topf vom Herd nehmen. Die Stärke mit dem Likör glatt verrühren und unter den Wein mischen. Dann einmal aufkochen lassen, sodass die Sauce bindet und der Stärkegeschmack verloren geht. Den Bischof umfüllen und abkühlen lassen.

4. Die gegarten Puddinge aus dem Wasserbad nehmen, falls nötig, den Rand etwas mit einer Messerspitze lösen und die Puddinge behutsam aus der Form holen – am besten mit Hilfe von einem Topflappen. Die Puddinge auf Teller setzen und mit dem Bischof servieren.

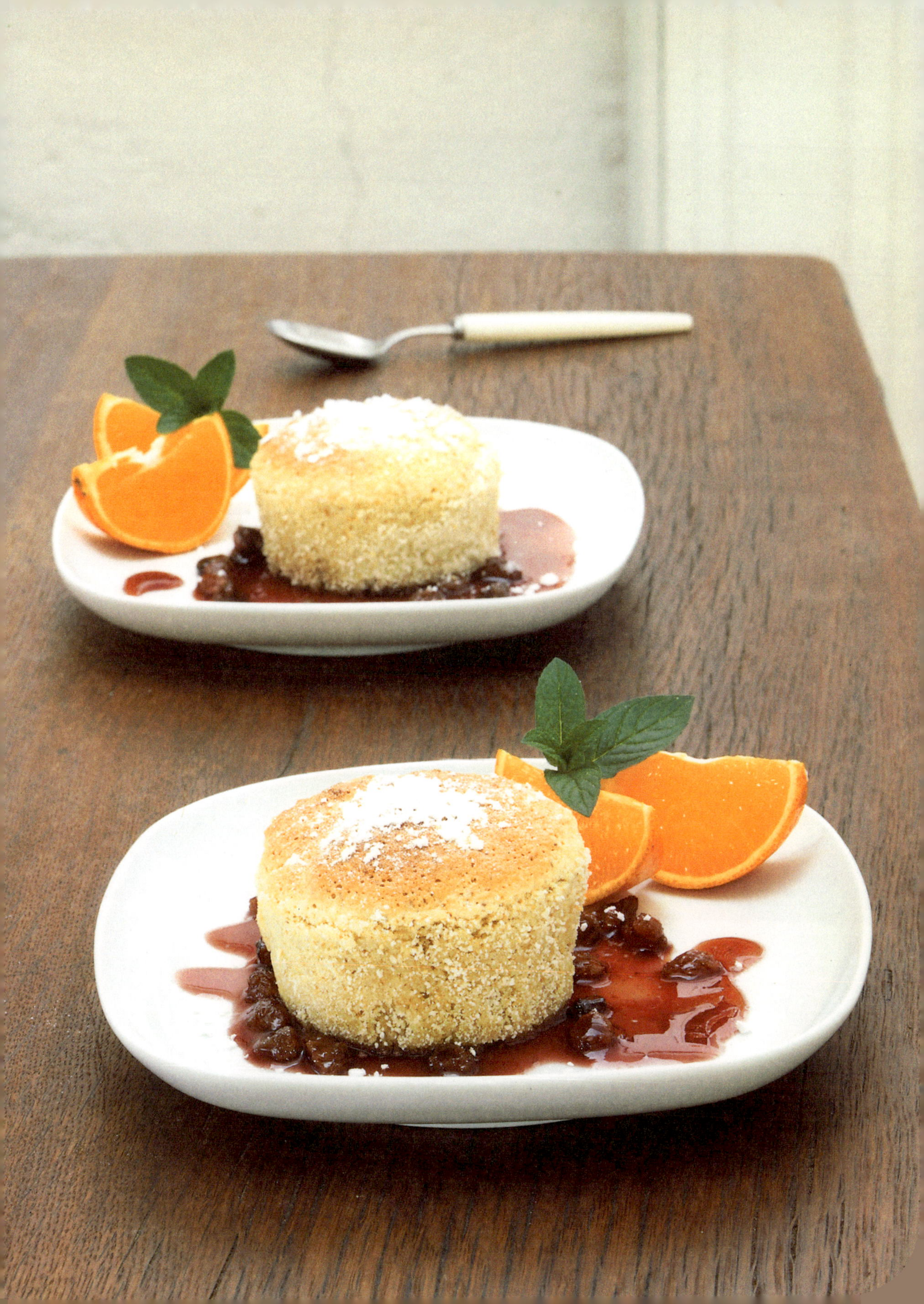

Ich koche ... was Süßes

WHITE CHOCOLATE BANANA CHEESECAKE

Dieser Käsekuchen hat es in, aber nicht unter sich. Denn in seiner Quarkmasse verbergen sich weiße Schokolade und Bananen, was ihn geschmeidig und süß werden lässt. Dafür braucht er noch nicht mal einen Teigboden. Was ihn dazu noch so simpel macht.

Zutaten für 16 Stück (Springform mit 26 cm Ø)
100 g weiße Schokolade • 150 g weiche Butter + Butter für die Form • 200 g Zucker • 4 Eier • 2 Bananen • 2 EL Apfelsaft • 1 TL Zitronensaft • 1 kg Magerquark • 1 Päckchen Vanillepuddingpulver • Puderzucker zum Bestreuen

Zubereitungszeit: 20 Minuten (+ 40 Minuten Backen und 15 Minuten Ausdampfen)

› Den Backofen auf 200 °C vorheizen. Die Schokolade fein reiben, für die Verzierung ein paar Späne grob hobeln. Die Springform buttern.

› Die Butter mit dem Zucker schaumig rühren, dann nach und nach die Eier darunterschlagen. Bananen schälen, mit Apfel- und Zitronensaft pürieren. Fein geriebene Schokolade, Bananenpüree, abgetropften Quark und das Puddingpulver unterrühren.

› Form mit der Masse füllen und in den Ofen (Mitte, Umluft 180 °C) schieben. Etwa 40 Minuten backen, bis daraus ein schön aufgegangener Käsekuchen mit einer goldgelben Oberfläche geworden ist. Ofen ausschalten, die Türe öffnen und den Kuchen im Ofen 15 Minuten ausdampfen lassen. Herausnehmen und in der Form völlig abkühlen lassen.

› Zum Servieren den Kuchen aus der Form lösen, mit Puderzucker und Schokospänen bestreuen und auf eine Platte setzen. Dazu schmecken übrigens die Himbeeren von rechts nebenan auch sehr gut.

FRANZÖSISCHER SCHOKOLADENKUCHEN

Ein Rezept mit Geschichte: 1993 war es das letzte in meinem ersten Kochbuch, das »Bistroküche« hieß. Der Kuchen hatte den Namen »Schokoladenkuchen ohne Mehl«: außen knusprig, saftig-schokoladig im Inneren – das leicht zusammengesunken war. Das störte, als er 2000 in »Basic baking« rübergeholt werden sollte, weswegen 2 EL Mehl zur Stütze dazukamen. Die sind jetzt wieder draußen, weil ich den Dreh gefunden habe, der Knusprigkeit, Saftigkeit und Stabilität zugleich schafft. Die Schokomousse (nichts anderes ist die Grundmasse) wird bei kleiner Hitze im Wasserbad gebacken. Dass ich es überhaupt noch mal versucht habe, verdanke ich den Lesern meines Blogs. Dort ist der »französische Schokoladenkuchen« das meistgesuchte Rezept, obwohl das nur in einer Bildunterschrift stand. Hier endlich das Rezept dazu.

Zutaten für 12–16 Stück (Pie- oder Pizzaform aus Metall, mit schrägem Rand, 26 cm Ø)
200 g gute Zartbitterkuvertüre • 200 g weiche Butter + Butter für die Form • 4 Eier • 90 g Zucker • 1 Prise Salz • 200 g Himbeeren • 200 g Crème fraîche • Backpapier

Zubereitungszeit: 20 Minuten (+ 1 1/4 Stunden Backen und 45 Minuten Ruhenlassen)

› Die Kuvertüre klein hacken und mit der Butter in eine Metallschüssel geben. Einen Topf halbvoll mit heißem Wasser füllen und zum Sieden bringen. Die Schüssel auf den Topf setzen, sodass Kuvertüre und Butter langsam über dem Dampf schmelzen.

› Den Backofen auf 150 °C vorheizen. Ein tiefes Backblech auf Mitte einschieben und gut 1–2 cm hoch mit Wasser füllen. Backpapier in der Größe des Bodens der Pie- oder Pizzaform ausschneiden. Die Form bis an den Rand hoch gut buttern und das Backpapier einlegen.

Ergebnis von 14 Jahren Forschungsarbeit: Französischer Schokoladenkuchen ohne Mehl und mit nicht zu viel Kakao. Himmlisch!

› Die Butter und die Kuvertüre zu einer glatten Masse verrühren. Dann neben den Herd stellen, damit sie Handwärme erreicht und sich so am besten mit der Eiermasse vermischen lässt.

› Die Eier und 60 g Zucker samt dem Salz mit den Schneebesen des Handrührgeräts dickschaumig und hellcremig schlagen. Die handwarme Schokobutter wird nun mit einem Kochlöffel behutsam unter den Eierschaum gezogen – lieber noch ein paar Schlieren lassen, statt die ganze Luft rauszurühren. Aber Achtung: Die Schokolade setzt sich gerne am Boden ab, also mit dem Kochlöffel bis ganz nach unten gehen.

› Die Schokomasse in die vorbereitete Form gießen und diese leicht rütteln, sodass alles glatt ist. Die Form in das Wasser im Blech stellen und die Masse im Ofen (Umluft 140 °C) 1 1/4 Stunden backen, bis die Oberfläche fest ist und nur noch leicht nachgibt.

› Den Kuchen aus dem Ofen holen, 10 Minuten ruhen lassen. Dann den Rand leicht lösen, eine Tortenplatte auflegen und den Kuchen damit umdrehen. Die Form abheben und das Papier vom Kuchen abziehen. Den französischen Schokoladenkuchen noch mindestens 45 Minuten stehen lassen. Die Himbeeren möglichst nicht waschen, nur entstielen, mit übrigem Zucker mischen und zum Saftziehen sich selbst überlassen. Crème fraîche in eine Schale geben, kühlen.

› Der Schokoladenkuchen schmeckt lauwarm und frisch sehr gut, aber auch kompakt und satt ist er in den nächsten Tagen noch ein Hochgenuss. In jedem Fall mit Himbeeren und Crème fraîche krönen.

Ich backe ...
ZITRUSKUCHEN

Wie die beiden Vorgänger ist auch dies ein perfekter Dessertkuchen – so wie sie gerne in Frankreich, Italien oder auch England serviert werden. Er enthält ebenfalls kein Mehl, dafür aber Mandeln und Polenta, was den eierreichen Biskuit noch gelber leuchten lässt.

Man könnte ihn auch »5:1-Kuchen« nennen, denn danach baut sich die Zutatenliste auf: 500 g gemahlene Mandeln, 50 g Polenta-Maisgrieß und 1 TL Backpulver sowie je 1 Bio-Zitrone und Limette, dann 5 Eier, 5 Eigelbe, 500 g Zucker und 1 Prise Salz. Plus Butter für die 26er-Springform, Puderzucker zum Bestreuen und 200 g Mascarpone zum Dazustellen. Und die Beeren vom Schokokuchen (Seite 156) passen auch hier wieder gut.

1. Zuerst wird alles vorbereitet. Denn ist die Biskuitmasse fertig, will sie schnell in den Ofen, den wir gleich auf 150 °C vorheizen. Nun die Springform gut buttern. Mandeln, Polenta und Backpulver gründlich mischen. Die Früchte heiß waschen und die Schale fein abreiben, Saft auspressen.

2. Jetzt machen wir viel Eierschaum. Daher eine große Rührschüssel nehmen und darin Eier und Eigelbe mit Zucker und Salz lange und kräftig schlagen, bis die Masse hellschaumig und der Zucker so gut wie gelöst ist. Nun mit einem Kochlöffel die Mandel-Polenta-Mischung sowie Zitrusschale und -saft unterziehen.

3. Die Biskuitmasse in die Springform füllen. Oberfläche glatt streichen und die Form auf der Mittelschiene in den Ofen (Umluft 140 °C) stellen. Darin bäckt der Zitruskuchen rund 1 1/4 Stunden. Für den Gar-Test mit einem Holzstäbchen in den Kuchen stechen – ist es noch feucht, kurz weiterbacken, hängen bloß Krümel dran, ist der Kuchen fertig.

4. Den Ofen ausschalten. Die Türe öffnen und den Kuchen im Ofen in der Form mindestens 2 Stunden abkühlen lassen. Die Form lösen, den Kuchen mit Puderzucker bestreuen und behutsam auf eine Platte heben. Aufschneiden, Mascarpone dazulöffeln und servieren.

BEEREN-FRIANDAISE

Wie beim Zitruskuchen spielen auch hier Mandel und Ei eine große Rolle, wobei es bei diesem Rezept nur Eiweiß ist, was die Törtchen besonders knusprig macht. Substanz erhalten sie durch geschmolzene Butter, ähnlich wie bei Muffins. Allerdings schmecken die Friandaise weniger kuchig, dafür fast ein bisschen wie Marzipankonfekt. Im Original werden sie in kleinen Schiffchenformen gebacken, aber so geht es auch sehr gut ...

Zutaten für 12 Stück (Muffinblech mit 12 Mulden)
200 g Butter • 250 g Puderzucker + Puderzucker zum Bestäuben • 80 g Mehl • 130 g gemahlene Mandeln • 1 Prise Salz • 6 Eiweiße • 150 g Beeren nach Wunsch (z. B. Brombeeren, Heidelbeeren und/oder Himbeeren)

Zubereitungszeit: 20 Minuten
(+ 25 Minuten Backen)

› Den Backofen auf 200 °C (Umluft 180 °C) vorheizen. Butter in einem Topf bei mittlerer Hitze zerlassen und dabei ganz leicht bräunen. Mulden der Muffinform mit etwas Butter auspinseln.

› Den Puderzucker mit Mehl, Mandeln und Salz vermischen. Das Eiweiß etwas schaumig rühren, aber nicht zu steif schlagen – es soll noch fließen. Die Mandelmischung mit dem Schaum glatt verrühren, dann die flüssige, nur noch lauwarme Butter darunterrühren.

› Die Mulden der Form zu drei Vierteln mit der Mandelmasse füllen. Die Beeren, nur falls nötig, kurz abbrausen, entstielen und auf der Teigmasse verteilen. Die Friandaise nun 5 Minuten im Ofen (Mitte) anbacken. Dann die Hitze auf 175 °C (Umluft 150 °C) reduzieren und die kleinen Kuchen in 20 Minuten knusprig backen.

› Die Beeren-Friandaise 5 Minuten im offenen, ausgeschalteten Ofen ruhen lassen, dann aus der Form lösen. Etwas abkühlen lassen und leicht mit Puderzucker bestäuben.

Muffins für Feinschmecker: Mandeln, Eischnee und Heidelbeeren machen aus den Friandaise eher ein Konfekt als einen Kuchen. Sehr fein zum Tee.

Ich koche ... was Süßes

HEIDESAND

Für diese Plätzchen braucht es weder Backwissen noch -geräte – der Teig kommt aus dem Topf, geformt wird mit dem Teelöffel. Es sind die einzigen Plätzchen, die ich von meiner nicht backenden Mutter gelernt habe. Und sie sind einmalig: samtig-fein mit einem warmen Ton von brauner Butter auf der Zunge. Ach …

Zutaten für 50–60 Stück
250 g Butter • 400 g Mehl + Mehl zum Formen • 2 Msp. Hirschhornsalz (ein Backtriebmittel aus der Apotheke) • 200 g Zucker + Zucker zum Wälzen • 1 Päckchen echter Vanillezucker • Backpapier

Zubereitungszeit: 15 Minuten (+ 12–15 Minuten Backen und über Nacht Kühlen)

› Butter in einem großen Topf sanft schmelzen, bis sie leicht zu bräunen beginnt, und abkühlen lassen. Ist sie kalt, aber noch flüssig, Mehl, Hirschhornsalz, Zucker und Vanillezucker mischen, mit der Butter verkneten.

› Dann mit dem Teelöffel kleine Portionen abnehmen und mit den bemehlten Händen zu Kugeln zwischen Hasel- und Walnussgröße formen. Die Teigkugeln mit gutem Abstand auf Bleche mit Backpapier legen, da sie ein wenig aufgehen (und Risse dabei bekommen, was aber in Ordnung geht). Zwischendurch den Backofen auf 175 °C (Umluft 150 °C) vorheizen.

› Die Heidesand im Ofen (Mitte) in 12–15 Minuten hellbraun und nicht ganz fest backen (sie werden beim Abkühlen dann noch fester). Dann raus aus dem Ofen und gleich samt Backpapier vom Blech ziehen. Noch warm in Zucker wälzen und auf Gittern über Nacht auskühlen lassen. Gelagert werden sie in Blechdosen mit Papier zwischen den einzelnen Lagen.

GINGER COOKIES

Ein Traditionsrezept für Leute, die es echt britisch (die Melasse), gerne ein bisschen herb (das Soda) und ein wenig scharf (der Ingwer) mögen – und für alle, die würzige Kekse nicht nur an Weihnachten wollen.

Zutaten für 50–60 Stück
160 g weiche Butter + Butter fürs Blech • 160 g brauner Zucker + Zucker zum Wälzen • 60 g Rübensirup oder Melasse (gibt's im Reformhaus) • 1 Ei • 230 g Mehl • 2 TL Soda (Backtriebmittel, gibt's in der Apotheke – mit Backpulver wird das hier nichts) • 1/2 TL Salz • 2 TL gemahlener Ingwer • 1/2 TL Zimtpulver • 1/2 TL gemahlene Nelken

Zubereitungszeit: 20 Minuten (+ 10–12 Minuten Backen und über Nacht Kühlen)

› Butter und Zucker mit den Schneebesen des Handrührgeräts cremig rühren. Dann nach und nach Sirup oder Melasse und Ei dazugeben, die Masse schaumig schlagen. Mehl mit übrigen Zutaten mischen und die Hälfte davon mit dem Rührgerät unter die Buttermasse rühren, den Rest mit dem Kochlöffel unterziehen.

› Den Backofen auf 175 °C (Umluft 150 °C) vorheizen, Backbleche buttern. Von dem Teig mit einem Teelöffel kleine Portionen abnehmen, zu Kugeln formen und in Zucker wälzen. Die Kugeln in gutem Abstand auf die Bleche setzen – beim Backen werden es flache Cookies.

› Nacheinander in den Ofen (Mitte) schieben und die Cookies 10–12 Minuten backen, sodass sie innen noch etwas weich sind. Auf einem Gitter über Nacht auskühlen lassen. Luftdicht in einer Box oder Dose aufbewahren – nach 2 Tagen schmecken sie noch würziger.

CHOCOMALLOWS

Bonbons für Einsteiger – auch wenn man erst einmal einen Schreck kriegt, wie Marshmallows und Schokolade im Topf reagieren. Aber alles wird gut. Sehr gut.

Zutaten für 40–50 Stück
250 g weiße Marshmallows • 100 g Vollmilchschokolade • 50 g Butter • 1 Päckchen Vanillezucker • 100 g gepuffter Reis (z.B. Rice Crispies) • Backpapier

Zubereitungszeit: 30 Minuten (+ über Nacht Kühlen)

› Die Marshmallows hacken, die Schokolade reiben. Die Butter im Topf bei sanfter Hitze schmelzen lassen.

› Marshmallows und Schokolade samt Vanillezucker zur Butter geben und unter Rühren schmelzen lassen. Keine Sorge, wenn das eine ziemlich zähe Masse gibt, es soll so sein. Dann den Puffreis einrühren.

› Von der Masse mit einem Teelöffel Bonbons formen und diese auf Tabletts mit Backpapier setzen, dabei den Löffel immer wieder in kaltes Wasser tauchen. Die Bonbons über Nacht zugedeckt kühlen und dann in bunte Pralinenhülsen setzen. So luftdicht wie möglich in Boxen aufbewahren.

WALNÜSSCHEN

Knusprige Nussmakronen mit einem süßen Geheimnis – weiße Schokolade steckt in ihnen.

Zutaten für 60 Stück
450 g Walnusskerne • 100 g weiße Schokolade • 200 g Puderzucker • 1/2 TL Zimtpulver • 1/2 TL gemahlener Ingwer • 2 Eiweiße • etwa 1 EL Rum • etwa 100 g Grümmel (gestoßener Kandis)

Zubereitungszeit: 45 Minuten (+ 3 Stunden Kühlen, 8–10 Minuten Backen und 1–2 Tage Trocknen)

› 60 Nusskerne beiseitelegen, übrige Nüsse (es sollten 250 g sein) fein reiben. Schokolade reiben, mit geriebenen Nüssen, Puderzucker und Gewürzen mischen.

› Eiweiß cremig schlagen, Nussmischung untermengen. So viel Rum zugeben, dass eine nicht zu weiche, knetbare Masse entsteht. Die Arbeitsfläche mit Grümmel bestreuen und darauf aus der Masse etwa 3 cm dicke Rollen formen. Abgedeckt 3 Stunden kühlen.

› Backofen auf 225 °C (Umluft 200 °C) vorheizen. Die Rollen in 1 cm dicke Scheiben schneiden, auf mit Backpapier belegte Bleche geben und je 1 der übrigen Walnusshälften leicht daraufdrücken. Im Ofen (Mitte) 8–10 Minuten backen, sodass die Plätzchen noch etwas weich sind. Auf Gittern 1–2 Tage trocknen lassen.

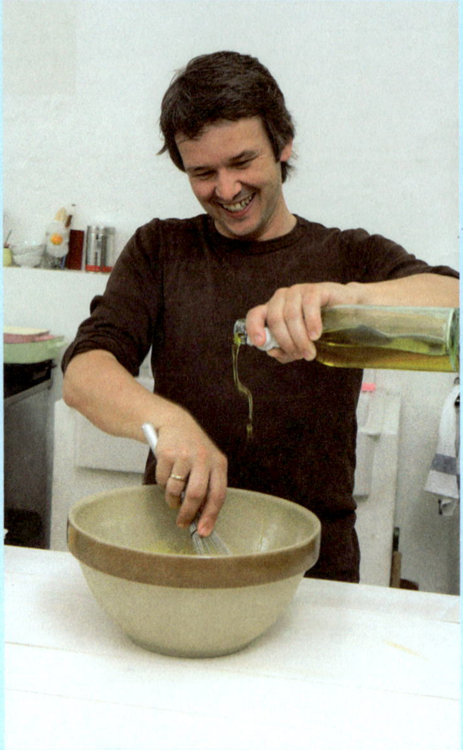
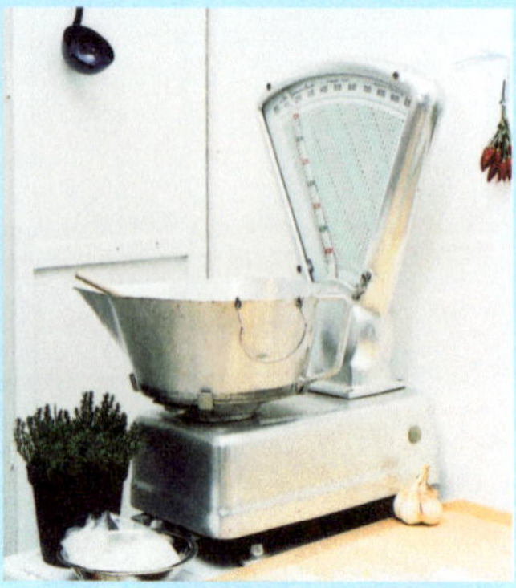
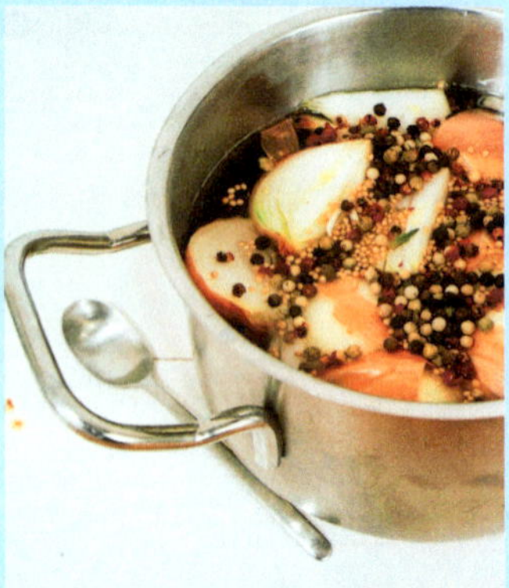
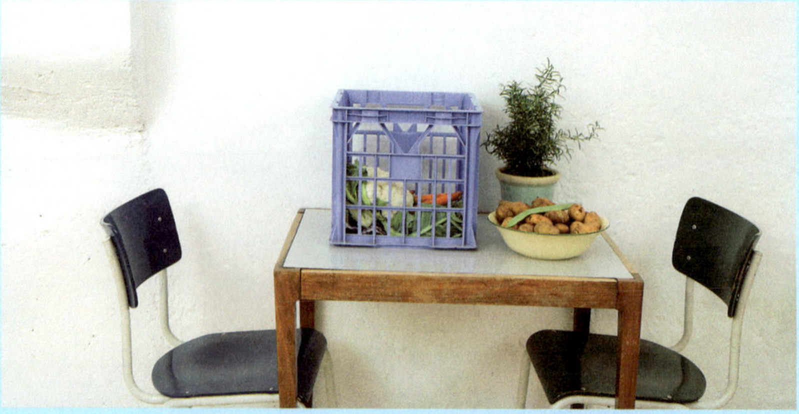

AUF VORRAT

Wer seine Basics einmacht, konserviert nicht nur Lebensmittel. Manchmal sind da noch Erinnerungen mit drin – an ein besonderes Aroma, eine gelungene Saison oder an den Ausflug zur Brombeerhecke im letzten Sommer. Und wenn ich all das in Gläser stecke und in den Küchenschrank stelle, hat das etwas ganz Besonderes. Vor allem wenn man dabei nur das Allerbeste an Zutaten und Zubereitungen nimmt. Damit sind einem die kulinarischen Erfolge sicherer als mit Fertigware aus dem Laden. Wie man solche Sachen selber macht, findet sich auf den nächsten Seiten – von Newcomern (Wasabi-Nüsse) über alte Bekannte (Brathering) bis zu verschollenen (Soleier) und neuen Lieblingen (Zwiebel-Chutney).

Ich mag ...
GLÄSCHEN

Mein Küchenschrank ist aus Glas. Nein, nicht der Schrank selbst, sondern sein Inhalt: kleine Apothekergläschen mit den Gewürzmischungen einer Kollegin; ein Fläschchen Nama-tamari, jungfräulich reine Sojasauce aus Japan; und ein Schraubglas mit gelbem Deckel für Sugo aus dem Bio-Laden, das inzwischen von einem Rest roter Linsen bewohnt wird.

Dann aus hessischem Familienbesitz zwei Gläser Stachelbeeren plus acht Glas Apfelgelee plus dem Glas, das halbleer im obersten Kühlschrankfach steht. Wo es sich nicht einsam fühlen muss zwischen den angebrochenen Chutneys (toll das aus gesalzenen Zitronen), Senfsorten (von bayrisch-süß bis englisch-scharf) und Versuchsobjekten (Hans' Chilipaste mit dem Totenkopf drauf), die sich alle um die Kühlschranklampe drängen, dass es nur so schummert.

Ich mag Vorrat im Gläschen. Vor allem wenn der Inhalt so konzentriert würzig ist, dass er meinem Essen den letzten Kick gibt. Da bin ich ganz Japaner und verliere jede Scheu vorm guten Fertigprodukt – denn so kann ich mich mehr ums wirklich Frische kümmern.

Wobei, dieser fertig eingelegte Ingwer zu Sushi, muss der eigentlich fast immer nach Waschmittel schmecken? Kann ich den vielleicht auch selber machen? Und von dem Zwiebel-Confit, das so gut auf Pizza und zu Ziegenkäse passt, da sollte ich gleich ein paar Gläser mehr abfüllen. Dann mein Rumtopf – der ist nun im dritten Monat, und es geht ihm weiter gut. Da könnte ich mich jetzt mal an Gabis Rezept für Eierlikör wagen – von dem mag ich nämlich auch ab und zu ein Gläschen.

Was ich nicht mag im Glas:

Pesto, zum Großteil; unausgegorene Experimente (Pesto-Konfitüre); Alkohol an allen Konfitüren; alles im Glas, das außen drauf ein Haltbarkeitsdatum trägt, das aus dem Vorjahr stammt.

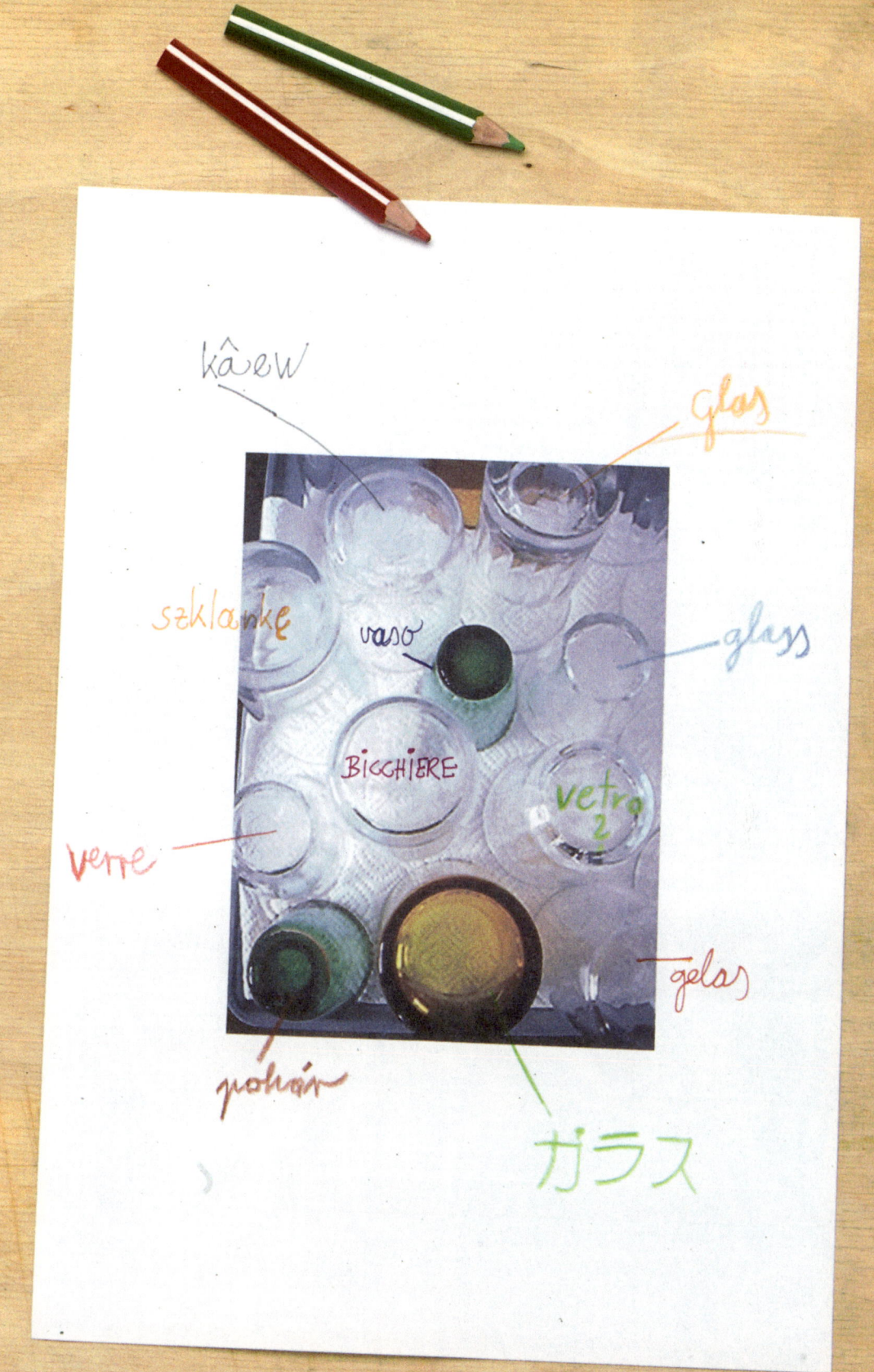

kâew · glas · szklankę · vaso · glass · bicchiere · vetro · verre · gelas · pohár · ガラス

Ich mache ...
WASABI-ERDNÜSSE

Wie viel von der scharfen Wasabi-Wurzel wirklich in den nach ihr benannten Pasten und Pulvern ist? Hm. In der Wildnis braucht diese Meerrettichart mehrere Jahre, um möhrengroß zu werden. Inzwischen kann man sie zwar züchten, bis sie aber geerntet werden kann, dauert es immer noch 2 Jahre, was sie teuer macht. Daher hat die Schärfe und das Grün in Paste und Pulver oftmals andere Quellen. Aber der Geschmack ist nicht so weit weg von dem echten Wasabi, den ich einmal kosten durfte – im Kiesbett eines Baches in den japanischen Alpen gewachsen. So ein Erlebnis gibt es natürlich nicht in Tuben, und Wasabi-Nüsse nicht in Japan! Denn sie sind eine Erfindung des asiatischen Festlands. Und wir machen sie selber mit: je 3 EL Wasabi-Paste (Tube) und -Pulver (zum Anrühren) – beides aus dem Asia-Laden, 2 EL Reis- oder Obstessig, 2 EL Speisestärke, 2 Eiweiße, 300 g gesalzene Erdnüsse.

1. Zuerst ist die Mischung für die Kruste dran. Wasabi-Paste und -Pulver, den Essig und die Stärke miteinander verrühren. Das Eiweiß mit der Gabel verschlagen, dann mit der Wasabi-Mischung glatt rühren.

2. Den Backofen auf 120 °C vorheizen (keine Umluft, damit die Wasabi-Hülle gleichmäßig trocknen kann). Eine große Pfanne ohne Fett auf den Herd stellen und bei Mittelhitze heiß machen. Die Nüsse hineingeben und unter öfterem Schwenken 2–3 Minuten rösten, sodass sie leicht bräunen. Vor allem gegen Ende darauf achten, dass sie nicht zu dunkel werden – das kann sehr schnell gehen.

3. Die noch warmen Nüsse zur Wasabi-Mischung geben, vermengen. Ein Blech mit Backpapier auslegen und die Nüsse darauf flach verteilen. Nun 15 Minuten stehen lassen, sodass die Mischung leicht antrocknen kann.

4. Dann das Backblech in den Ofen (Mitte) schieben. Die Wasabi-Nüsse 15 Minuten backen, aus dem Backofen nehmen und vorsichtig aneinanderhängende Nüsse trennen und vom Papier lösen.

5. Die Nüsse noch einmal gute 5 Minuten backen. Am Ende sollte der Überzug trocken und noch grün (nicht braun!) sein. Das Blech aus dem Ofen nehmen, die Nüsse samt Papier auf ein Gitter herunterziehen. Nüsse völlig abkühlen und über Nacht durchtrocknen lassen. Anschließend luftdicht in einer Dose verpacken, so bleiben sie 2 Wochen lang frisch.

Irgendwann waren sie da, diese grünen Dosen mit noch giftgrünerem Inhalt, der mir auf den ersten Bissen den Atem nehmen kann, bis ich nach dem Kartoffelchips-Prinzip sofort wieder zugreifen muss. Frittierte Erbsen und geröstete Erdnüsse in Wasabi-Hülle lassen einen nicht mehr so schnell los. Mich beschäftigt vor allem, wie man sie selber machen kann. Hier der aktuelle Stand meiner Forschungen am Beispiel der Wasabi-Nuss. Weiterentwicklung möglich.

SUSHI-INGWER

»Gari« heißt Ingwer auf japanisch und mit »gari-shoga« sind die hauchdünnen Ingwerscheiben gemeint, die mal in Salz, mal in Essig, mal in Reiswein eingelegt und zu Sushi serviert werden. Man isst sie zwischen den Sushi-Bissen zur Reinigung des Geschmacks, was manche Hersteller wohl zu wörtlich nehmen – schlechtes »gari-shoga« kann wie Waschmittel schmecken. Hier drei Methoden fürs Selbermachen von etwa 500 g Sushi-Ingwer, von denen jede ihren Reiz hat:

› **Die traditionelle Art:** 300 g frischen Ingwer schälen, in dünne Scheiben hobeln und für 5 Minuten in kochendes Wasser geben. Ingwer in ein Sieb schütten, gut abtropfen lassen und mit Küchenpapier trockentupfen. Ingwer behutsam mit 1 1/2 EL Salz mischen und 1 Stunde ziehen lassen. Inzwischen 150 g Zucker mit 300 ml Reisessig (ersatzweise milder Obstessig) aufkochen und abkühlen lassen. Den Ingwer im Sieb durchschütteln und gut abtropfen lassen, dann in gründlich gesäuberte Schraubgläser füllen. Mit Essigsud bedecken und mindestens 24 Stunden durchziehen lassen. Bleibt gekühlt 2–3 Wochen frisch.

› **Die frische Art:** 300 g möglichst jungen, frischen Ingwer (gibt es in guten Asia-Läden) schälen und in Scheiben hobeln, dann 30 Sekunden in kochendes Wasser geben und im Sieb abtropfen lassen. 1/4 l Sake (japanischer Reiswein) sanft erhitzen und 2 EL Zucker und 2 EL Salz darin auflösen, abkühlen lassen. Den Ingwer in gründlich gereinigte Schraubgläser füllen, mit Sud begießen und mindestens 24 Stunden durchziehen lassen. Hält gekühlt 1 Woche.

› **Die moderne Art:** Australien ist der größte Produzent von Ingwerprodukten aller Art und versorgt auch Japan mit »gari-shoga«. Christine Manfield, Grand Dame der australischen Fusionsküche und Voodoo-Priesterin beim Spiel mit Aromen, hat ihre eigene Version, die zur fortschrittlichen Sushi-Kultur Sydneys passt: 300 g wirklich jungen, frischen Ingwer (gibt es mit seiner dünnen, glänzenden Schale und dem zarten, kaum faserigen Fleisch in guten Asia-Läden) schälen und in hauchdünne Scheiben hobeln. 1 EL Wasser erhitzen und 1 EL Zucker darin auflösen. Dies mit 300 ml Reisessig, dem Saft von 2 Limetten und 3 EL Fischsauce mischen. Den Ingwer in gründlich gesäuberte Schraubgläser geben, mit dem Sud bedecken, 2 Tage durchziehen lassen. Hält gekühlt 1 Woche.

SÜSSSAURE BUNTE ZWIEBELN

Zwiebeln sind einfach toll. Nicht nur als Basis für Suppen und Saucen, Salate und Salsa, Braten und Pfannengerichte, sondern auch als eigenständige Mitglieder einer großen, bunten Familie, in der es Dicke und Dünne, Rote und Grüne, Milde und Scharfe gibt, die man schmoren und frittieren, dünsten und glasieren, roh genießen oder auch mal marinieren kann. Zum Beispiel wie hier: fünf Mitglieder der Famiglia Cipolla vereint bei Wein, Sherry und Zucker.

Zutaten für 4 Schraubgläser (zu je 1/4 l Inhalt)
250 g Schalotten • 250 g möglichst kleine, weiße und rote Zwiebeln • 1 Knoblauchzehe • 10 Frühlingszwiebeln • 400 ml trockener Weißwein • 200 ml Sherryessig • 2 Lorbeerblätter • 2 TL Senfkörner • 2 TL Salz • 2 EL Zucker

Zubereitungszeit: 20 Minuten
(+ 15 Minuten Garen und 2 Tage Marinieren)

› Schalotten, weiße und rote Zwiebeln und die Knoblauchzehe schälen. Alle größeren Zwiebeln werden nun noch samt ihrem Strunk halbiert. Knoblauch in dünne Scheiben schneiden.

Vom Schälchen ins Gläschen: Süßsaure bunte Zwiebeln sind immer gut für ein Geschenk (und gar nicht teuer).

› Frühlingszwiebeln waschen, vom dunklen, schlappen Grün befreien und den Wurzelansatz so abschneiden, dass die Zwiebeln noch zusammenhalten. Die Frühlingszwiebeln nun auf 6 cm Länge kürzen. Den Rest aufbewahren, etwa für eine Brühe oder auch Salate.

› Den Wein mit Essig und 400 ml Wasser samt den Lorbeerblättern, den Senfkörnern, Salz und Zucker aufkochen. Schalotten, weiße und rote Zwiebeln, den Knoblauch und die Frühlingszwiebeln dazugeben, aufkochen und dann die ganze Mischung 15 Minuten bei kleiner Hitze sanft köcheln lassen.

› Anschließend alle Zwiebeln und den Knoblauch aus dem Sud fischen und auf die sauber ausgespülten Schraubgläser verteilen. Den Sud aufkochen und samt den Gewürzen über die Zwiebeln gießen.

› Die Gläser sofort gut zuschrauben und den Inhalt abkühlen lassen. Die süßsauren bunten Zwiebeln sollten an einem kühlen Ort mindestens 2 Tage lang durchziehen. Sie halten im Kühlschrank auch mehrere Wochen. Am besten zu gegrilltem Fleisch oder zu Röstbrot servieren.

Ich mache ...
BRATHERING

Wer dem Besuch aus Asien einmal zeigen will, dass wir hier auch komische Sachen essen, der holt sich einen Brathering: ein Fisch in graubrauner Mehlkruste in einem Sud aus Gewürzen – nein, eine Schönheit ist er wirklich nicht, weswegen er leider nicht mit aufs Foto darf. Aber er schmeckt einfach. Vor allem selbst gemacht.

Und das Selbermachen ist gar nicht so schwer, wenn man im Fischladen erst einmal frische Heringe bekommen hat, »grüne Heringe« genannt. Sardinen gehen übrigens zur Not auch, sie kommen aus der gleichen Familie. Auf jeden Fall sollten die Fische ausgenommen und am besten auch gleich von Kopf und Schwanz befreit sein. Für 4–6 Leute brauchen wir 8 grüne Heringe (das ist etwa 1 kg; vorbereitet, wie gerade beschrieben) sowie 1 TL Salz, 3 EL Öl, 2 EL Butter und 4 EL Mehl. Für die Marinade: 3 Zwiebeln, 350 ml Essig nach Gusto (ich mag hier Weinessig), 50 g braunen Zucker, 10 schwarze Pfefferkörner, 1 TL Senfkörner und 1/2 TL Salz.

1. Die Heringe unter fließendem Wasser waschen. Fische trockentupfen, mit dem Salz vermischen und 5 Minuten stehen lassen. Inzwischen Öl und Butter in einer großen Pfanne auf mittlerer Stufe erhitzen. Fische trockentupfen, im Mehl wenden und auf jeder Seite 5–6 Minuten braten, bis auch das Fleisch im Inneren der Bauchhöhle durchgegart ist. Abkühlen lassen.

2. Für die Marinade zuerst die Zwiebeln schälen, dann in dünne Ringe oder Streifen schneiden. Den Essig mit 650 ml Wasser, Zucker, Pfeffer- und Senfkörnern sowie dem Salz aufkochen. Zwiebeln dazugeben und einmal aufkochen. Den Essigsud abkühlen lassen.

3. Heringe in eine Keramik- oder Glasform schichten. Den abgekühlten Sud samt den Zwiebeln und den Gewürzen darübergießen und die Bratheringe abgedeckt im Kühlschrank mindestens 2 Tage durchziehen lassen. Sie bleiben etwa 2 Wochen lang frisch.

Wanderer, kommst Du in meine Küch' – lass Dir hausgemachten Paprikaspeck schmecken. Auch wenn nur sein Finish von mir ist.

PAPRIKASPECK

Zutaten für 800 g Speck
8 Knoblauchzehen • 3 Zweige Rosmarin • 800 g geräucherter durchwachsener Bauchspeck (am Stück) • 1 Zwiebel • 2 EL Öl • 1 TL getrocknetes Bohnenkraut • 1 TL getrockneter Majoran • 1 TL grob zerstoßene, bunte Pfefferkörner • je 2 EL edelsüßes und rosenscharfes Paprikapulver • Alufolie

Zubereitungszeit: 20 Minuten (+ 30 Minuten Garen und etwa 1–3 Tage Marinieren)

› Den Knoblauch schälen, die Zehen halbieren und von den Keimen befreien. 4 Zehen mit 2 Rosmarinzweigen in 2 l Wasser 10 Minuten kochen lassen. Den Speck darin bei kleiner Hitze 30 Minuten garen.

› Zwiebel schälen und in Ringe schneiden. Öl erhitzen und die Zwiebel darin zugedeckt bei kleiner Hitze in 6–8 Minuten weich schmoren. Übrigen Knoblauch fein würfeln. Die Nadeln vom dritten Rosmarinzweig abstreifen, fein hacken. Knoblauch und Rosmarin mit Bohnenkraut, Majoran, Pfeffer und Paprika mischen.

› Gegarten Speck aus dem Sud fischen und 5 Minuten ausdampfen lassen. Paprikamischung mit 4 EL Sud zur dicken Paste verrühren und den warmen Speck damit rundum einreiben. Die Hälfte der Zwiebel auf Alufolie ausbreiten, Paprikaspeck darauflegen und mit der übrigen Zwiebel bedecken. Fest in Folie einschlagen und 4 Stunden ziehen lassen. Dann ausgekühlt im Kühlschrank 1–3 Tage marinieren. Am besten schmeckt er in 1/2 cm dicken, kleinen Scheiben vom Speckbrett mit Bauernbrot und Gewürzgurken.

Ich mache ...
SOLEIER

Bei denen gilt der Inland-Exoten-Bonus noch mehr als beim Brathering (Seite 170), denn man bekommt die Eier selbst in ihrer Heimat kaum noch: Es sind eigentlich nur noch Berliner Museumskneipen, wo Gläser voller in Salzlake eingelegter Eier auf der Theke stehen, um rituell zu Bulette und Bier verspeist zu werden.

Ich habe sie zwar so noch nicht gegessen, fand aber nach dem ersten Probieren bei einem Freund, dass Soleier gerettet werden müssen. Da braucht es für die Erste Hilfe: 12 Eier, 4 Zwiebeln mit brauner Schale, 4 EL Salz, 15 weiße Pfefferkörner, 3 Lorbeerblätter, 1 EL Senfkörner, 1 EL Essig nach Gusto (hier würde ich einfach Branntweinessig nehmen). Zum Servieren dann genug Essig, Öl und Senf sowie 2 Zwiebeln in feinen Würfeln.

1. Erst mal die Eier kochen: Sie kommen alle in einen weiten Topf, in den so viel lauwarmes Wasser gezapft wird, bis die Eier bedeckt sind. Nun das Wasser aufkochen und dann die Eier 8 Minuten kochen lassen. Wasser abgießen, die Eier 1 Minute mit kaltem Wasser abspülen und abkühlen lassen.

2. Für die Lake die Zwiebeln waschen. Schale ablösen und die Zwiebeln halbieren. Die Zwiebeln werden nun mit 1 Handvoll Schalen sowie Salz, Pfefferkörnern, Lorbeerblättern, Senfkörnern und Essig in 1/2 l Wasser 10 Minuten gekocht. Die Zwiebeln samt Schalen herausnehmen und wegwerfen, die Lake völlig abkühlen lassen.

3. Jetzt die Eier rundum aufs Brett klopfen. So bricht die Schale an und die Salzlake kann besser eindringen. Dazu Eier in Gläser schichten und mit der Lake bedecken. Verschließen und mindestens 1 Tag im Kühlen ziehen lassen. Nach 2–3 Tagen sind sie optimal, danach werden sie bald zu salzig.

4. Und nun das Solei-Ritual: Die Eier pellen und mit einem Messer längs halbieren. Den Dotter vorsichtig am Stück herausholen und die Mulde mit ein wenig Essig, Öl und Senf füllen, Zwiebelchen dazu, das Eigelb obendrauf und alles auf einmal in den Mund stecken. Gerettet!

Man muss kein Bier mögen, um diesen Berliner Kneipenklassiker gern zu haben. Mit Essig, Öl, Senf und Zwiebeln sowie einem Stück Brot dazu sind die in würziger Salzlake eingelegten Eier auch solo eine deftige Delikatesse. Probieren lohnt sich!

Ich mache ...
KOCHKÄSE

Ganz klar, dies ist ein Rezept für Liebhaber, die ihren Käse cremig, aber mit Ausdruck wollen – und der ist bei diesem gekochten Aufstrich aus Sauermilchkäse, Quark und Kümmel sehr speziell. Wer ihn aber einmal lieb hat, lässt jeden Schmelzkäse dafür stehen.

Kochkäse ist in Hessen sehr beliebt und wird dort auf einem guten Butterbrot mit Zwiebeln obendrauf und Apfelwein dazu gerne genommen. Das braucht es dafür: 250 g Sauermilchkäse (Handkäse, Harzer, Quargel), 1/4 l Milch, 50 g Butter sowie 250 g Sahne, 250 g Magerquark, 1 TL Salz, 1 TL Kümmelsamen und 1 TL Natron (gibt es in der Apotheke).

1. Den Sauermilchkäse in ganz kleine Würfel schneiden. Dann kommt er samt der Milch und der Butter in einen Topf und wird bei geringer Hitze langsam geschmolzen. Dabei immer wieder mit dem Kochlöffel rühren, da der Käse leicht anbrennen kann. Den Topf vom Herd ziehen.

2. Nun die Sahne und den Quark in die Käsemasse einrühren. Dann Salz, Kümmel und Natron dazugeben und das Ganze unter ständigem Rühren auf kleinster Stufe noch mal erhitzen, bis der Käse sich zu ziehen beginnt. Das Rühren kann jetzt auch mit einem Handrührgerät geschehen, was den Kochkäse schön cremig hält.

3. Nun den Kochkäse abkühlen lassen. Dabei kann sich schnell eine Haut bilden, die später stört und entfernt werden muss. Daher den Käse während des Abkühlens immer wieder mal umrühren. Oder den Käse gleich in eine große Schale mit kaltem Wasser setzen und mit dem Handrührgerät kalt und cremig rühren.

4. Den Käse jetzt in gut gesäuberte Schraubgläschen füllen. Diese gleich verschließen und den Käse abkühlen lassen. So hält er sich im Kühlschrank 1–2 Wochen. 1 Stunde vor dem Servieren aus dem Kühlschrank nehmen und den Kochkäse dann auf gutem Brot mit Zwiebeln genießen.

TRESTERKÄSE

Dieser Brotaufstrich besteht eigentlich nur aus zwei Dingen: Tresterbrand (dazu gleich mehr) und Käse, der im Brand mariniert und über Tage reift, bis beides miteinander zu einem Aufstrich verrührt wird. Man kann Tresterkäse auf einen Streich zubereiten oder à la Rumtopf nach und nach immer wieder Käsereste und Brand auffüllen, bevor dann das große Finale mit Rühren und Schmieren kommt. Übrigens: Trester nennen die Winzer alle Traubenrückstände, die nach dem Pressen übrig bleiben und aus denen traditionell Brände hergestellt werden – am bekanntesten ist der italienische Grappa, sehr fein ist der Marc de Champagne aus Frankreich.

Wichtig: Für den Tresterkäse sollte der gewählte Brand auf jeden Fall so gut sein, dass man ihn auch gerne so trinkt. Und der Käse sollte ein Schnittkäse mit mindestens 45 % Fettgehalt sein. Je nach Geschmack kann die Wahl auf einen Butterkäse oder Fontina fallen, aber auch kräftigere Sorten wie Emmentaler oder Gruyère sind noch gut, allerdings wird die Creme schon von Haus aus ziemlich kraftvoll durchs Marinieren.

› So wird es gemacht: 1 kg Schnittkäse (siehe oben) oder Käseabschnitte entrinden und in feine Streifen schneiden. Eine Lage davon in ein Steingut- oder Glasgefäß legen, mit Pfeffer übermahlen und knapp mit Tresterbrand (siehe oben) bedecken. Darauf die nächste Lage Käse, Pfeffer, Brand. Das Schichten kann auf einmal in 15 Minuten erledigt sein oder auch nach und nach über Tage gehen, wenn man auf diese Weise seine Käsereste verarbeiten möchte. So oder so sollte der Tresterkäse mindestens 4 Tage im Kühlschrank durchziehen.

› Vor dem Servieren kommt er dann für 2 Stunden bei Raumtemperatur in die Küche und wird anschließend mit einem Kochlöffel durchgerührt, sodass ein stückiger Aufstrich entsteht. Der schmeckt besonders gut auf hellem Sauerteigbrot, einem rustikalen Baguette oder Ciabatta. Oben drauf kann eigentlich alles, was Kraft und Frische hat: Thymianblättchen, Zwiebelringe (15 Minuten gewässert), Paprika- oder Tomatenwürfel, fein gehobelter Fenchel oder auch Fenchelsamen, sehr gutes Olivenöl, Honig oder eine Mischung aus Olivenöl, Honig und Lavendelblüten.

Erst schichten, dann schütten, schließlich rühren – und irgendwann wird daraus dann ein kräftiger Brotaufstrich mit Schuss, Tresterkäse genannt.

Süß, deftig, raffiniert: rotes Zwiebel-Confit.

Würzig, fruchtig und eher mild: Tomaten-Chutney.

ROTES ZWIEBEL-CONFIT

Für 3 Gläser (zu je 200 ml Inhalt)
500 g rote Zwiebeln • 4 Zweige Thymian • 1 Lorbeerblatt • 3 Wacholderbeeren • 1 EL Zucker • 2 kräftige Prisen Pfeffer • 1 Prise Salz • 2 EL Rotweinessig • 100 ml Olivenöl • 50 g Butter

Zubereitungszeit: 10 Minuten
(+ 1 1/4 Stunden Garen und 1 Tag Marinieren)

› Zwiebeln schälen, längs achteln und quer in 1 cm breite Streifen schneiden, Thymian waschen. Alle Zutaten im Topf offen etwa 1 1/4 Stunden bei kleinster Hitze schmoren lassen, bis die Zwiebeln weich und vollgesogen sind. Heiß in saubere Schraubgläser füllen und sofort verschließen, 1 Tag ziehen lassen. Hält gekühlt 1 Woche. Zu Käse, Pastete, auf Pizza und Brot.

TOMATEN-CHUTNEY

Für 2 Gläser (zu je 1/4 l Inhalt)
400 g Tomaten • 1 Zwiebel • 2 Knoblauchzehen • 1 EL Öl • 70 g Rosinen • 1 TL Curry • 1 TL gemahlener Ingwer • 1 Prise Salz • 1 EL Zucker • 2 EL Zitronensaft

Zubereitungszeit: 15 Minuten
(+ 30 Minuten Garen und 1 Woche Marinieren)

› Tomaten in kochendes Wasser tauchen, abschrecken, häuten und würfeln. Zwiebel und Knoblauch schälen, würfeln und im Öl glasig braten. Tomaten und Rosinen dazugeben, 20 Minuten leise dünsten lassen. Mit Gewürzen, Salz, Zucker und Zitronensaft 10 Minuten köcheln lassen. Heiß in Gläser füllen, verschließen. 1 Woche durchziehen lassen. Gut zu Gegrilltem.

Frisch und scharf mit Ingwer: Mango Pickles.

Süß-sauer und leicht bitter: Grüne Tomatenkonfitüre.

MANGO PICKLES

Für 2 Gläser (zu je 200 ml Inhalt)
2 Mangos • 1 Stück frischer Ingwer (5 cm) • 1 TL Salz • 1 Bund Koriandergrün • 2 TL Koriandersamen • 3 EL Öl • 3 getrocknete Chilischoten

**Zubereitungszeit: 15 Minuten
(+ über Nacht Marinieren)**

› Mangos schälen, Fruchtfleisch vom Kern schneiden, würfeln. Ingwer schälen, fein reiben. Beides mit Salz vermischen. Koriandergrün waschen, trockenschütteln, Blättchen abzupfen. Koriandersamen im Öl 1 Minute rösten. Chilischote dazubröseln, die Mangomischung darin 1 Minute dünsten, Koriandergrün einrühren. Pickles heiß in Gläser füllen, verschließen. Über Nacht durchziehen lassen. Zu Currys und Gegrilltem.

GRÜNE TOMATENKONFITÜRE

Für 4 Gläser (zu je 1/4 ml Inhalt)
750 g möglichst grüne Tomaten • Schale von 2 Bio-Zitronen und Saft von 1 Zitrone • 400 g Zucker

**Zubereitungszeit: 20 Minuten
(+ 1 Stunde Ruhen)**

› Die Tomaten wie beim Chutney links häuten, dann vierteln. Mit den restlichen Zutaten in einem Topf mischen und 1 Stunde stehen lassen. Tomaten durchrühren und bei mittlerer Hitze aufkochen. 5 Minuten unter Rühren zur musigen Konfitüre verkochen. Wird 1 TL davon auf einem Teller schnell fest, ist sie fertig. Sonst kurz weiterkochen. Heiß in saubere Schraubgläser füllen, verschließen. Zu gegrilltem Geflügel und Gemüse, würzigem Käse oder auf geröstetem Brot.

RUMBOLDS RUMTOPF

Wenn ein Abend mal so richtig toll war, dann bin ich froh, wenn er in einer Bar endet, in der ich einen guten Brandy zum Espresso bekomme. Das war es dann eigentlich auch schon, was härteren Alkohol angeht – außer wenn ich Geburtstag habe. Nein, da geht es mir nicht ums Besaufen, viel eher ums Überfressen an Früchten mit Schwips, die ich seit Sommer in »Rumbolds Rumtopf« (ein Erbstück) angesetzt habe. Das Prinzip ist ganz simpel: Von Juni an jeden Monat vollreife, aromatische Früchte der Saison, ein halbes Pfund Zucker und etwa eine 0,7-l-Flasche sehr guten Zuckerrohr-Rum mit mindestens 54 % Alkohol (drunter konserviert er nicht immer) am besten im Keramik- oder Steinguttopf vereinen, bis dieser im späten Herbst randvoll mit süßen und vollgesogenen Früchten ist. Zeit für einen tollen Abend.

Zutaten für einen 5-l-Rumtopf
500 g kleine Erdbeeren (im Juni) • je 500 g kleine Aprikosen und Himbeeren (Juli) • 500 g Reineclauden oder Mirabellen und 1 kleine Honigmelone von 600 g (August) • 500 g Zwetschgen (September) • 500 g Weintrauben (Oktober) • je Monat 250 g weißen Zucker (also insgesamt 1 3/4 kg) und dazu 500–700 ml 54-%-igen Rum zum Auffüllen (insgesamt 2 1/2–3 l)

Zubereitungszeit: 6 Monate
(mit langen Unterbrechungen)

› Im Juni den Rumtopf gründlich säubern und klar ausspülen. Erdbeeren nur falls nötig waschen, da das Wasser Aroma nimmt und bei Früchten aus dem Vertrauensgarten unnötig ist. Den Stielansatz herausschneiden und die Früchte in den Topf geben. Mit Zucker bestreuen und mit Rum bedecken. Ohne umzurühren den Rumtopf abdecken, an einem kühlen und dunklen Ort 4 Wochen ziehen lassen.

› Im Juli die Aprikosen waschen, einritzen und für und 10 Sekunden in kochendes Wasser tauchen. Dann abschrecken und die Haut abziehen. Die Himbeeren möglichst nicht waschen, entstielen. Aprikosen und Himberen auf die Erdbeeren in den Rumtopf geben, mit Zucker bestreuen und mit Rum bedecken.

› Im August Reineclauden oder Mirabellen abbrausen und trockentupfen. Die Früchte in den Rumtopf schichten, mit der Hälfte des Zuckers bestreuen, mit der Hälfte des Rums bedecken. Die Melone halbieren, entkernen und in 8 Spalten schneiden. Das Fruchtfleisch jeweils von der Schale lösen und quer in 1 cm dicke Scheiben schneiden. Im Topf mit dem übrigen Zucker und Rum bedecken.

› Im September Zwetschgen waschen, trockentupfen und in den Topf schichten. Mit Zucker bestreuen und knapp mit Rum bedecken.

› Im Oktober die Trauben kurz abbrausen, trockentupfen und in den Rumtopf schichten. Mit Zucker bestreuen und mit Rum bedecken.

› Nun die Früchte noch 4–5 Wochen durchziehen lassen, bis es im November soweit ist: Den Rumtopf behutsam umrühren und am besten zum Geburtstag zu Kuchen, Waffeln, Crêpes oder schlicht Vanilleeis servieren.

GINGER ALE

Dieses »Ingwerbier« verdient seinen Namen, denn es schmeckt schön scharf nach der Wurzel, ohne zu süß zu sein. Aber eine Limonade ist es immer noch.

Zutaten für eine 2-l-Plastikflasche
1 Stück frischer Ingwer (3–4 cm) • Saft von 1 Zitrone • 220 g Zucker • 1/4 TL Trockenhefe

Zubereitungszeit: 10 Minuten
(+ 24 Stunden Ruhen und über Nacht Kühlen)

› Ingwer schälen, fein reiben (es müssen 2 EL sein) und mit dem Zitronensaft mischen. Mit Hilfe eines Trichters den Zucker und die Hefe in die Flasche füllen. Dann die Ingwer-Zitronen-Mischung in die Flasche laufen lassen. Das Ganze zur Hälfte mit Trinkwasser ohne Kohlensäure auffüllen (aus der Leitung, wenn die Gutes liefert, sonst stilles Wasser aus der Flasche).

› Die Flasche kräftig schütteln, anschließend bis 5 cm unter dem Verschluss mit Wasser auffüllen, dann zuschrauben. Diesen Ansatz 24 Stunden an einen warmen Ort stellen. Dabei fangen Hefe und Zucker zu gären an, wodurch Kohlensäure und Druck in der Flasche entstehen.

› Ist die Flasche ganz prall und fest, ist das Ginger Ale fertig. Nun kommt es über Nacht noch in den Kühlschrank, damit sich die Gärung beruhigt (bleibt sie im Warmen, würde die Flasche spätestens nach weiteren 24 Stunden platzen, also nicht vergessen).

› Am nächsten Tag kann das kühle, prickelnde Ginger Ale getrunken werden. Wen darin der geriebene Ingwer stört – mich nicht –, gießt die Limonade vorher noch durch ein Sieb in eine Karaffe.

EIERLIKÖR

Für starke Sachen bin ich eigentlich nicht so zu haben, außer an guten Tagen für den Brandy abends zum Espresso. An ganz verdrehten Tagen darf es auch mal ein Eierlikör nach Art des Hauses sein – was ja eher eine Schwäche als eine starke Sache ist.

Zutaten für zwei 600-ml-Flaschen
1/2 Vanilleschote • 500 g Sahne (von der besten) • 6 schön frische Eigelbe • 250 g Puderzucker • 1/4 l Doppelkorn

Zubereitungszeit: 30 Minuten

› Die Vanilleschote der Länge nach aufschlitzen, Mark herausschaben. Die Schote und das Mark samt Sahne in einem Topf erhitzen und 10 Minuten ziehen lassen. Schote rausnehmen.

› Eigelbe in eine Metallschüssel geben, Puderzucker darübersieben. Mit den Schneebesen des Handrührgeräts schaumig schlagen. Die Schüssel in ein heißes Wasserbad setzen (siehe Seite 146), Vanillesahne und Korn zugießen und alles über dem Dampf heiß und dickschaumig rühren, ohne dass es kocht.

› Dann die Schüssel ins eiskalte Wasser im Spülbecken setzen und den Eierlikör kalt rühren. Mit Hilfe eines Trichters in die gut gesäuberten Flaschen füllen. Der Likör bleibt etwa 2 Wochen lang frisch. Zum Aufbewahren immer in den Kühlschrank stellen.

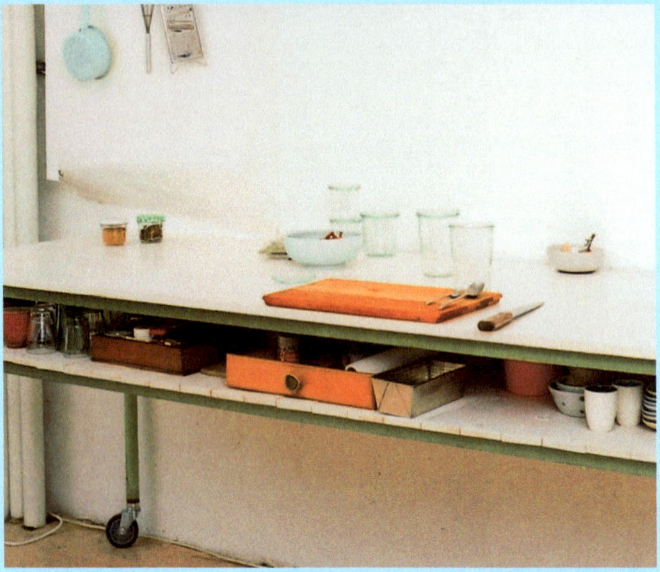

NICHTS

Gastgeber zu sein, finde ich großartig. Sich Gedanken zu machen, was es Gutes zu essen gibt. Beim Einkaufen etwas zu sehen, das es noch besser macht. In der Küche schneiden, braten, würzen, bis es an der Tür klopft. Und dann die Sache laufen lassen. Großzügig. Eindrucksvoll. Für dieses Kapitel habe ich mich allerdings bei Freunden, Familie und Kollegen eingeladen, für die ich ebenso gerne koche wie sie für mich. Der Deal: Ihr macht Eure (und meine) Lieblingsessen. Ich kümmere mich um die Drinks. Und um sonst nichts. Gastgeber finde ich auch großartig.

Ich mag ...
ESSENGEHEN

Der vielleicht schönste Moment im Lokal ist der, wenn erst einmal alles erledigt ist. Wenn der Raum betreten, ein Platz gefunden, das Essen bestellt ist und die Getränke in Arbeit sind. Ich sitze nur da und schaue, was andere machen, höre, wie sie reden, und finde meine Ruhe dabei. Dann wird ein Glas serviert und spätestens beim ersten Teller kehrt mein Sinn zurück an den Tisch, und ich freue mich auf das, was kommt.

Ich gehe gerne essen, und das liegt nicht am guten Koch allein. Lieblose Gastgeber oder auch eine kalte Atmosphäre vermiesen mir eine Mahlzeit immer. Kümmern sich aber die Leute ganz selbstverständlich um mich und das Drumherum, ohne dass es dabei anstrengend wird, fühle ich mich wohl – selbst wenn das Essen nicht ganz auf der Höhe ist.

Ist es aber auf der Höhe, fühle ich mich sauwohl. Weil es passt: Der Salat im Café ist schmackhaft angerichtet, die Kraftbrühe im Gasthaus handgemacht, der Trendkoch hat erst einmal auf Zutaten und Zubereitung vertraut, bevor er sich den Gimmicks widmet. Das macht mich froh. Mindestens ein Essen lang, manchmal den ganzen Tag über.

Ein gutes Gespräch ist da noch eine schöne Dreingabe, die aber nicht sein muss. Vor allem, wenn es die ganze Zeit ums Essen oder schlimmer noch, ums Trinken zum Essen geht. So mache ich mich auch gerne alleine ins Lokal auf. Weil ich da oft mehr schmecke und erlebe. Und weil da manchmal gute Dialoge mit Fremden entstehen. Nicht selten übers Essen. Was dann wieder passt.

Was ich nicht mag beim Essengehen:

wenn das Trinken wichtiger als die Speisen wird; wenn »Was möchten Sie trinken?« kommt, bevor ich weiß, was ich esse; manchmal »Da muss ich mal den Koch fragen«; meistens Musik; überhaupt: zu viel Lärm (vor allem: um Nichts).

№ 7997
R-410267
GILLIERU
ST. PAUL'S BAY
No. of Persons
DATE
ITEM
QTY
Lm
SELMUN SNACK BAR
Tel: 572984
Thank You Call Again
DATE
TIME
TABLE No.
PERSONS
SERVED BY
CA Roll

Coco macht ...
MAMAS FLEISCHSALAT

Mit Familienrezepten ist das so eine Sache: Man war oft noch Kind, als man sich in bestimmte Gerichte verliebt und wenig darum geschert hat, was drin steckt. Dann wird man erwachsen und denkt sich irgendwann, jetzt könnte ich das doch mal selbst machen. Fragt also zu Hause nach und staunt, weil alles ganz anders ist, als in der Erinnerung. Was daran liegt, dass auch die Mama nicht stehen geblieben ist und das Rezept weiterentwickelt hat. Und was für eine eigene Kreation keinesfalls von Nachteil sein kann. Das braucht es für Cocos Version von Mamas Fleischsalat: 400 g gekochten Hinterschinken in 1/2 cm dicken Scheiben, 5–6 große Gewürzgurken (100 g), 1 Bund Schnittlauch, 2 EL Mayonnaise, 50 g Crème fraîche, 4 EL Sahne, weißen Pfeffer frisch aus der Mühle und vielleicht etwas Salz.

1. Zuerst ist der Schinken an der Reihe. Alles Fette wird von ihm entfernt, dann werden die Scheiben übereinandergelegt und zunächst in 2 cm breite Streifen geteilt, die dann wieder quer in 1/2 cm feine Streifchen geschnitten werden. Die Gurken auf der groben Reibe in Streifen raspeln (früher hat Cocos Mama sie geschnitten, aber nun findet sie es so praktischer). Den Schnittlauch waschen, trockenschütteln und in Röllchen schneiden.

2. Nun wird die Sauce gerührt: Mayonnaise, Crème fraîche und Sahne miteinander verrühren, den Schnittlauch dazu und 1 Prise Pfeffer. Salz erst einmal nicht, denn davon hat der Schinken schon einiges. Und ja, das ist eine gehaltvolle Sauce. Aber wer etwas Leichtes will, sollte auch keinen Fleischsalat essen. Denn mit kalorienarmer, saurer Sahne oder gar Joghurt schmeckt der hier nicht so, wie er sollte – zu säuerlich, zu wenig sahnig.

3. Dann wird Salat draus: Schinken und Gurken mit der Sauce verrühren und am besten zugedeckt 30 Minuten kühl stellen, bevor man ihn isst. Wer mag, kann den Salat aber auch erst am nächsten Tag verspeisen. Aber nicht später, weil er recht empfindlich ist. Vor dem Servieren wird er auf jeden Fall noch einmal abgeschmeckt und, falls nötig, noch nachgesalzen. Gut ist es, wenn der Salat nicht eiskalt aufs Brötchen (Cocos Favorit) oder Butterbrot (meiner) kommt, weswegen man ihn schon 15 Minuten eher aus dem Kühlschrank nimmt. Länger aber nicht, weil: empfindlich eben.

Noch ein Nachtrag: Cocos Mama reibt auch den Schinken. Das habe ich bisher nicht geschafft. Wenn ich weiß, wie es geht, gebe ich Bescheid.

Als die Fotografin Coco Lang mit mir zum ersten Mal wegen des Vorgängers dieses Buches zusammensaß, kamen wir recht bald auf den Fleischsalat zu sprechen – als Beispiel für ein Essen, das viele mögen, aber nur wenige machen können. Sie lobte besonders den Salat ihrer Mutter, er kam auf die Rezeptliste und schaffte es dann doch nicht ins letzte Buch (siehe Seite 201). Gut so, denn besser lässt sich dieses Kapitel nicht eröffnen.

FISHCAKES JUSCHA NACH MAVIS

Juscha habe ich übers Telefon kennengelernt. Sie war in München, ich in Sydney, wo ich an einem Buch über Australiens Küchen arbeitete. Das betreute sie als Grafikerin und Setzerin, aber Seitentypen und Zeilenlängen waren bei unseren Gesprächen nur ein Thema – immer wieder ging es auch um die Faszination von fremden Küchen. Juscha und ihr Mann Hans haben viele Rezepte auf weiten Reisen gesammelt, und Südafrika ist dabei ein Fixpunkt für sie. »Das wäre auch was für dich«, sagt Juscha, »down under ganz nah.« Bisher konnte ich aber nur davon kosten. Dieses Rezept hat mir besonders gefallen, obwohl es eher bodenständig ist. Juscha hat es sich bei ihren südafrikanischen Freunden von Köchin Mavis abgeschaut und abgewandelt.

Zutaten für 4–6 Portionen
150 g vorwiegend fest kochende Kartoffeln • Salz • 200 g Möhren • 1 weiße Zwiebel • 1 Knoblauchzehe • 1 Bund glatte Petersilie • 3-mal Dosenfisch in Öl (je 150 g Abtropfgewicht, im Original 2 Dosen Thunfisch und 1 Dose Lachs, Ölsardinen gehen aber auch) • 2 EL Butter • 2 Eier • Pfeffer • 1 TL Würze (Mavis nimmt einfach gekörnte Brühe, Juscha ein südafrikanisches Grillgewürz, das es bei uns im gut sortierten Supermarkt zu kaufen gibt)

Zubereitungszeit: 45 Minuten (+ 30 Minuten Kühlen und 30 Minuten Backen)

› Die Kartoffeln waschen und in Salzwasser in etwa 20 Minuten gar kochen. Inzwischen Möhren schälen und grob raspeln. Zwiebel und Knoblauch schälen und fein würfeln. Petersilie waschen, trockenschütteln und die Blätter hacken. Den Fisch in ein Sieb geben und abtropfen lassen, das Öl auffangen.

› Gegarte Kartoffeln abgießen und kurz kalt abspülen, dann pellen (durch das Abschrecken geht's leichter). Kartoffeln mit der Gabel zerdrücken.

› Butter in einer Pfanne bei kleiner Hitze zerlassen. Darin Möhren, Zwiebel und Knoblauch zugedeckt 10 Minuten dünsten, zum Schluss die Petersilie kurz mitdünsten. In einer Schüssel mit Fisch, Kartoffeln und Eiern vermengen. Mit Salz, Pfeffer und Würze abschmecken. 30 Minuten kühl stellen.

› Backofen auf 150 °C (Umluft 130 °C) vorheizen, eine Auflaufform mit dem Fischöl einstreichen. Mit nassen Händen aus der Fischmasse handflächengroße Cakes formen, in die Form setzen und 30 Minuten im Ofen (Mitte) garen, bis sie oben leicht gebräunt sind. Dazu schmecken gedünsteter Brokkoli, Blumenkohl oder einfach nur ein Salat (Juschas Tipp: eine Kombi aus Raspelmöhren, Ananas und Feta.)

»LINSENCURRY« SÜSS SAUER SALZIG

»Ja wo ist denn der Curry hier«, habe ich mich gefragt, als mir die Wirtin meines Haidhauser Stammmittagslokals dieses Rezept reichte. »Ich nenne es Curry wegen der Mischung der verschiedenen Aromen und Kleinigkeiten darin«, sagt die welterfahrene Vegetarierin Michaela Baumüller bestimmt, und tatsächlich ist mir bisher nie die Idee gekommen, dass mein Lieblingsgericht bei ihr kein Curry sein sollte. Auch weil es, wie es sich für einen »signature dish« gehört, perfekt zum Namen des Lokals passt: Süß Sauer Salzig.

Zutaten für 4 Portionen
1 Knoblauchzehe • 2 Frühlingszwiebeln • 1 Möhre • 6 Zweige Thymian • 2 EL Olivenöl • 200 g braune Linsen • 1/2 l bester, naturtrüber Apfelsaft • 2 rote Äpfel (z. B. Jonagold) • 4 EL Sahne • 2 TL Aceto balsamico • Salz • Pfeffer • 1 kleines Fladenbrot

Zubereitungszeit: 20 Minuten (+ 30–40 Minuten Garen)

› Den Knoblauch schälen und fein würfeln. Frühlingszwiebeln waschen und putzen. Das Grün in feine Ringe schneiden, davon 4 EL für das Finish aufheben. Das Weiße ebenfalls in Ringe schneiden. Möhre schälen, längs vierteln und quer in 1/2 cm große Stücke schneiden. Thymian waschen, trockenschütteln und die Blättchen von den Zweigen streifen.

› Das Öl in einem Topf erwärmen und darin bei geringer Hitze den Knoblauch, die Frühlingszwiebeln (minus denen fürs Finish), die Möhre und den Thymian 5 Minuten andünsten. Die Linsen in einem Sieb abspülen, mit Apfelsaft in den Topf geben und in 30–40 Minuten bissfest garen.

› Äpfel waschen und samt der Schale halbieren. Drei Hälften jeweils in vier Spalten teilen, entkernen und die Spalten quer in 1/2 cm dicke Scheiben schneiden.

› Die Apfelscheiben mit der Hälfte der aufgehobenen Frühlingszwiebeln, der Sahne und dem Essig unter die gegarten Linsen ziehen. Alles mit Salz und Pfeffer würzen und noch mal weitere 2 Minuten zugedeckt neben dem Herd ziehen lassen.

› Das Fladenbrot vierteln und unterm Backofengrill oder in der Pfanne kurz anrösten. Linsencurry in Suppenschalen verteilen. Den Rest der Frühlingszwiebeln darüberstreuen. Übrige Apfelhälfte grob darüberreiben, dabei das Kerngehäuse aussparen. Die Linsen gleich zusammen mit dem Fladenbrot servieren.

Curry kommt vom indischen »Kari«, was für würzig in Sauce Geschmortes steht. Und das ist Michaela Baumüllers »Linsencurry Süß Sauer Salzig« auf jeden Fall – auch wenn kein Currypulver drin ist.

Franz macht ...
SCHINGENUDLE

Sind: Schinkennudeln aus Baden, der Heimat von Franz wie auch von Sabine (rechts) und Uli (nächste Seite), eine Genießerregion also. Franz ist einer, der immer Rat weiß und wie seine Frau Gabriele ein Japan-Fan ist. Die Mutter wohl auch, wenn ich mir das Rezept ansehe.

Franz dazu: »Wenn ich von der Schule nach Hause kam, konnte mich der Duft dieser köstlichen Speise im Treppenhaus sogar meine allermieseste Klassenarbeit vergessen machen.« Und weiter: »Schinkennudeln kommen übrigens nur im Plural vor, eine einzelne Schinkennudel habe ich noch nie gesehen. Vielleicht ist Schinken auch Plural und wir merken es nur nicht?« Er macht sie jedenfalls für 4 Genießer. Dazu braucht's: 500 g Spirelli-Nudeln, Salz, 150 g gekochte Schinkenscheiben, 200 g Emmentaler, Butter für Form und Finish, Pfeffer, 1 Knoblauchzehe, 1 Ei, je 4 EL Sahne und japanische Sojasauce und 1 ordentliche Prise frisch geriebene Muskatnuss.

1. Als erstes die Nudeln in viel Salzwasser bissfest kochen. Derweil den Schinken klein würfeln und den Käse reiben. Gegarte Nudeln abgießen.

2. Backofen auf 200 °C (Umluft 180 °C) vorheizen. Eine weite Auflaufform ausbuttern, Pfeffer hineinmahlen. Nun schichtweise abwechselnd Nudeln, Schinken und Käse einfüllen, die letzte Schicht ist Käse. Schingenudle für 10–15 Minuten in den Ofen (Mitte) schieben.

3. Jetzt das kleine Geheimnis: Während die Nudeln im Ofen sind, Knoblauch schälen und reiben (Franz: »Wir Fachleute haben dafür, und nur dafür, eine japanische Reibe!« Der Rest greift zur feinen Küchenreibe). Dann mit Ei, Sahne, Sojasauce und Muskat mischen. Auflauf aus dem Ofen nehmen, mehrmals mit der Gabel einstechen, Sauce einfüllen. Butterflöckchen drüber, für 10–15 Minuten in den Ofen, bis die Nudle knusprig sind.

4. Das Finish gehört Franz: »Der Knoblauchduft, der leicht angebrannt riechende Käse, die wunderbare Konsistenz (unten die gerade fest gewordene, aber noch etwas weiche Schinken-Nudel-Ei-Sahne-Soja-Mischung, oben die Käs-Kruste) rückten jede Fünf in Mathe erstmal in den wohl verdienten Hintergrund.« Sonst noch was? »Uf badisch n guede z wünsche.«

SABINES PASTA MIT GRILLFISCH

Sabine: »Da ist alles drin, was ich immer im Haus hab' – außer dem frischen Fisch. Und weil Thunfisch geschützt werden muss, darf es auch mal eine andere Sorte sein, z. B. Lachs.« Das sagt sie, weil ich im Moment keinen Thunfisch will, da die kurz vor der Ausrottung stehen. Ich hebe ihn mir lieber für später auf.

Zutaten für 2 Portionen
10 Kirschtomaten • 1 Schalotte • 2 Knoblauchzehen • 80 g entsteinte grüne Oliven • Salz • 200 g Nudeln (kurze Sorten, gerne immer wieder eine andere) • 3 EL Olivenöl • 100 ml Weißwein • 1/2 TL fruchtig-scharfe Peperoncino-Paste (oder 1/4 TL zerquetschte, getrocknete Chilischoten) • Pfeffer • 1 kleine, 2 cm dicke Scheibe Thunfisch oder Lachs (etwa 150 g) • etwa 2 EL Zitronensaft • 1 EL Kapern

Zubereitungszeit: 20 Minuten

› Im Topf 2 l Wasser für die Nudeln zum Kochen bringen. Dann auch schon mit der Sauce beginnen. Dafür die Kirschtomaten waschen und halbieren. Die Schalotte und die Knoblauchzehen schälen und fein hacken. Die Oliven halbieren.

› Kochendes Nudelwasser salzen, Nudeln hineingeben und nach Packungsangabe bissfest garen. Derweil in einer Pfanne 2 EL Olivenöl bei mittlerer Hitze heiß werden lassen. Tomaten mit der Schnittfläche nach unten darin anbraten. Knoblauch und Schalotte dazugeben, unter Rühren kurz weiterbraten. Mit Wein ablöschen, Oliven und Peperoncino-Paste einrühren, salzen und pfeffern. Auf kleine Hitze stellen und vor sich hin ziehen lassen.

› Die Grillpfanne erhitzen, mit übrigem Olivenöl ausstreichen. Den Fisch darin pro Seite 1 Minute kräftig grillen. Rausnehmen, salzen und pfeffern. Nun den Fisch in Würfel schneiden, mit Zitronensaft würzen und unter die Sauce mischen. Kapern einstreuen, mit Salz, Pfeffer und Zitronensaft abschmecken.

› Nudeln abgießen und mit einem kleinen Schöpfer vom heißen Kochwasser in die Pfanne geben, alles gut vermischen. In die Teller damit. »Parmesan, Sabine?« Zum Fisch? Bloß nicht.

Eigentlich bin ich ja auf Thunfischboykott – aber wenn Sabine Sälzer einem so etwas serviert, darf man schon aus Höflichkeit nicht Nein sagen. Ein Glück.

Uli kocht ...
FORELLE HIMMELBLAU

Der Uli: Schwarzwälder, Sternekoch, bester Freund aus Küchenzeiten. Er machte sich in die Spitzenküche auf, als ich zu Schreiben begann. Kochte sich in den Himmel über Berchtesgaden.

Und schenkte mir dieses raumgreifende Rezept. Fangen wir gleich an, ist ihm eh lieber. Wir brauchen: 4 frische Forellenfilets mit Haut (vom Händler filetiert). Für den Sud: 1 Schalotte, 1 EL Koriandersamen, 2 Lorbeerblätter, Zucker, Meersalz, 1 cm Bio-Zitronenschale, je 1 Stängel Estragon und Verbene, 5 Wacholderbeeren, 400 ml Fischfond, 200 ml Weißweinessig. Fürs Püree: 1 Schalotte, 6 EL Olivenöl, 250 g TK-Erbsen, Salz und Zucker. Für den Essigschaum: 100 ml Champagner oder Sekt, 100 ml weißen Portwein, 4 EL Apfel-Balsamico-Essig, 50 g kalte Butterstücke, 2 EL Crème fraîche.

1. Von den Filets vom Schwanz her ein Drittel der Haut abziehen, abschneiden. Die Filets zwischen Folie mit dem Stieltopf leicht klopfen. Röllchen formen (Hautseite nach außen!) und mit einem Faden binden. Für den Sud Schalotte schälen und würfeln. Mit Koriander, Lorbeerblättern, je 1 Prise Zucker und Salz, Zitronenschale, Kräutern, Wacholder und Fond aufkochen. 5 Minuten köcheln lassen, 100 ml vom Sud abnehmen. Rest mit Essig mischen, durch ein Sieb in einen Topf gießen, abkühlen lassen.

2. Fürs Püree die Schalotte schälen und würfeln. In 2 EL Öl andünsten, Erbsen darin mit je 1 Prise Salz und Zucker zugedeckt 8 Minuten dünsten. Mit übrigem Öl pürieren, durchs Sieb streichen. 10 Minuten tiefkühlen.

3. Backofen auf 80 °C (ohne Umluft) vorheizen. Den Essigsud erwärmen, Fischröllchen darin 5 Minuten ziehen lassen. Ofen ausschalten, Röllchen aus dem Sud nehmen, im geschlossenen Ofen 10 Minuten ziehen lassen.

4. Für den Schaum abgenommenen Sud mit Champagner oder Sekt und Portwein auf 100 ml einkochen. Essig zugeben, bei kleiner Hitze nach und nach die Butter, dann die Crème fraîche einrühren. Püree erhitzen, Sauce mit dem Stabmixer schaumig mixen, beides mit den Röllchen anrichten. Uli dünstet dazu noch Spalten von 2 Aprikosen in 100 ml Orangensaft mit 1 EL Zucker und brät junge Gemüse, Pfifferlinge und Mandeln in Butter.

Am Herd mit Freund und Sternekoch Uli Heimann in seinem Lokals »Le Ciel« hoch über Berchtesgaden. Hier hat er für uns die

Forelle Himmelblau erfunden. (Notiz: Hat fürs Foto noch 1 Sternanis und 1 Dilldolde in den Sud geworfen. Schmeckte toll!)

Ich koche ... nichts

SPARGELMÖHREN SIEGLINDE

Meine Frau kocht nicht gerne, dafür isst sie lieber. Und das ist gut so. Trotzdem kann sie kochen: Nudeln, Risotto, Ratatouille, solche Sachen. Als sie mich allerdings mal anrief und fragte, wie man Spargel schält, kam ich mittags extra zum Essen heim. Und auch das war gut so.

Zutaten für 4–6 Portionen (als Beilage)
500 g nicht zu dicker weißer Spargel • 500 g kleine Möhren (im Bund mit Grün) • 1 Handvoll Kerbel • 500 g kleine fest kochende Kartoffeln (z.B. Sieglinde) • Salz • 100 g Butter • 1 TL Zucker • 1/8 l Gemüsebrühe • gekochter Schinken nach Gusto

Zubereitungszeit: 45 Minuten

› Den Spargel schälen, die Enden kappen. Die Möhren vom Grün befreien und schälen. Den Kerbel, falls nötig, kurz abspülen, die Blättchen abzupfen. Die Kartoffeln waschen und in Salzwasser in etwa 20 Minuten bissfest garen, dann abgießen.

› Im breiten Topf 50 g Butter mit Zucker zerlassen, mit Brühe ablöschen und 3 Minuten kräftig einkochen lassen. Die Möhren darin bei mittlerer Hitze zugedeckt 5 Minuten dünsten, den Spargel dazugeben und 8 Minuten dünsten.

› Das Gemüse leicht salzen und die übrige Butter nach und nach bei kleiner Hitze einrühren. Den Kerbel unterziehen, die Kartoffeln mit den Spargelmöhren schwenken. Nach Gusto mit Schinken servieren.

OSSIBUCHI ALLA TANTE

Das Risotto alla Milanese meiner Tante Erika, die zehn Jahre in der Lombardei gelebt und gekocht hat, hatten wir bereits in »Wie koch' ich ...?«. Das zweite Italo-Wunder, das ich in ihrer Küche erlebte, waren »Ossibuchi« (Plural von Ossobuco, wie ihr Mann, der Deutschlehrer, bemerkt). Dafür danke ich ihr auch deswegen, weil die Kalbshaxenscheiben bei meiner Kochabschlussprüfung dran kamen – da hätte ich ohne die Tante ziemlich auf dem Schlauch gestanden.

Zutaten für 4 Portionen
4 große Kalbshaxenscheiben, möglichst mit Mark (je 400–500 g, beim Metzger vorbestellen) • 1 Zwiebel • 1 Möhre • 1 Stange Staudensellerie • 3 Tomaten (etwa 100 g) • 100 g Butter • Salz • Pfeffer • Mehl zum Wenden • 1 Glas guter trockener Weißwein • 1 Zweig Rosmarin • 1 Knoblauchzehe • 4 Stängel glatte Petersilie • 2 eingelegte Sardellenfilets • 1 TL fein abgeriebene Bio-Zitronenschale

Zubereitungszeit: 40 Minuten
(+ 1–1 1/2 Stunden Garen)

› Um die Kalbshaxenscheiben liegen wie ein Band die Sehnen, die sich beim Garen zusammenziehen und die Scheibe wölben. Um das zu vermeiden, kann man die Scheiben mit Garn umbinden oder die Sehnen einschneiden: alle 3 cm einen Schnitt bis zur Mitte setzen – abwechselnd von oben und von unten.

› Zwiebel und Möhre schälen und fein würfeln. Sellerie waschen, putzen und der Länge nach halbieren, dann fein aufschneiden. Die Tomaten 10 Sekunden in kochendes Wasser tauchen, abschrecken und häuten. Tomaten von den Stielansätzen befreien und würfeln.

› In einem schweren Schmortopf die Hälfte der Butter schmelzen und die Zwiebel darin bei kleiner Hitze zugedeckt »blond« rösten – gelb bis hellbraun. Fleischscheiben salzen und pfeffern, in Mehl wenden.

Erika Jungs gehaltvolle Begleitung zu ihrem Risotto Milanese: Ossibuchi alla Tante, bei dem die Gremolata kurz mitschmort.

› Die Zwiebel zur Seite schieben und das Fleisch bei mittlerer Hitze im Bratfett in 1–2 Minuten hellbraun rösten. Möhre und Sellerie drüberstreuen, das Fleisch wenden und noch mal 1–2 Minuten braten, dabei das Gemüse im Topf verteilen. Mit Wein ablöschen.

› Rosmarin waschen und mit den Tomaten zugeben, salzen, pfeffern. Alles zugedeckt 1–1 1/2 Stunden bei kleiner Hitze schmoren, bis das Fleisch weich ist. Wenn nötig, einen Schluck Wasser dazugeben.

› Inzwischen Knoblauch schälen, halbieren und vom Keim befreien. Den Knoblauch fein würfeln. Petersilie abbrausen, trockenschütteln, hacken. Sardellen kalt abspülen, trockentupfen und mit Knoblauch, Petersilie und Zitronenschale mischen. Ossibuchi aus dem Schmortopf nehmen, Gemüse mit etwas Wasser zur Sauce verkochen und die übrige Butter Stück für Stück einrühren. Mit Salz und Pfeffer abschmecken.

› Petersilienmischung – »Gremolata« genannt – auf den Fleischscheiben verteilen. Scheiben in die Sauce legen und ein wenig davon übers Fleisch löffeln, alles zugedeckt 5 Minuten neben dem Herd ziehen lassen. (Diese 5 Minuten »geben den Pfiff«, sagt Tante Erika.) Am besten mit Risotto alla Milanese mit Ochsenmark und Safran genießen und dabei nicht vergessen, das Mark aus den Knochen zu löffeln!

Papa machte ...
CAMEMBERT FLAMBÉ

»My papa was a hobbykoch« – stimmt und stimmt nicht. Gelernt hatte er das Kochen nie und zu Hause machte das meist meine Mutter. Am Grill aber war er Profi, irgendwann sogar im eigenen Lokal, in dem er auch diesen – preisgekrönten – flambierten Käse erfand.

Das Lokal steht noch heute im burgenländischen Illmitz nahe der ungarischen Grenze, wohin wir früher jedes Jahr im Sommer fuhren, bis sich meine Eltern dort halb niederließen und die »Florianizeche« eröffneten, mit Schilfdach, Tischen aus Baumscheiben und einem Holzkohlengrill in der Mitte. Da stand mein Vater am Wochenende, machte perfekte Steaks und diesen Camembert. Eigentlich gar nichts für einen Jungen um die zehn damals, er wurde trotzdem ein Leibessen. Hier der Versuch, sich ihm zu nähern, obwohl eine Zutat kaum zu kriegen ist. Wir brauchen: 4 Camemberts zu je 100 g (durchgereift, aber nicht zu weich), 4 quadratische Bögen Alufolie (15 cm Seitenlänge), Öl für die Folie, 8 EL Schnaps (im Original »Bettlerschnaps«, ein in einem kleinen Dorf am Neusiedler See gebrannter Peperonischnaps; ein strenger Wodka und etwas mehr Rosenpaprika gehen auch), je 1 TL edelsüßes und rosenscharfes Paprikapulver.

1. Die Käse 1 Stunde bei Zimmertemperatur liegen lassen. Die Glut im Grill anfachen (siehe Seite 102). Wer keinen Grill hat, heizt den Backofen nur mit Unterhitze und einem Blech auf Mittelschiene voll auf. Alufolie mit Öl bepinseln, in die Mitte den Käse setzen. Folie direkt am Käserand nach oben ziehen, sodass ein offener »Schornstein« um den Käse entsteht.

2. Den Käse auf den Rost setzen (etwa 5 cm Abstand zur Glut) und rund 2 Minuten lang erwärmen. Gegen Ende mit dem Finger testen – er soll nicht durch und durch flüssig werden, sondern nach oben noch etwas fest bleiben. Am Rand des Grillrosts den Schnaps in einem Töpfchen erwärmen.

3. Den Käse mit Holzspießchen mehrmals einstechen. Paprikapulver mischen, über den Käse streuen. Die Päckchen auf Teller setzen, Schnaps darauf verteilen und anzünden. Er sollte so lange brennen, bis die Rinde des Käses leicht gebräunt ist, dann wird der Käse mit einem Kaffeelöffel gegessen. Manche haben dazu Preiselbeeren genommen; Papa nicht.

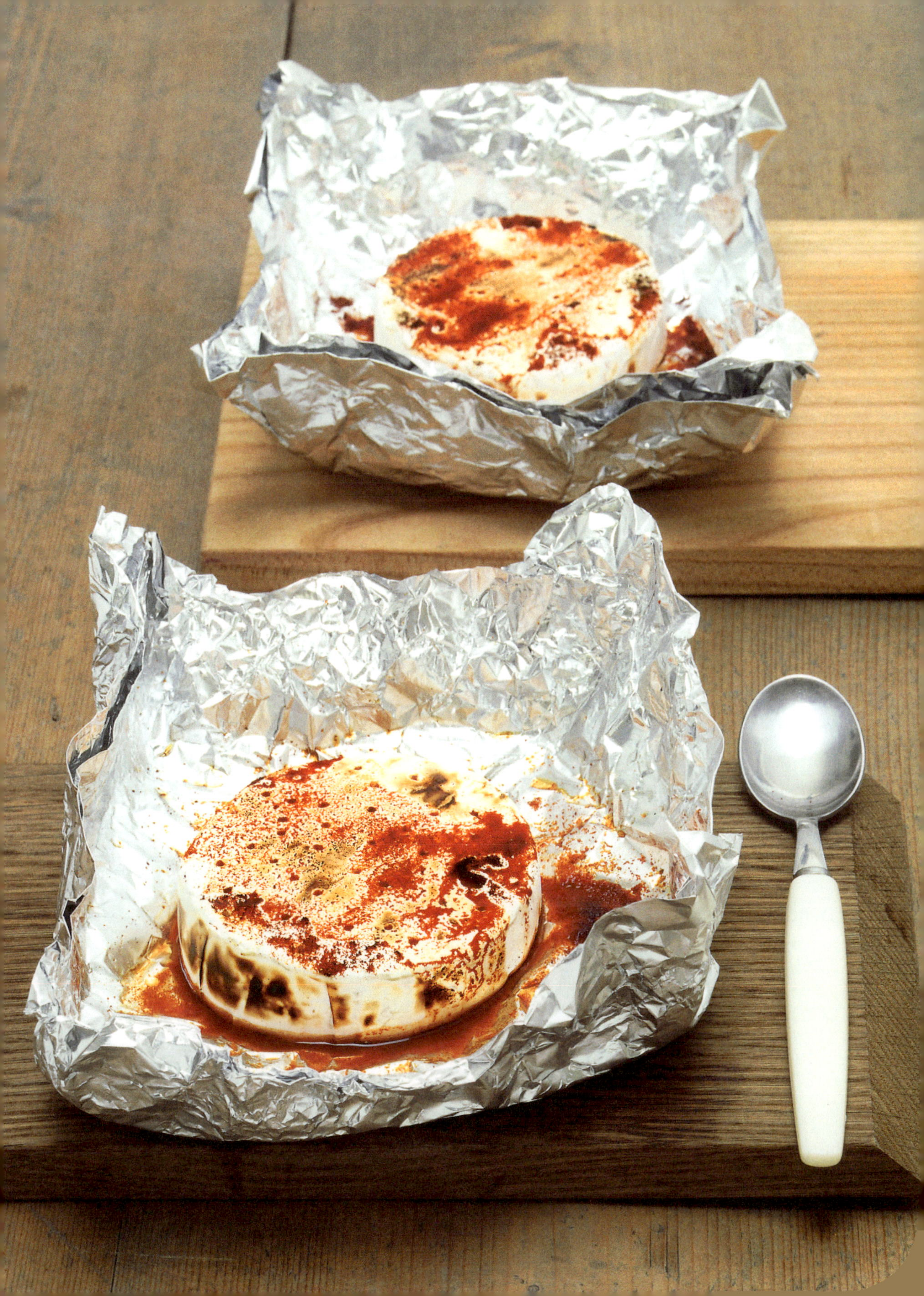

Ich koche ... nichts

KALTMAMSELLS MEDIEN-MOUSSE

»Garantiert unauthentisch, dafür aber besser«, untertitelt die Kaltmamsell dieses Rezept in ihrem Blog »www.vorspeisenplatte.de«, der trotz des Namens zuerst für klare Meinung mit Stil und Witz steht. Dass es dazu öfters ein vertrauenswürdiges Rezept aus dem Familienschatz gibt, macht es noch besser. Auf dieses Rezept bin ich bei der Suche nach einer Mousse auf Butterbasis gestoßen, die nicht zäh wird. Es stammt aus einer Frauenzeitschrift der 80er und »wurde über mehrere Familienfeste hinweg perfektioniert«. Auch ich habe leicht dran gedreht. Weil die Mousse so ihren Weg über Presse und Internet bis ins Buch gefunden hat, habe ich sie »Medien-Mousse« getauft.

Zutaten für 4–6 Portionen
125 g Butter • 170 g Zartbitterschokolade • 4 Eier • 1 Prise Salz • 200 g Sahne • 50 g Zucker • 1 Gläschen Cognac (2 cl) • 3 EL frisch gebrühten, starken Espresso

Zubereitungszeit: 30 Minuten (+ 4 Stunden Kühlen)

› Einen weiten Topf halbvoll mit Wasser füllen und fast zum Sieden bringen. Butter und Schokolade in Stücken in eine Schüssel geben und ins Wasserbad setzen, bis beides schmilzt. Verrühren, beiseitestellen.

› Die Eier trennen. Eiweiß mit Salz steif schlagen und kühlen. Die Sahne ebenfalls steif schlagen. Eigelb samt Zucker in einer Schüssel mit den Schneebesen des Handrührers cremig schlagen. Ins Wasserbad setzen, den Cognac und Espresso einrühren und alles so lange aufschlagen, bis die Mischung heiß und dickschaumig ist (siehe auch Seite 146).

› Nun die Schüssel ins Spülbecken mit kaltem Wasser stellen und weiterschlagen, bis die Creme handwarm geworden ist. Eischnee noch einmal steif anschlagen.

› Jetzt muss es Hand in Hand gehen: Zuerst die lauwarme Schokomischung unter die Eigelbmasse rühren. Sogleich die Hälfte des Eischnees drunterrühren, sodass die Masse glatt und geschmeidig ist. Mit dem Kochlöffel den übrigen Eischnee und die Schlagsahne unterziehen, bis eine luftige Mousse entstanden ist.

› Die Mousse in eine Schale füllen und 4 Stunden zugedeckt kühlen. Ich fand sie nach einer Nacht noch intensiver im Aroma. Und die Kaltmamsell empfiehlt: »Am besten war die Mousse an diesem einen Heilig Abend, als ich sie auf dem Balkon kalt hielt und sie ganz leicht angefroren war. Minimal.«

NICKYS MOHNKUCHEN IM GLAS

»Sagen Sie bitte mal mmmh!« ist das Motto des Foodblogs »www.deliciousdays.com«, und es fällt schwer, dem nicht zu folgen. Auf der schön schlau gemachten Seite erzählt ein Paar einer großen Foodie-Welt von leidenschaftlichen Kochwochenenden, kulinarischen Kurztrips und Entdeckungen im Netz – in genussvollen Rezepten mit schwelgenden Bildern in schöner Umgebung. Das Schönste für mich: Ich kann live von Nickys und Olivers Kreationen kosten, denn ihre Küche liegt ums Eck von meinem Kochbüro. Diesen Kuchen wollte ich sofort haben, da er so simpel, verblüffend und mehlspeisig in einem ist.

Zutaten für 4 Schraubgläser (zu je 400 ml Inhalt)
250 g weiche Butter + Butter zum Einfetten • 200 g Mehl + Mehl zum Ausstäuben • 200 g Zucker • 5 Eier • 100 g zerstoßener Mohn (mit der Mohnmühle oder im Mörser) • fein abgeriebene Schale von 1 Bio-Zitrone • 75 g Crème fraîche • 2 TL Backpulver • Puderzucker zum Bestreuen

Zubereitungszeit: 15 Minuten (+ 30–40 Minuten Backen)

Mohnkuchen, Medien-Mousse und Mademoiselles – muss man mehr sagen? Der Blogger schweigt und notiert.

› Zuerst die Gläser gut mit Butter einfetten und mit Mehl ausstäuben, sodass die Innenwände ganz bedeckt sind. Übriges Mehl rausrieseln lassen. So kann man die Kuchen später gut aus dem Glas lösen.

› Den Backofen auf 180 °C (Umluft 160 °C) vorheizen. Butter und Zucker mit den Schneebesen des Handrührgeräts cremig schlagen. Dabei nach und nach die Eier zugeben, zum Schluss kommen Mohn, Zitronenschale und Crème fraîche dazu. Mehl mit Backpulver mischen, zur Hälfte mit dem Handrührer in die Masse einarbeiten, den Rest mit dem Löffel untermengen.

› Die Gläser zu zwei Dritteln mit Teig füllen. Dabei mit dem Glasboden öfters fest auf die Handfläche schlagen, damit der Teig nach unten sinkt. Die Kuchen auf ein Blech setzen und eine Stufe unter der Mittelschiene in den Ofen schieben, 30–40 Minuten backen. Zum Test einen Holzspieß einstechen – hängen statt flüssigem Teig Krümel dran, sind die Kuchen fertig.

› Aus dem Ofen nehmen, 2–3 Minuten ausdampfen lassen und dann sofort die Deckel daraufschrauben (heiß!). Wenn der Teig leicht übersteht, einfach reindrücken, größere Mengen abschneiden und naschen.

› Durch das heiße Verschließen entsteht ein Vakuum im Glas, das man daran erkennt, dass die Deckel beim Eindrücken nicht mehr knacken. So lassen sich die Kuchen für einige Wochen an einem dunklen, nicht zu warmen Platz aufbewahren und bleiben die ganze Zeit schön saftig und aromatisch. Zum Genießen aufschrauben, rausstürzen und in Scheiben schneiden. Dazu schmeckt Schlagsahne oder Crème fraîche.

Ich mache ... Drinks

SONNTAGMORGENSHAKE

Ich bin Frühstücksspießer. Bin froh, wenn ich meinen Tee habe und was Süßes dazu – was dann aber Brot oder Müsli sein darf. Am Sonntag wird der große Tisch mit Zwiebelmuster gedeckt, darauf kommen Kuchen von gestern und an guten Tagen noch dieser Shake. Kann man auch prima an Kinder delegieren.

Zutaten für eine 1-l-Kanne
4 Orangen • 2 Bananen • 1 Glas naturtrüber Apfelsaft (150 ml) • 1–2 TL Zitronensaft • das gleiche Glas voll Vanillejoghurt (150 g) • 200 ml Milch

Zubereitungszeit: 5–10 Minuten (je nach Morgen)

› Die Orangen auspressen – je nach Verfassung mit der Hand oder auch elektrisch, wenn man was dafür hat. Die Bananen schälen und in Stücke schneiden.

› Bananen mit Orangen-, Apfel- und Zitronensaft, Joghurt und Milch in einer Kanne mit dem Mixstab pürieren. Zum Schluss den Stab bis fast an die Oberfläche ziehen, das gibt einen schönen Schaum. Wer's Shakemachen delegiert, sollte hier ein Auge draufhaben.

› Shake auf den Tisch bringen und in kleine Gläser füllen, in die nachgeschenkt wird – dann trinkt sich keiner gleich satt und es sieht nach mehr aus.

ECHTER EISTEE

Als ich mit dem Teetrinken angefangen habe, stellte ich mir im Sommer immer die Reste vom Morgen für Eistee in den Kühlschrank. Mittags war das dann grau und bitter, ganz anders, als ich Eistee kannte. Das änderte sich, als mir später in einem Hotel ein Kellner das Geheimnis von mildem, golden schimmerndem Eistee verriet – das Kälteschock-Prinzip.

Zutaten für 4 Longdrinkgläser
10 TL kräftige schwarze Teeblätter (z. B. Assam) • Saft von 1/2 Zitrone • 3 EL feiner Zucker • 1-l-Behälter voll mit Eiswürfel

Zubereitungszeit: 5 Minuten

› Die Teeblätter in ein Teesieb oder einen Papierfilter geben und in eine Kanne hängen. 600 ml gutes Trinkwasser oder salzarmes stilles Mineralwasser aufkochen, Tee damit aufbrühen und 3 Minuten ziehen lassen. Abgießen, dabei die Blätter gut ausdrücken. Heißen Tee mit Zitronensaft und Zucker verrühren.

› Die vier Gläser bis zum Rand mit Eiswürfel füllen und den heißen Tee direkt darübergießen. Durch diesen knackigen Kälteschock werden Aroma wie Farbe des heißen Tees regelrecht »eingefroren«, sodass er nicht wie beim normalen Abkühlen nachzieht und grau wird. Den Tee sofort servieren.

RIESLING-PUNSCH

Tee oder Kaffee? Siehe oben. Weiß- oder Rotwein? Im Zweifel weiß. Glühwein? Also bitte ...

Zutaten für eine 3,3-l-Karaffe
1 Bio-Zitrone • 350 g Zucker • 200 ml weißer Rum • 5 TL Assam-Teeblätter • 1 TL Anissamen • 3 Flaschen guter Riesling (je 700 ml)

Zubereitungszeit: 10 Minuten

› Zitrone heiß waschen und die Schale fein abreiben, Saft auspressen. Beides mit Zucker und Rum mischen. Teeblätter samt Anis mit 1 l kochendem Wasser überbrühen und nach 3 Minuten abgießen (siehe oben). Den Wein erhitzen, aber nicht kochen, und samt Tee zur Zuckermischung gießen. Gleich trinken.

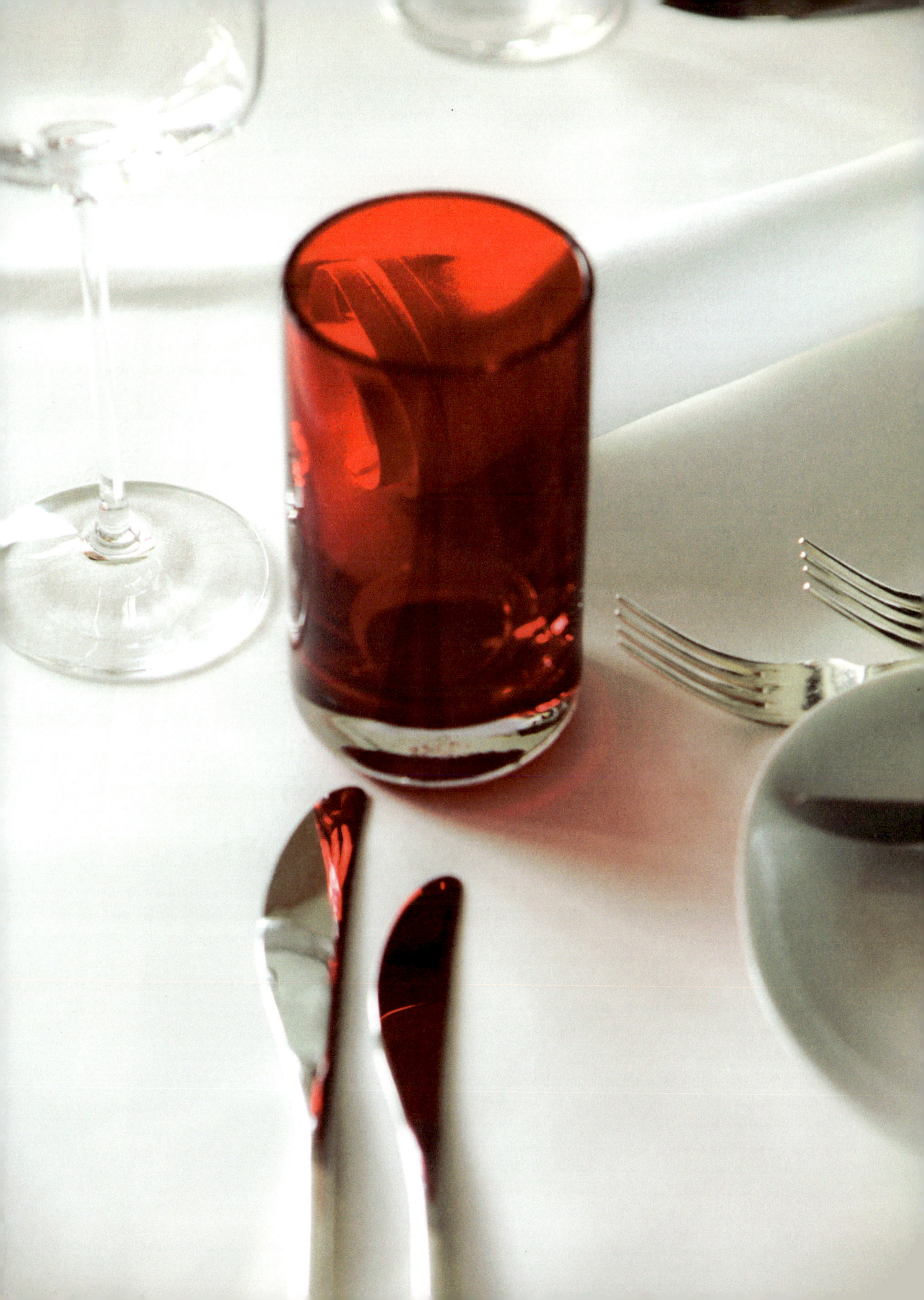

Ich sag' ...
DANKESCHÖN

Dass ich kochen und das ganz vorne auf dieses Buch schreiben kann, habe ich einer Menge Leute zu verdanken, die sich auf den Seiten zuvor tummeln. Hier habe ich sie nun einmal alle versammelt – und sag' Dankeschön:

+ **Dagmar Dickhaut** für alles, jetzt aber erst mal fürs Rohe (Seite 22), Gebratene (105), Scharfe (111), Süß-Salzige (150) und ihre einzigen Plätzchen (160)
+ **Sam Davis** für den ersten Bissen New York (Seite 36)
+ **Jamie Oliver** für Revolution & Inspiration (Seite 34)
+ **Mario Schnabl** von Jäger's Restaurant in Wien für die Einführung in die Kunst des Kässpatzen-Machens inklusive aller Lehrmaterialien (Seite 44)
+ **Maike Engelhardt** und **Valerie Förderreuther** fürs Testkochen und Bewerten
+ **Markus Zwilling** von Nimbus Productions für die Begleitung beim Erfinden eines Rezepts (Seite 76)
+ **Cornelia Schinharl** für die Verwandlung von toskanischem Altbrot in eine Delikatesse (Seite 98) und »**Marcello**« **Hüttemann** ebenso (Seite 101)
+ **Weber Grill & Angelika Blies** für die Möglichkeit »to go anywhere« (Seite 103 & 109)
+ **Hans Gerlach** für seine Version eines bayerischen Klassikers (Seite 108)

+ **Sebastian und Korbinian Laux** für Engagment und Charme am Waffeleisen (Seite 131)
+ **Leonie Diessl, Phil und Louis Dickhaut** außerdem für Neugier und Tapferkeit Auge in Auge mit ihren ersten Artischocken (Seite 117)
+ **Gerd Becker,** der mir als mein erster Chef die wichtigen Grundzüge des Kochens beibrachte und von dem ich vor allem süße Rezepte mitnahm – ausgerechnet aus der Küche einer Privatklinik für Zuckerkranke (Seite 138, 141, 142)
+ **Kylie** für »Can't get you out of my head« (Seite 144)

+ **Rumbold** für seinen Rumtopf (Seite 178)
+ **Gabi Rahn** für ihren Eierlikör (Seite 179)
+ **Renata Lang** für ihre Version eines Klassikers aus der deutschen Metzgertheke (Seite 184)
+ **Mavis Ndlovu (Rezept)** und **Juscha Deumling (Überlieferung)** für Gutes aus Südafrika (Seite 186)
+ **Michaela Baumüller** für den Signature Dish ihres Lokals »Süß Sauer Salzig« in München (Seite 186)
+ **Franz Becker** für die Überlassung einer kulinarischen Kindheitsmittagserinnerung (Seite 188)
+ **Sabine Sälzer** für die Öffnung eines Geheimfachs in ihrer Kochschatztruhe (Seite 189) und fürs Gleiche wie Coco und Tina (siehe unten)
+ **Ulrich Heimann** fürs Neuerfinden der Forelle blau für uns in seinem Sternelokal »Le Ciel« im Intercontinental Berchtesgaden Resort (Seite 190)

+ **Sieglinde Dickhaut** für die besten Stücke aus ihrem Küchenschatz (Seite 192)
+ **Erika Jung** für den richtigen Wegweiser zur Abschlussprüfung (Seite 192) und **Herbert Jung** für die korrekte Schreibweise
+ **Hans Dickhaut** für so vieles, jetzt aber erstmal nur für sein Siegerrezept (Seite 194)

+ **der Kaltmamsell** (www.vorspeisenplatte.de) für die Überlassung (und zugelassene leichte Veränderung) eines Familienrezepts (Seite 196) sowie für Modeleinsatz samt Mitbewohner
+ **Nicole Stich & Oliver Seidl** (www.deliciousdays.com) für die Schenkung eines ihrer »premium delicious recipes« (Seite 196) und geduldigen Modeleinsatz

+ Ganz besonders **Coco Lang** und **Tina Kempe,** die für »Ich koche ...« viel mehr getan haben, als die Polizei erlaubt.

+ Und den Leserinnen und Lesern meines werktäglichen Blogs »www.rettet-das-mittagessen.de«, die dort immer wieder regelmäßig Platz nehmen, um mich und sich mit ihrer Neugier und Teilnahme zu inspirieren – auch zu diesem Buch (z. B. ab Seite 38).

Kochlust für Einsteiger

Das Grundkochbuch vom Bestsellerautor Sebastian Dickhaut

„vom Bestsellerautor und Basic-Cooking-Erfinder"

...wenn ich ein perfektes Ei, ein richtig gutes Steak oder ein zauberhaftes Thai-Curry haben will? Einfach so, ohne Umwege und ohne Abkürzung. Schritt für Schritt und Trick für Trick. Das Handbuch für Leute, die gerne kochen (wollen).

Wie koch' ich...?

Sebastian Dickhaut

G|U

ISBN 978-3-8338-0156-3
240 Seiten | € 16,90 [D]

Änderungen und Irrtum vorbehalten.

Von Eier kochen bis Steak braten, von Sauce zaubern bis Sahne schlagen – dieses Buch beantwortet alle Fragen, für die Sie früher zuhause anrufen mussten.

G|U

Willkommen im Leben.

REGISTER VON A–Z

A Salad To J.O. machen 34
Aioli: Le Grand Aioli machen 78
Ananas-Crumble 148
Apfel
  Apfel van Dyke 141
  Linsencurry Süß Sauer Salzig 186
  Soufflierter Apfel van Dyke 141
Aprikosen
  Istanbulognese 125
  Rumbolds Rumtopf 178
Artischocken kochen 116
Asia-Braten schmoren 84
Auberginen: Gegrillter griechischer Salat 96
Australian Meatpies 85

B ackhendl machen 58
Baguette Caprese machen 100
Bananen
  Bananen-Mousse 136
  Bananenquark 136
  Sonntagsmorgenshake 198
  White Chocolate Banana Cheesecake 156
Basilikum
  Baguette Caprese 100
  Crema di Gorgonzola 75
Bayerische Creme mit Vanille und Parmesan 146
BBQ-Sauce 110
Beeren-Friandaise 159
Birne Helene 142
Bischof-Sauce 154
Blätterteig
  Königinpasteten mit Ragout Fin 56
  Kräuterhörnchen 30
Blitzpizza backen 128
Bohnen
  Boston Baked Beans 52
  Empanadas 28
Brathering machen 170
Brie-Brötchen 23
Brombeeren: Echte Rote Grütze 138
Bröselpudding 154
Brot
  Baguette Caprese 100
  Eierbrotkuchen mit Salbei 18

Feines Eierbrot 16
Migas 22
Pane Marcello 101
Panzanella Campeggio 98
Butter: Spaghetti mit Zitronen-Butter-Pesto 126

C alamari: Gegrillter griechischer Salat 96
Camembert Flambé 194
Cevapcici mit Zwiebelsenf 105
Chicken Tandoori machen 106
Chicorée: Lachs-Confit 80
Chocomallows 161
Choucroute Garni 53
Chutney: Tomaten-Chutney 176
Clubsandwich machen 20
Confit
  Lachs-Confit 80
  Lahme Ente 81
  Rotes Zwiebel-Confit 176
Congee 46
Crema di Gorgonzola 75
Crumble: Ananas-Crumble 148
Curry
  Laksa 48
  Linsencurry Süß Sauer Salzig 186
  Wirsing-Linsen-Curry 50

D ickmilch: Erdbeerkartoffeln 150
Dill: Schweinefilet grün 76
Dip
  Orangenmayo 116
  Sesam-Dip 111
  Tomatendip 116

E chte Hot Dogs machen 120
Echte Rote Grütze 138
Echter Eistee 198
Eier
  Clubsandwich 20
  Eier im Töpfchen 18
  Eierbrotkuchen mit Salbei 18
  Eierlikör 179
  Feines Eierbrot 16
  Le Grand Aioli 78
  Soleier 172

Ein Steak vom Ochs grillen 102
Eis: Ingwereis 144
Empanadas machen 28
Ente
  Fixe Enten-Paté 74
  Lahme Ente 81
Erbsen: Hausterrine 72
Erdbeeren
  Echte Rote Grütze 138
  Erdbeerkartoffeln 150
  Rumbolds Rumtopf 178
Erdnüsse: Wasabi-Erdnüsse 166

F alsche Fritten 121
Fast Sam's Waldorf Salad 36
Feines Eierbrot machen 16
Feldsalat: A Salad To J.O. 34
Feta-Käse: Gegrillter griechischer Salat 96
Fisch
  Brathering 170
  Fischgröstl 60
  Fishcakes Juscha nach Mavis 186
  Forelle himmelblau 190
  Lachs-Confit 80
  Le Grand Aioli 78
  Matjes Mango 36
  Pfefferforelle 62
  Sabines Pasta mit Grillfisch 189
  Sahnefisch auf Pilzen 119
  Sojamakrele 62
  Steckerlfische 108
Fixe Enten-Paté machen 74
Fleischsalat: Mamas Fleischsalat 184
Fondue: Käse-Fondue 90
Forelle himmelblau 190
Frankfurter Linsensuppe 51
Französischer Schokoladen-kuchen 156

G arnelen
  Jiaozi mit Garnelen 46
  Laksa 48
  Prawn Frittes Rot-Weiß 25
  Wan Tan Dim Sum 31
Gebackene Kasknödel 66
Gegrilltes Müsli 148

Geröstete Reiskuchen in Teesud 33
Ginger Ale 179
Ginger Cookies 160
Gorgonzola: Crema di Gorgonzola 75
Grana Bavaroise 146
Griechischen Salat grillen 96
Grießschmarrn machen 152
Grüne Tomatenkonfitüre 177
Gulaschsuppe kochen 32

Hackfleisch
Cevapcici mit Zwiebelsenf 105
Hamburger vom Grill 104
Lasagne 124
Sauce Bolognese 122
Tokyoburger 104

Haferflocken: Gegrilltes Müsli 148

Hähnchen
Backhendl 58
Chicken Tandoori 106
Clubsandwich 20
Congee 46
Honey Soy Drumsticks 107
Laksa 48
Paprikahendl 56
Schweinshendl 82

Hamburger vom Grill 104
Haselnüsse: Nussquarkwölkchen 138
Hausterrine machen 72
Heidesand 160
Hering: Brathering 170

Himbeeren
Echte Rote Grütze 138
Pizza Dolce 89
Rumbolds Rumtopf 178

Honey Soy Drumsticks 107
Honigmelone: Rumbolds Rumtopf 178
Hot Dogs machen 120

Ingwer
Ginger Ale 179
Ginger Cookies 160
Ingwereis 144
Sushi-Ingwer 168

Istanbulognese 125

Jiaozi mit Garnelen 46
Joghurt
Chicken Tandoori 106
Sonntagsmorgenshake 198

Johannisbeeren: Echte Rote Grütze 138

Kalb
Königinpasteten mit Ragout Fin 56
Ossibuchi alla Tante 192

Kaltmamsells Medien-Mousse 196
Kaninchen Bistro machen 54
Kartoffelknödel machen 64

Kartoffeln
Erdbeerkartoffeln 150
Falsche Fritten 121
Fischgröstl 60
Fishcakes Juscha nach Mavis 186
Kartoffelknödel 64
Le Grand Aioli 78
Pizza Rocky 88
Spargelmöhren Sieglinde 192

Käse
Brie-Brötchen 23
Camembert Flambé 194
Crema di Gorgonzola 75
Käse-Fondue 90
Käsekrapfen 26
Kässpatzen 44
Kochkäse 174
Schingenudle 188
Tresterkäse 175

Käsekuchen: White Chocolate Banana Cheesecake 156

Kirschen
Kirschkompott 130
Peaches Kylie 144

Knoblauch
Le Grand Aioli 78
Pane Marcello 101
Spaghetti Aglionara 45

Knödel
Gebackene Kasknödel 66
Kartoffelknödel 64

Kochkäse 174
Kokos-Bananen-Raita 110

Kokosmilch
Kokospudding mit Mango 140
Laksa 48
Ofenmilchreis mit Nektarinen 153

Kompott: Kirschkompott 130
Konfitüre: Grüne Tomatenkonfitüre 177
Königinpasteten mit Ragout Fin 56
Kräuter: Schweinefilet grün 76
Kräuterhörnchen machen 30
Krautfleckerl 42

Kuchen
Französischer Schokoladenkuchen 156
Nickys Mohnkuchen im Glas 196
White Chocolate Banana Cheesecake 156
Zitruskuchen 158

Kürbis: Schweinshendl 82

Lachs
Fishcakes Juscha nach Mavis 186
Lachs-Confit 80
Sabines Pasta mit Grillfisch 189

Laksa kochen 48
Lamm: Cevapcici mit Zwiebelsenf 105
Lasagne machen 124
Lauch: Schweinefilet grün 76
Lavendel: Pizza Brasserie 89
Likör: Eierlikör 179

Limetten
Limettenmayonnaise 25
Zitruskuchen 158

Linsen
Frankfurter Linsensuppe 51
Istanbulognese 125
Linsencurry Süß Sauer Salzig 186
Wirsing-Linsen-Curry 50

Maisküchlein 66
Makrele: Sojamakrele 62
Mamas Fleischsalat 184

Mango
Kokospudding mit Mango 140
Mango Pickles 177
Matjes Mango 36

Meeresfrüchte
  Gegrillter griechischer Salat 96
  Jiaozi mit Garnelen 46
  Laksa 48
  Prawn Frittes Rot-Weiß 25
  Wan Tan Dim Sum 31
Melone
  Rumbolds Rumtopf 178
  Scharfer Melonensalat 99
  Migas 22
  Milch: Sonntagmorgenshake 198
  Milchreis: Ofenmilchreis mit Nektarinen 153
  Mirabellen: Rumbolds Rumtopf 178
Misopaste
  Sesam-Dip 111
  Sojalollies mit Miso 26
  Mohn: Nickys Mohnkuchen im Glas 196
  Möhren: Spargelmöhren Sieglinde 192
Mousse
  Bananen-Mousse 136
  Kaltmamsells Medien-Mousse 196
Mozzarella
  Baguette Caprese 100
  Nudelpizza Margherita 127
  Pizza Dolce 89
  Muscheln: Laksa 48
  Müsli: Gegrilltes Müsli 148

Nektarinen: Ofenmilchreis mit Nektarinen 153
Nickys Mohnkuchen im Glas 196
Nudeln
  Jiaozi mit Garnelen 46
  Laksa 48
  Lasagne 124
  Nudelpizza Margherita 127
  Sabines Pasta mit Grillfisch 189
  Schingenudle 188
  Spaghetti Aglionara 45
  Spaghetti mit Zitronen-Butter-Pesto 126
Nussquarkwölkchen 138

Ofenkochen 70
Ofenmilchreis mit Nektarinen 153

Orangen
  A Salad To J.O. 34
  Orangenmayo 116
  Sonntagmorgenshake 198
  Ossibuchi alla Tante 192

Pane Marcello 101
Panzanella Campeggio 98
Paprikahendl 56
Paprikaspeck 171
Parmesan: Grana Bavaroise 146
Paté: Fixe Enten-Paté 74
Peaches Kylie 144
Pesto: Spaghetti mit Zitronen-Butter-Pesto 126
Petersilie: Schweinefilet grün 76
Pfefferforelle 62
Pfirsiche: Peaches Kylie 144
Pig Candy machen 24
Pilze
  Königinpasteten mit Ragout Fin 56
  Pilzsalat Ratzfatz 118
  Sahnefisch auf Pilzen 119
Pinienkerne: Crema di Gorgonzola 75
Pizza
  Blitzpizza 128
  Nudelpizza Margherita 127
  Pizza backen 86
  Pizza Brasserie 89
  Pizza Dolce 89
  Pizza Rocky 88
Plätzchen
  Ginger Cookies 160
  Heidesand 160
  Walnüsschen 161
  Prawn Frittes Rot-Weiß 25
Pudding
  Apfel van Dyke 141
  Bröselpudding 154
  Kokospudding mit Mango 140
  Soufflierter Apfel van Dyke 141
Punsch: Riesling-Punsch 198

Quark
  Bananenquark 136
  Krautfleckerl 42
  Nussquarkwölkchen 138

Reineclauden: Rumbolds Rumtopf 178
Reis
  Congee 46
  Geröstete Reiskuchen in Teesud 33
  Ofenmilchreis mit Nektarinen 153
Ricotta: Grießschmarrn 152
Riesling-Punsch 198
Rind
  Australian Meatpies 85
  Gegrilltes Ochsensteak 102
  Gulaschsuppe 32
  Hamburger vom Grill 104
  Lasagne 124
  Sauce Bolognese 122
  Tatar 22
  Tokyoburger 104
Rosé-Gelee 146
Rosmarin: Pane Marcello 101
Rote Grütze 138
Rotes Zwiebel-Confit 176
Rumbolds Rumtopf 178

Sabines Pasta mit Grillfisch 189
Sahne
  Apfel van Dyke 141
  Sahnefisch auf Pilzen 119
  Soufflierter Apfel van Dyke 141
Salat
  A Salad To J.O. 34
  Fast Sam's Waldorf Salad 36
  Gegrillter griechischer Salat 96
  Panzanella Campeggio 98
  Pilzsalat Ratzfatz 118
  Scharfer Melonensalat 99
Salbei: Eierbrotkuchen mit Salbei 18
Sandwich: Clubsandwich 20
Sauce
  Le Grand Aioli 78
  BBQ-Sauce 110
  Bischof-Sauce 154
  Istanbulognese 125
  Kokos-Bananen-Raita 110
  Sauce Bolognese 122
  Sauce Dagy 111
Sauerkraut kochen (Tipp) 53
Sauerkraut: Choucroute Garni 53

Register von A–Z

Schafkäse
  Empanadas 28
  Gegrillter griechischer Salat 96
Schalotten: Süßsaure bunte Zwiebeln 168
Scharfer Melonensalat 99
Schingenudle 188
Schinken
  Mamas Fleischsalat 184
  Migas 22
  Scharfer Melonensalat 99
  Schingenudle 188
  Schweinshendl 82
Schokolade
  Chocomallows 161
  Französischer Schokoladenkuchen 156
  Kaltmamsells Medien-Mousse 196
  White Chocolate Banana Cheesecake 156
Schwein
  Asia-Braten 84
  Choucroute Garni 53
  Congee 46
  Hausterrine 72
  Lasagne 124
  Pig Candy 24
  Pizza Rocky 88
  Sauce Bolognese 122
  Schweinefilet grün 76
  Schweinshendl 82
  Wan Tan Dim Sum 31
Sellerie: Fast Sam's Waldorf Salad 36
Senf: Cevapcici mit Zwiebelsenf 105
Sesam-Dip 111
Shake: Sonntagmorgenshake 198
Sojalollies mit Miso 26
Sojamakrele 62
Soleier 172
Sonntagmorgenshake 198
Soufflierter Apfel van Dyke 141
Spaghetti
  Spaghetti Aglionara 45
  Spaghetti mit Zitronen-Butter-Pesto 126
Spargelmöhren Sieglinde 192
Speck
  Boston Baked Beans 52
  Choucroute Garni 53
  Hamburger vom Grill 104
  Hausterrine 72

  Krautfleckerl 42
  Paprikaspeck 171
  Pig Candy 24
  Spaghetti Aglionara 45
Spinat: Kräuterhörnchen 30
Stachelbeeren: Echte Rote Grütze 138
Steak: Gegrilltes Ochsensteak 102
Steckerlfische grillen 108
Suppe
  Frankfurter Linsensuppe 51
  Gulaschsuppe 32
Sushi-Ingwer 168
Süßsaure bunte Zwiebeln 168

Tatar 22
Tee
  Echter Eistee 198
  Geröstete Reiskuchen im Teesud 33
  Riesling Punsch 198
Thunfisch
  Fishcakes Juscha nach Mavis 186
  Sabines Pasta mit Grillfisch 189
Tofu
  Sesam-Dip 111
  Sojalollies mit Miso 26
Tokyoburger 104
Tomaten
  Grüne Tomatenkonfitüre 177
  Tomaten-Chutney 176
  Tomatendip 116
Tresterkäse 175

Vanille
  Birne Helene 142
  Grana Bavaroise 146
  Peaches Kylie 144

Waffeln backen 130
Walnüsschen 161
Wan Tan Dim Sum 31
Wasabi-Erdnüsse machen 166
Weintrauben: Rumbolds Rumtopf 178
Weißkohl: Krautfleckerl 42
White Chocolate Banana Cheesecake 156
Wirsing-Linsen-Curry 50

Ziegenfrischkäse: Pizza Brasserie 89
Zitronen
  Spaghetti mit Zitronen-Butter-Pesto 126
  Zitruskuchen 158
Zwetschgen: Rumbolds Rumtopf 178
Zwiebeln
  Cevapcici mit Zwiebelsenf 105
  Gulaschsuppe 32
  Pizza Brasserie 89
  Rotes Zwiebel-Confit 176
  Süßsaure bunte Zwiebeln 168

In Sachen Eier:
Alle Eier, die in den Rezepten dieses Buchs verwendet werden, haben die Größe »L«. Sollte das mal nicht der Fall sein, ist es extra vermerkt.

NACH DEM BUCH
IST VOR DEM BUCH.

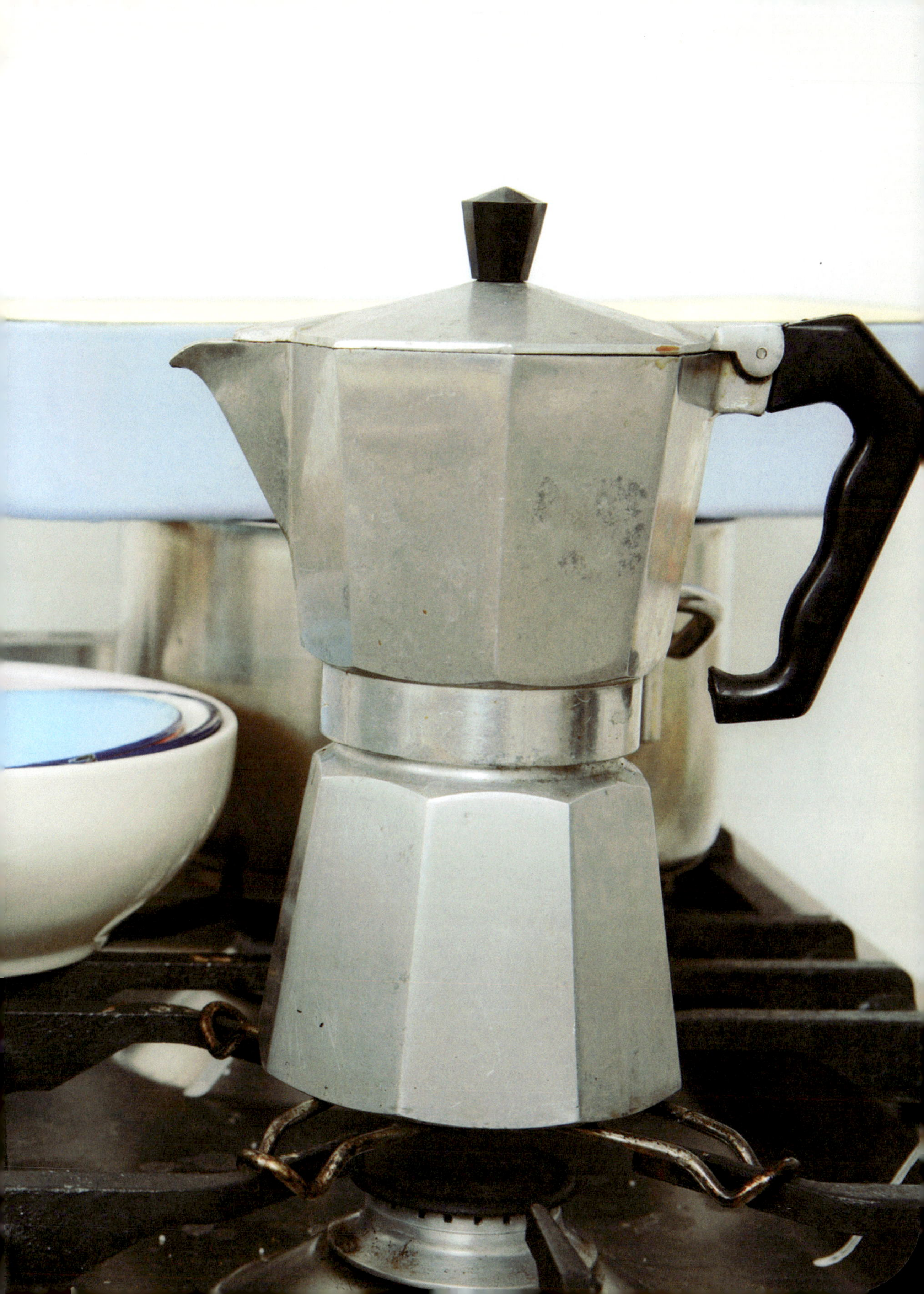

IMPRESSUM

Sebastian Dickhaut ist Koch, Buchautor und Journalist mit eigener Kochwerkstatt in München. Seine besondere Vorliebe fürs Grundsätzliche hat er bereits in der Bestseller-Reihe »Basic cooking« und im Vorgänger zu diesem Buch, »Wie koch' ich ...?«, elegant umgesetzt. Im neuen Buch überrascht er mit einem Schatz an lange gesammelten und ausgefeilten Rezepten, mit detailliertem Küchenwissen und seinen ganz persönlichen Erfahrungen rund ums Kochen und Essen.

Mehr zum Autor erfahren Sie auch unter:
www.rettet-das-mittagessen.de

Coco Lang arbeitet als Fotografin in ihrer Werkstatt am Münchner Viktualienmarkt. Mit ihrem Gespür fürs Wesentliche hat sie schon im Vorgängertitel »Wie koch' ich ...« Rezepte und Autor perfekt in Szene gesetzt. Zusammen mit Foodstylist Daniel Petri und Foto-Assistent Uwe Alexander Kirsten zauberte sie auch für dieses Buch eine sehr persönliche Bilderwelt – mit viel Stil und Atmosphäre.

Mehr zur Fotografin erfahren Sie unter: www.cocolang.de

Ein Dank an die Mitwirkenden rund ums Buch: siehe Seite 200

Doris Birk:
Programmleitung

Birgit Rademacker:
Leitende Redakteurin

Sabine Sälzer:
Projektleitung, Redaktion

Redaktionsbüro Christina Kempe, München:
Lektorat, Satz/DTP; Gestaltung

Sebastian Dickhaut:
Zeichnungen

Coco Lang:
Fotografie

Uwe Alexander Kirsten:
Foto-Assistenz, dazu Model und Stimmungsaufheller

Daniel Petri:
Foodstyling

Independent Medien Design, München:
Layout, Typografie und Umschlaggestaltung

Markus Plötz:
Herstellung

Petra Bachmann:
Schlusskorrektur

Penta Repro, München:
Repro

Firmengruppe APPL, Wemding:
Druck und Bindung

© 2007 GRÄFE UND UNZER VERLAG GmbH, München.

Alle Rechte vorbehalten. Nachdruck, auch auszugsweise, sowie Verbreitung durch Film, Funk, Fernsehen und Internet, durch fotomechanische Wiedergabe, Tonträger und Datenverarbeitungssysteme jeglicher Art nur mit schriftlicher Genehmigung des Verlages.

ISBN 978-3-8338-0847-0
1. Auflage 2007

GRÄFE UND UNZER
Ein Unternehmen der GANSKE VERLAGSGRUPPE

100 Jahre GANSKE VERLAGSGRUPPE

DAS ORIGINAL MIT GARANTIE

Unsere Garantie
Alle Informationen in diesem Ratgeber sind sorgfältig und gewissenhaft geprüft. Sollte dennoch einmal ein Fehler enthalten sein, schicken Sie uns das Buch mit dem entsprechenden Hinweis an unseren Leserservice zurück. Wir tauschen Ihnen den GU-Ratgeber gegen einen anderen zum gleichen oder ähnlichen Thema um.

Liebe Leserin und lieber Leser,
wir freuen uns, dass Sie sich für ein GU-Buch entschieden haben. Mit Ihrem Kauf setzen Sie auf die Qualität, Kompetenz und Aktualität unserer Ratgeber. Dafür sagen wir Danke! Wir wollen als führender Ratgeberverlag noch besser werden. Daher ist uns Ihre Meinung wichtig. Bitte senden Sie uns Ihre Anregungen, Ihre Kritik oder Ihr Lob zu unseren Büchern. Haben Sie Fragen oder benötigen Sie weiteren Rat zum Thema? Wir freuen uns auf Ihre Nachricht!

Wir sind für Sie da!
Montag–Donnerstag:
8.00–18.00 Uhr;
Freitag: 8.00–16.00 Uhr
Tel.: 0180–5005054*
Fax: 0180–5012054*
E-Mail:
leserservice@graefe-und-unzer.de

P.S.: Wollen Sie noch mehr Aktuelles von GU wissen, dann abonnieren Sie doch unseren kostenlosen GU-Online-Newsletter und/oder unsere kostenlosen Kundenmagazine.

GRÄFE UND UNZER VERLAG
Leserservice
Postfach 86 03 13
81630 München

*(0,14 €/Min. aus dem dt. Festnetz)